Copyright © 1952 by The Free Press
Copyright © 1980 by Miriam Strauss
Licensed by The University of Chicago Press, Chicago, Illinois, U.S.A. All rights reserved.
Copyright da edição brasileira © 2015 É Realizações
Título original: *Persecution and the Art of Writing*

Produção editorial, capa e projeto gráfico
É Realizações Editora

Preparação de texto
Lucas Cartaxo

Revisão
Dyda Bessana

Reservados todos os direitos desta obra. Proibida toda e qualquer reprodução desta edição por qualquer meio ou forma, seja ela eletrônica ou mecânica, fotocópia, gravação ou qualquer outro meio de reprodução, sem permissão expressa do editor.

CIP-Brasil. Catalogação na Publicação
Sindicato Nacional dos Editores de Livros, RJ

S893p

Strauss, Leo, 1899-1973
Perseguição e a arte de escrever : e outros ensaios de filosofia política / Leo Strauss ; tradução Hugo Langone. - 1. ed. - São Paulo : É Realizações, 2015.
208 p. ; 23 cm.

Tradução de: Persecution and the art of writing
Inclui índice
ISBN 978-85-8033-194-3

1. Filosofia judaica. 2. Filosofia e religião. 3. Perseguição. I. Título.

15-20388   CDD: 100
                                                                      CDU: 1

25/02/2015   26/02/2015

É Realizações Editora, Livraria e Distribuidora Ltda.
Rua França Pinto, 498 · São Paulo SP · 04016-002
Caixa Postal: 45321 · 04010-970 · Telefax: (5511) 5572 5363
atendimento@erealizacoes.com.br · www.erealizacoes.com.br

Este livro foi impresso pela Intergraf Indústria Gráfica, em maio de 2014. Os tipos são da família Sabon LT Std e Trajan-Normal Regular. O papel do miolo é norbrite 66g, e o da capa, ningbo star 250g.

LEO STRAUSS

PERSEGUIÇÃO E A ARTE DE ESCREVER

E OUTROS ENSAIOS DE FILOSOFIA POLÍTICA

Tradução
Hugo Langone

Apresentação
João Cezar de Castro Rocha

É Realizações
Editora

Sumário

Apresentação à edição brasileira:
Entrelinhas: hermenêutica às avessas
   João Cezar de Castro Rocha 7

Prefácio 13

1. Introdução 17

2. Perseguição e a arte de escrever 33

3. O caráter literário do *Guia dos Perplexos* 49

4. A lei da razão no *Cuzari* 103

5. Como estudar o *Tratado Teológico-Político* de Espinosa 149

Índice 205

Entrelinhas: hermenêutica às avessas

João Cezar de Castro Rocha[1]

Um ofício perigoso?

No prefácio deste livro, Leo Strauss encarregou-se de apresentar o eixo de sua reflexão: "a relação entre filosofia e política".[2]
Dito assim, o tema de *Perseguição e a Arte de Escrever* não parece ser exatamente original; ora, as vicissitudes da tríade fundadora da filosofia ocidental esclarecem à exaustão a centralidade da pólis na articulação da filosofia e mesmo nos destinos individuais dos filósofos.

Sócrates enfrentou as consequências mais duras dessas relações perigosas no julgamento que o conduziu à morte – nada menos![3]

Na célebre *Carta VII*, Platão rememorou sua malograda experiência política em Siracusa. Ao que tudo indica, nem sempre a palavra ponderada do sábio é capaz de comover o tirano, pois, entre o cetro e o conceito, os donos do poder nunca titubearam.

(Ainda hoje, aliás.)

Aristóteles foi preceptor de Alexandre, o Grande; porém, após a morte do pupilo, precisou deixar Atenas às pressas, refugiando-se em Cálcides. A fuga,

---

[1] João Cezar de Castro Rocha é doutor em Letras pela Universidade do Estado do Rio de Janeiro e em Literatura Comparada pela Stanford University. Fez estudos de pós-doutorado na Freie Universität Berlin e na Princeton University. É crítico literário e colaborador de diversos periódicos acadêmicos e jornalísticos.
[2] Ver, neste volume, p. 13.
[3] Giorgio Agamben propôs uma instigante reflexão sobre o julgamento de Jesus Cristo. Não deixa de ser intrigante que Sócrates não tenha deixado nenhum escrito, além de ter conhecido destino semelhante. Ver *Pilatos e Jesus*. Trad. Patricia Peterle e Silvana de Gaspari. São Paulo, Boitempo / UFSC, 2014.

contudo, foi propriamente um ato filosófico. Isto é, segundo o Estagirita, era preciso evitar que os atenienses atentassem mais uma vez contra a filosofia; afinal, o caso Sócrates era recente.[4]

Em relação a esse tema, Luciano Canfora recordou um episódio emblemático. Vale a pena reproduzi-lo na íntegra:

> Encontraram-no cheio de equimoses. Seu interlocutor o havia enchido de pontapés. Mas Sócrates não o levara a mal: "Se por acaso um asno me tivesse desferido coices, eu o teria levado a julgamento?", objetou. O povo amante do belo e da filosofia, além de inventor da democracia, discutia com as mãos e com os pés. De fato, Sócrates era vigoroso quando o raciocínio o arrebatava: então os seus interlocutores "golpeavam-no com os punhos e arrancavam-lhe os cabelos", para não falar do desprezo e do deboche que o envolviam. Friso que a condenação à morte não chegou de improviso. Mais de vinte anos antes, Aristófanes havia pensado em fazer rir o seu público com prazer ao colocar em cena o assalto de um grupo de fanáticos incendiários à casa de Sócrates.[5]

Sem dúvida, uma citação longa, porém incontornável, pois traz à baila uma dimensão negligenciada na história da filosofia – esse *ofício perigoso* –, ao mesmo tempo em que ilumina a originalidade do método desenvolvido por Leo Strauss.

Passo a passo, contudo.

O ensaio de Canfora somente faz sentido num contexto no qual a filosofia era parte ativa do cotidiano da pólis. Não se esqueça de que a experiência histórica ateniense inaugurou o poder deliberativo da palavra na esfera pública: ágora e discurso filosófico desenvolveram uma relação produtiva, sempre tensa, por vezes ocasionando curtos-circuitos tanto políticos, quanto conceituais.

Por seu turno, Sócrates, Platão e Aristóteles, antes de sofrerem os riscos inerentes à arte do pensamento, submeteram, sem preocupação aparente, os sofistas ao mais rigoroso dos julgamentos da história da filosofia. O veredito

---

[4] Leo Strauss comentou com agudeza o julgamento do filósofo: "A diferença entre o caminho de Sócrates e o caminho de Platão remete à diferença entre a atitude de ambos com relação às cidades reais. […]. Sócrates optou pela inconformidade e pela morte. Ao fundar a cidade virtuosa no discurso, Platão encontrou uma solução para o problema imposto pelo destino de Sócrates: apenas naquela 'outra cidade' o homem seria capaz de alcançar sua perfeição" (p. 25).
[5] Luciano Canfora, *Um Ofício Perigoso: A Vida Cotidiana dos Filósofos Gregos*. São Paulo, Perspectiva, 2003, p. 17.

final coube a Aristóteles. No livro *Gamma*, da *Metafísica*, destituiu Górgias e *tutti quanti* da própria humanidade. Os sofistas, decretou o Estagirita, não passavam de plantas que falam!

Apenas isso.

(Às vezes, a história da filosofia é pura nitroglicerina.)

Tal dimensão é hoje surpreendente porque perdemos o elo indissociável entre vida e obra; elo esse que por séculos definiu o exercício filosófico. Na véspera de seu julgamento, quando os amigos, aflitos, pediram a Sócrates que preparasse uma defesa sólida, o filósofo se irritou; afinal, alguma argumentação poderia ser mais importante do que a *vida* que ele tinha levado? Haveria testemunho mais completo de sua *filosofia*?

Entrelinhas

Recuperada a natureza perigosa do ofício do pensamento, uma pergunta se impõe: não terão os filósofos desenvolvido estratégias para fazer frente aos desafios dessa circunstância especial?

Mais grave ainda: e se o pensador se dedicar à filosofia política? Como publicar seus livros e, por assim dizer, dormir tranquilo?

A resposta oferecida por Leo Strauss esclarece a originalidade de sua reflexão, assim como descortina um método interpretativo de grande alcance.

Vejamos, então, a descoberta proposta pelo autor, e que permite imaginar uma *forma de expressão particular*, capaz de, literalmente, driblar a *perseguição à arte de escrever*.

Melhor, consultemos o livro:

> A perseguição não consegue impedir sequer a expressão pública da verdade heterodoxa, uma vez que o homem de pensamento independente pode proferir suas visões em público e permanecer incólume se agir com circunspeção. É-lhe inclusive possível publicá-las sem correr riscos, contanto que seja capaz de escrever nas entrelinhas.[6]

[6] Ver, neste volume, p. 34-35.

A operação é delicada. O filósofo, em geral, e o filósofo político, em particular, ambos devem aprender a falar o que pensam – caso contrário, como justificar a relevância de sua reflexão? –, porém precisam fazê-lo na exata proporção da tolerância dos poderosos de plantão.

Trata-se de precário *phármakon*, cuja posologia envolve um grande risco, sobretudo considerando-se um dado histórico elementar, devidamente assinalado por Leo Strauss: "A dificuldade crucial fora criada pelas circunstâncias política e social da filosofia: nas nações e cidades da época de Platão, não havia liberdade de magistério e investigação".[7]

Podemos, sem medo de incorrer em equívoco, ampliar, e muito, o diapasão histórico referido pelo autor. Ora, a liberdade de cátedra e de expressão é uma conquista relativamente jovem – e, ainda assim, não poucas vezes ela tem sido colocada em xeque.

Nesse contexto, Strauss propõe uma hipótese original e provocadora:

> A perseguição, portanto, dá origem a uma técnica de escrita peculiar e, com ela, também a um tipo de literatura peculiar, na qual a verdade sobre todas as coisas cruciais é apresentada exclusivamente nas entrelinhas. [...] Ela possui também todas as vantagens da comunicação pública subtraídas de sua grande desvantagem: a pena de morte imposta ao autor. No entanto, como um homem pode destinar determinada publicação a uma minoria ao mesmo tempo que permanece silente à maior parte de seus leitores?[8]

(Aliás, *en passant*, vale a anotação: técnica que os grandes escritores sempre conheceram muito bem. Basta pensar, por exemplo, em William Shakespeare e Machado de Assis.)

A pergunta de Leo Strauss engendra pelo menos outro questionamento: como identificar, *entrelinhas*, a mensagem cifrada? Como desvendar o código tão cuidadosamente cifrado?

Em outras palavras, a notável intuição do autor deste livro demanda o desenvolvimento de método hermenêutico próprio, capaz de fornecer régua e compasso para a tarefa incerta de ler entrelinhas.

Eis a segunda grande contribuição do autor.

---

[7] Ver, neste volume, p. 25.
[8] Ver, neste volume, p. 36.

Um método próprio

Leo Strauss desenvolve sua forte intuição em três ensaios, nos quais testa a hipótese dos efeitos da escrita entrelinhas. Desse modo, combinando erudição e engenho, examina essa técnica particular nas obras de Maimônides, Halevi e Espinosa.

A conclusão é similar nos três estudos, pois, ao encontrar contradições e incoerências na argumentação de pensadores desse nível, Strauss não hesita e sugere que, na verdade, se trata de um dos procedimentos definidores da técnica de escrever entrelinhas – mais uma vez, destaque-se a originalidade dessa espécie de hermenêutica às avessas. Ora, diante de evidentes problemas de coerência textual ou mesmo encontrando passagens que se contradizem frontalmente, Strauss descobre um indício inesperado, como se fosse a ponta de um iceberg, cujo exame revelaria o propósito oculto do pensador em tela.

Vejamos alguns exemplos.

Comecemos pelo ensaio dedicado aos escritos de Maimônides.

Abra-se o livro: "À luz dessa afirmação maimonidiana e do lugar em que ela se encontra, o oitavo argumento deixa de ser razoável".[9]

Fiel a seu método, o autor associa essa inexatidão à pista necessária para uma hipótese ousada, cujo alcance reforça a agudeza de sua hermenêutica às avessas: "Concluímos: a *Mishné Torá* se destina em primeiro lugar aos homens em geral, enquanto o *Guia* tem como destinatário o pequeno grupo de pessoas que são capazes de compreender por si sós".[10]

Desafio próximo foi enfrentado por Yehudah Halevi em seu desejo de apresentar o judaísmo sem necessariamente indispor a religião com seus oponentes contumazes.

Como fazê-lo?

Leo Strauss acredita ter encontrado uma possível resposta na mencionada técnica de escrever entrelinhas:

> Não é seguro examinar qualquer assunto do *Cuzari* sem antes considerar o caráter literário da obra. Ela é dedicada à defesa da religião judaica contra seus adversários mais importantes, de modo particular os filósofos.[11]

---

[9] Ver, neste volume, p. 96.
[10] Ver, neste volume, p. 100.
[11] Ver, neste volume, p. 106.

O passo seguinte conduz a uma leitura intensa da filosofia de Espinosa. No corpo a corpo com o *Tratado Teológico-Político*, Strauss aprofunda o método através de uma distinção certeira:

> Compreender as palavras de outro homem, esteja ele vivo ou morto, pode significar duas coisas diferentes, às quais por ora daremos o nome de interpretação e explicação. Por interpretação entendemos a tentativa de averiguar o que o falante afirmou e o modo como ele compreendia sua afirmação, pouco importando se tal compreensão foi expressa de maneira explícita ou não. Por explicação indicamos a tentativa de averiguar as consequências das afirmações do falante que ele negligenciava. [...] É óbvio que a interpretação deve preceder a explicação.[12]

Hora de concluir este prefácio, deixando ao leitor a tarefa de oscilar entre a *interpretação* e a *explicação* da hipótese instigante de Leo Strauss.

---

[12] Ver, neste volume, p. 150.

Prefácio

Estes ensaios foram compilados num só volume sobretudo por se debruçarem sobre um mesmo problema: a relação entre filosofia e política. Na Introdução, esforcei-me para formulá-lo desde a perspectiva filosófica. No artigo "Perseguição e a Arte de Escrever", tentei elucidar a questão partindo de alguns fenômenos políticos bem conhecidos por nosso século. Como afirmo na Introdução, tomei conhecimento desse problema enquanto estudava a filosofia judaica e islâmica da Idade Média. Os três últimos ensaios lidam com o problema tal qual figura nos escritos dos dois principais pensadores judaicos da época (Halevi e Maimônides) e de Espinosa, que tem sido chamado, não sem alguma razão, de "o último dos medievais".

Para escrever a Introdução, recorri liberalmente ao artigo de minha autoria intitulado "Farabi's *Plato*".[1] "Perseguição e a Arte de Escrever" foi publicado pela primeira vez em *Social Research*;[2] "O Caráter Literário do *Guia dos Perplexos*", em *Essays on Maimonides*;[3] "A Lei da Razão no *Cuzari*", nas

---

[1] Leo Strauss, "Farabi's *Plato*". *Louis Ginzberg Jubilee Volume,* New York, American Academy for Jewish Research, 1945, p. 357-93.
[2] Idem, "Persecution and the Art of Writing". *Social Research,* New York, novembro de 1941, p. 488-504.
[3] Idem, "The Literary Character of *The Guide for the Perplexed*". In: S. W. Baron (org.), *Essays on Mamonides*. New York, Columbia University Press, 1941, p. 37-91.

Atas da American Academy of Jewish Research;[4] e "Como Estudar o *Tratado Teológico-Político* de Espinosa", também nessas *Atas*.[5]

Gostaria de agradecer aos editores e proprietários das obras e periódicos mencionados pela gentil autorização para reeditá-los.

L. S.

---

[4] Idem, "The Law of Reason in the *Kuzari*". *Atas,* New York, American Academy of Jewish Research, XIII, 1943, p. 47-96.

[5] Idem, "How to Study Spinoza's *Theologico-Political Treatise*". *Atas,* New York, American Academy of Jewish Research, XVII, 1948, p. 69-131.

1

Introdução

Podemos dizer que o tema dos ensaios que se seguem pertence à esfera da sociologia do conhecimento. A sociologia do conhecimento não se limita ao estudo do conhecimento propriamente dito. Adotando uma postura crítica a respeito de seu próprio alicerce, ela estuda de maneira imparcial tanto aquilo que passa por conhecimento quanto o conhecimento genuíno. É de esperar, portanto, que também dedique alguma atenção à busca do conhecimento genuíno do todo, isto é, à filosofia. Por conseguinte, a sociologia da filosofia se mostra como uma subdivisão legítima da sociologia do conhecimento. Podemos dizer que estes ensaios fornecem materiais úteis para uma futura sociologia da filosofia.

É impossível não indagar por que uma sociologia da filosofia inexiste hoje. Seria rude sugerir que os fundadores da sociologia do conhecimento negligenciavam a filosofia ou não acreditavam em sua possibilidade. O que podemos dizer com segurança é que o filósofo se lhes afigurava, passado algum tempo ou já desde o início, como membro de uma turba variada a que davam o nome de intelectuais ou Sábios. A sociologia do conhecimento surgiu numa sociedade que dava como certa a harmonia essencial entre pensamento e sociedade ou entre progresso intelectual e progresso social. Ela estava mais interessada na relação entre os diferentes tipos de pensamento e os diferentes tipos de sociedade do que na relação fundamental do pensamento com a sociedade.

Ela não enxergava nessa relação fundamental um problema prático. A sociologia do conhecimento tendia a ver, nas diferentes filosofias, exponentes de sociedades, classes ou espíritos étnicos diferentes. Ela era incapaz de cogitar a possibilidade de todos os filósofos formarem uma classe por si só ou de aquilo que une todos os filósofos genuínos ser mais importante do que o que une determinado filósofo a um grupo particular de não filósofos. Essa incapacidade pode ser diretamente atribuída à inadequação da informação histórica sobre a qual o edifício da sociologia do conhecimento foi construído. O conhecimento em primeira mão disponível aos primeiros sociólogos do conhecimento se limitava, para todos os fins práticos, àquilo que eles sabiam acerca do pensamento ocidental do século XIX e do início do século XX.

Para percebermos a necessidade de uma sociologia da filosofia, precisamos nos voltar para outros tempos, quiçá até para outros climas. Enquanto estudava a filosofia judaica e islâmica da Idade Média, este autor que vos escreve calhou de deparar-se com certos fenômenos cujo entendimento torna uma sociologia da filosofia necessária.

Há uma estarrecedora diferença entre o nível de compreensão atual da escolástica cristã e o nível de compreensão atual da filosofia islâmica e judaica medieval. Esse contraste se deve ao fato de os principais estudiosos da escolástica cristã acreditarem na relevância filosófica imediata de seu tema, ao passo que os principais estudiosos da filosofia islâmica e judaica do medievo tendem a ver seu objeto como algo que suscita apenas interesse histórico. O renascimento da escolástica cristã deu origem a um interesse filosófico pela filosofia islâmica e judaica da Idade Média: Averróis e Maimônides pareciam a contraparte islâmica e judia de Tomás de Aquino. No entanto, do ponto de vista dessa escolástica – na verdade, do ponto de vista de qualquer posição que aceite o princípio mesmo da fé –, é provável que as filosofias islâmica e judaica soem inferiores a ela; na melhor das hipóteses, que soem como meros desbravadores que abriram caminho para a abordagem que a caracteriza.[1] Para que a filosofia islâmica e judaica do medievo seja compreendida de maneira adequada, ela deve suscitar interesse filosófico, e não apenas interesse antiquário; isso, por sua vez, exige que não mais a vejamos como contraparte da escolástica cristã.

Para reconhecermos a diferença fundamental entre a escolástica cristã, de um lado, e a filosofia medieval islâmica e judaica, do outro, um bom ponto de

---

[1] Compare ao comentário de Isaac Abravanel sobre Josué, X,12 (Frankfurt, 1736, fol. 21-22).

partida é a mais óbvia de todas as diferenças, isto é, a diferença que diz respeito às fontes literárias. Essa diferença é particularmente estarrecedora no caso da filosofia prática ou política. O lugar ocupado na escolástica cristã pela *Política* de Aristóteles, por Cícero e pelo Direito Romano é ocupado, na filosofia islâmica e judaica, pela *República* e pelas *Leis* de Platão. Enquanto a *República* e as *Leis* só foram recuperadas pelo Ocidente no século XV, elas já haviam sido traduzidas para o árabe no século IX. Dois dos filósofos muçulmanos mais importantes escreveram comentários sobre essas obras: Farabi, sobre as *Leis*, e Averróis, sobre a *República*. A diferença mencionada subentendia uma diferença referente não apenas ao conteúdo da filosofia política, mas também, e sobretudo, à sua importância para a totalidade da filosofia. Farabi, visto por Maimônides, o maior pensador judeu da Idade Média, como o maior dos filósofos islâmicos – na verdade, como a maior autoridade filosófica depois de Aristóteles –, foi de tal maneira inspirado pela *República* de Platão que acabou por apresentar toda a filosofia num enquadramento político. A obra de Farabi que Maimônides recomendava de maneira particular consistia em duas partes: a primeira dizia respeito a Deus e ao universo, e a segunda, à cidade. O autor deu a este livro o nome de *Os Governos Políticos*. Uma obra paralela de sua autoria ostenta o título *Os Princípios das Opiniões dos Habitantes da Cidade Virtuosa*; nos manuscritos que encontrei, ela é descrita como "livro político". É significativo que Farabi fosse menos conhecido pela escolástica cristã do que Avicena e Averróis.[2]

Para compreendermos essas diferenças evidentes, precisamos levar em consideração a diferença essencial que existe entre o judaísmo e o islã, de um lado, e o cristianismo, do outro. A Revelação, tal qual entendida pelos judeus e pelos muçulmanos, tem o caráter de Lei (*torah*, *shari'a*), e não de Fé.[3] Por conseguinte, o que primeiro saltou aos olhos dos filósofos islâmicos e judaicos que refletiam sobre a Revelação não foi um credo ou um conjunto de dogmas, e sim uma ordem social – ainda que omniabrangente – que regula não somente ações, mas também pensamentos ou opiniões. Assim entendida, a Revelação é passível de ser interpretada pelos filósofos leais como a lei perfeita, como a ordem política ideal. Na condição de filósofos, os chamados *falasifa*[4] tentavam

---

[2] Ver *Church History*, XV, 1946, p. 62. Louis Gardet; M.-M. Anawati, *Introduction à la Théologie Musulmane*. Paris, 1948, p. 245: "[...] Farabi, Avicena, Averróis. Dois nomes surgiram (no cristianismo): Avicena [...] e mais tarde Averróis [...]".

[3] Compare, por exemplo, Gardet-Anawati, op. cit., p. 332, 335 e 407.

[4] Transcrição arábica da palavra grega para "filósofos".

alcançar o entendimento perfeito do fenômeno da Revelação. Todavia, esta *só* se faz inteligível ao homem na medida em que ocorre por intermédio de causas secundárias ou na medida em que é um fenômeno natural. O instrumento pelo qual Deus se revela ao homem é o profeta, isto é, um ser humano. Os *falasifa*, portanto, tentavam compreender o processo de Revelação como algo essencialmente relacionado, ou mesmo idêntico, a uma perfeição "conatural" peculiar – na verdade, à perfeição suprema do homem. Como filósofos leais, os *falasifa* eram forçados a justificar sua busca pela filosofia perante o tribunal da Lei Divina. Dada a importância que atrelavam à filosofia, eles se viam, assim, impelidos a interpretar a Revelação como a ordem política perfeita – uma ordem que é perfeita precisamente porque designa a todos os homens capacitados o dever de dedicar suas vidas à filosofia. Por essa razão, tinham de partir do princípio de que o fundador da ordem perfeita, o legislador profético, não era apenas um estadista da mais alta ordem, mas também um filósofo desse nível. Eles tinham de conceber o legislador profético como um rei-filósofo ou como a perfeição suprema do rei-filósofo. Os reis-filósofos, contudo, tal como as comunidades governadas por eles, eram tema não da política aristotélica, mas sim da política platônica; e as leis divinas, as quais prescrevem não somente ações, mas também opiniões acerca das coisas do alto, constituíam o tema das *Leis* de Platão em particular. Não surpreende, portanto, que para Avicena a disciplina filosófica responsável pela profecia seja a filosofia ou a ciência política, tal como não surpreende que a obra padrão referente à profecia seja as *Leis* de Platão. Com efeito, a função específica do profeta, como diz Averróis, ou do maior dos profetas, como sugere Maimônides, é a legislação do mais alto tipo.

As *Leis* de Platão eram conhecidas, no período a que nos referimos, como "as leis racionais (*nomoi*) de Platão". Os *falasifa* aceitavam, portanto, a ideia de que existem "leis racionais". Rejeitavam, todavia, a noção de "mandamentos racionais". Esta última fora empregada por uma escola do que podemos chamar de teologia islâmica (*kalam*) e adaptada à noção cristã de "direito natural", o qual pode ser identificado com a "lei da razão" e com a "lei moral". Ao rejeitarem a noção de "mandamentos morais", os *falasifa* davam a entender que os princípios da moralidade não são racionais, mas "prováveis" ou "aceitos por todos". As "leis racionais" (*nomoi*) que eles admitiam diferem dos "mandamentos racionais" ou do direito natural por *não terem caráter obrigatório*. O ensinamento do direito natural pelos estoicos, transmitido ao mundo ocidental sobretudo por Cícero e alguns juristas romanos, não influenciou a filosofia prática ou política dos *falasifa*.

A intransigência filosófica dos *falasifa* não é suficientemente valorizada nas interpretações aceitas de seus ensinamentos.[5] Isso se deve, em parte, à reticência dos próprios *falasifa*. Os melhores vestígios de suas intenções são encontrados nos escritos de homens como Yehuda Halevi e Maimônides. O valor do testemunho dessas grandes figuras talvez se reduza pelo fato de elas terem se oposto aos *falasifa*; no entanto, ao menos alguns textos de Farabi confirmam a interpretação sugerida por Halevi e Maimônides. No estado atual de nosso conhecimento, é impossível dizer em que medida os sucessores de Farabi aceitavam suas posições acerca do ponto crucial. No entanto, não pode haver dúvidas quanto ao fato de que essas visões agiram tal qual fermento enquanto a filosofia teve influência sobre o pensamento islâmico e judaico.

Foi em seu curto tratado sobre a filosofia de Platão que Farabi expressou de maneira mais clara o que pensava.[6] *Platão* constitui a segunda e mais breve parte de uma obra tripartite que aparentemente recebeu o nome de *Sobre os Objetivos de Platão e Aristóteles* e que foi mencionada por Averróis sob o título *As Duas Filosofias*.[7] A terceira parte, ainda não editada, lida com o pensamento de Aristóteles. Na primeira (*Sobre a Conquista da Felicidade*), Farabi examina as coisas humanas que se fazem necessárias à realização da plena felicidade de nações e cidades. A principal exigência parece ser a filosofia, ou melhor, o governo dos filósofos, uma vez que "o significado de *Filósofo*, *Primeiro Líder*, *Rei*, *Legislador* e *Imã* é o mesmo". A origem platônica da tese principal é óbvia e, ademais, sublinhada também pelo autor. Ele conclui a primeira parte com a observação de que a filosofia tal qual fora até então descrita derivava de Platão e Aristóteles, ambos os quais "nos haviam oferecido a filosofia" junto com "os caminhos para alcançá-la e os caminhos para introduzi-la depois de ela ter sido maculada ou destruída"; a isso ele acresce que, tal qual se esclarecerá a partir da apresentação das filosofias de Platão e Aristóteles nas partes subsequentes,

---

[5] Ver Gardet-Anawati, op. cit., p. 268-72 e 320-24.
[6] O título completo da obra é *A Filosofia de Platão, suas Partes e os Graus de Dignidade de suas Partes, desde o Começo até o Fim*. O original foi editado, comentado e traduzido para o latim por F. Rosenthal e R. Walzer (*Alfarabius De Platonis Philosophia*. London, 1943).
[7] Este último título é também usado por um contemporâneo de Averróis: Yosef ibn Aknin (ver A. S. Halkin, "Ibn Aknin's Commentary on the Song of Songs". *Alexander Marx Jubilee Volume*, New York, 1950, p. 423).

o objetivo de ambos era o mesmo. Dois pontos de *Sobre os Objetivos de Platão e Aristóteles* nos impressionam de forma particular. A obra deve sua origem à preocupação com a restauração da filosofia "depois de ela ter sido maculada ou destruída"; além disso, seu interesse se volta mais para o objetivo comum a Platão e Aristóteles do que para os pontos concordes ou discordes do resultado de suas investigações. Aquilo que Farabi via como o objetivo dos dois filósofos – e, por conseguinte, como o único objetivo *são* – aparece com toda a clareza possível em seu resumo da filosofia platônica. Não há qualquer outra fonte. Esse objetivo provavelmente revela o objetivo latente de todos os *falasifa* propriamente ditos. Dessa forma, o *Platão* de Farabi se apresentaria como a chave para a *falsafa*[8] como tal.

Segundo Farabi, Platão iniciou sua investigação questionando a essência da perfeição do homem ou de sua felicidade, percebendo então que a felicidade humana consiste numa certa ciência e num certo modo de vida. A ciência em questão é a ciência da essência de cada ser, ao passo que a arte que a satisfaz é a filosofia. Quanto ao modo de vida, a arte capaz de realizá-lo é a arte real ou política. Todavia, o filósofo e o rei mostram-se idênticos. Por conseguinte, a filosofia por si só não é apenas necessária, mas suficiente para produzir a felicidade: ela não precisa ser complementada por outra coisa ou por algo que julguemos hierarquicamente superior. O objetivo de Platão ou de Aristóteles, tal qual Farabi o concebia, se revela de modo um tanto satisfatório nessa exaltação aparentemente convencional da filosofia.

A exaltação da filosofia tem como objetivo descartar qualquer pretensão de valor cognitivo passível de ser atribuída à religião em geral e à religião revelada em particular. Afinal, a filosofia a que Farabi confere louvor irrestrito é a filosofia dos pagãos Platão e Aristóteles. Na *Enumeração das Ciências*, ele apresenta as "ciências islâmicas" (*fiqh* e *kalam*) como corolários da ciência política. Por esse mesmo motivo, as atividades em questão deixam de ser islâmicas; elas se convertem nas artes de interpretar e defender qualquer lei divina ou qualquer religião positiva. Se é possível que haja alguma obscuridade na *Enumeração*, em *Platão* toda ambiguidade é evitada. Pela boca de Platão, Farabi declara que, ao contrário da filosofia, a especulação religiosa, tal como a investigação religiosa dos seres e a arte silogística religiosa, não proporciona a ciência dos seres em que consiste a perfeição suprema do

---

[8] Transcrição arábica da palavra grega para "filosofia".

homem. Ele chega ao ponto de apresentar o conhecimento religioso como o degrau mais baixo da escada das atividades cognitivas, sendo inferior até mesmo à gramática e à poesia. O objetivo do *Platão* como um todo deixa claro que esse veredicto não se modificaria caso o conhecimento religioso disponível na época de Farabi fosse colocado no lugar do conhecimento religioso disponível na época de Platão.

No início do tratado *Sobre a Conquista da Felicidade* com que prefacia seus resumos da filosofia de Platão e Aristóteles, Farabi traça, como de costume, uma distinção entre "a felicidade deste mundo nesta vida" e a "felicidade última na vida futura". No *Platão*, que constitui a segunda parte e, portanto, a parte menos exposta de uma obra tripartite, a distinção dos dois tipos de felicidade é deixada de lado. O que esse silêncio significa se torna evidente quando vemos que, em todo o *Platão* (obra que contém resumos do *Górgias*, do *Fedro*, do *Fédon* e da *República*), nenhuma referência é feita à imortalidade da alma: o Platão de Farabi rejeita silenciosamente a doutrina platônica que defende uma vida após a morte.

Farabi pôde chegar a esse ponto, no Platão, não somente porque o tratado é a parte menos exposta e mais curta de uma obra maior, mas também porque formula de maneira explícita as visões de outro homem. Como já pude mencionar, tanto em *Sobre a Conquista da Felicidade* quanto em *Platão* Farabi trata os dois tipos de felicidade de modo diferente; de igual maneira, o autor trata o conhecimento religioso de forma bastante desigual na *Enumeração das Ciências* e no *Platão*. Seguindo a mesma regra, Farabi expressa visões mais ou menos ortodoxas sobre a vida após a morte em *A Comunidade Religiosa Virtuosa* e em *Os Governos Políticos* – ou seja, em obras em que fala em seu próprio nome. Mais precisamente, em *A Comunidade Religiosa Virtuosa* ele só formula posições ortodoxas, nos *Governos Políticos* suas visões, se heréticas, poderiam ainda assim ser consideradas toleráveis. Ao mesmo tempo, no comentário sobre a *Ética a Nicômaco* ele declara que só a felicidade desta vida existe e que todas as declarações divergentes se baseiam em "delírios e contos de velhinhas".[9]

---

[9] Ibn Tufail, *Hajj ibn Yaqdhan*. Beirute, L. Gauthier, 1936, p. 14. Compare as observações de Averróis citadas por Steinschneider, *Al-Farabi*, p. 94 e 106 ("In libro enim de Nicomachia videtur [Alfarabius] negare continuationem esse cum intelligentiis abstractis: et dicit hanc esse opinionem Alexandri, et quod non est opinionandum quod finis humanus sit aliud quam perfectio speculativa"). Compare Tomás de Aquino, comentário à *Eth. Nic.* X, lect. 13 até o final, e o Capítulo 48 de *S.c.G.* III até o final.

Farabi, portanto, se beneficia da imunidade própria do comentador ou do historiador a fim de revelar, em suas obras "históricas" – e não naquelas em que fala em seu próprio nome –, aquilo que pensa sobre questões graves. No entanto, o comentador Farabi não poderia ter esclarecido, sem obter um resmungo de discórdia, as visões que ele rejeitava enquanto homem? Ele não poderia ter sido atraído, enquanto estudioso da filosofia, por aquilo que abominava enquanto crente? Seu espírito não poderia se assemelhar àquele que é atribuído aos averroístas latinos? Formular essa suspeita quase basta para revelar que ela não possui qualquer fundamento. Os averroístas latinos davam uma interpretação assaz literal a ensinamentos extremamente heréticos, ao passo que Farabi realizou precisamente o contrário. Farabi deu uma interpretação nada literal a um ensinamento relativamente tolerável. Precisamente enquanto mero comentador de Platão, ele se via forçado a abraçar a doutrina da vida após a morte. Seu flagrante desvio do ensinamento literal do filósofo ou sua recusa a sucumbir aos encantos platônicos bastam para mostrar que ele rejeitava a crença numa felicidade diferente da felicidade desta vida ou a crença numa vida futura. Seu silêncio acerca da imortalidade da alma num tratado cujo objetivo era apresentar a filosofia de Platão "desde o começo até o fim" não deixa qualquer dúvida quanto ao fato de que as declarações em favor da imortalidade da alma, presentes em alguns de seus outros escritos, devem ser vistas como adequações às perspectivas correntes.

O Platão de Farabi identifica o filósofo com o rei. Ele permanece silente, contudo, no que toca à precisa relação do filósofo e do rei, de um lado, com o legislador, do outro. Para dizer o mínimo, Farabi não identifica explicitamente o legislador com o rei-filósofo. O que quer que isso signifique,[10] Farabi sugere no *Platão* que a filosofia não é apenas idêntica à arte real: a filosofia é a arte teórica mais elevada, ao passo que a arte real é a arte prática suprema. A diferença fundamental entre teoria e prática continua a ser um tema crucial ao longo de todo o *Platão*. Uma vez que para ele a filosofia e a arte real se fazem necessárias para produzir a felicidade, Farabi concorda, de certa forma, com a visão ortodoxa que apregoa que a filosofia não basta para conduzir o homem à felicidade. Porém, o complemento à filosofia que segundo ele seria necessário para a conquista da felicidade não é a religião ou a Revelação, e sim a política,

---

[10] O significado é indicado pelo fato de, nos três últimos parágrafos de *Platão*, "filósofo", "rei", "homem perfeito" e "investigador", de um lado, e "legislador" e "homens virtuosos", do outro, serem usados como termos intercambiáveis.

quiçá até a política platônica. Ele põe a política no lugar da religião. Desse modo, podemos dizer que Farabi lança as bases para a aliança secular entre os filósofos e os príncipes simpáticos à filosofia e que ele dá início à tradição que no Ocidente é representada, de maneira mais célebre, por Marsílio de Pádua e Maquiavel.[11] Farabi menciona a necessidade da cidade virtuosa, por ele denominada "outra cidade". Seu objetivo é trocar por ela o outro mundo ou a outra vida. Uma vez que se trata de uma cidade terrena, mas uma cidade que existe não "na realidade", e sim "na fala", essa outra cidade está no meio do caminho entre este mundo e o mundo que há de vir.

Na verdade, não é possível ter certeza de que o objetivo de Platão ou Aristóteles, tal qual Farabi o compreendia, exigia a realização da melhor ordem política ou da cidade virtuosa. Farabi insinua o problema quando traça a distinção entre as investigações de Sócrates e as investigações de Platão, tal como entre "o caminho de Sócrates" e o caminho que Platão acabou por seguir. "A ciência e a arte de Sócrates", encontradas nas *Leis* de Platão, são apenas uma parte da ciência e da arte platônicas, sendo a outra "a ciência e a arte do Timeu", encontradas no diálogo homônimo. "O caminho de Sócrates" é caracterizado pela ênfase na "investigação científica da justiça e das virtudes", enquanto a arte de Platão serve "a ciência da essência de cada ser" e, por conseguinte, a ciência das coisas divinas e naturais. A diferença entre o caminho de Sócrates e o caminho de Platão remete à diferença entre a atitude de ambos com relação às cidades reais. A dificuldade crucial fora criada pelas circunstâncias política e social da filosofia: nas nações e cidades da época de Platão, não havia liberdade de magistério e investigação. Sócrates, portanto, se viu diante de uma escolha: ou optava pela segurança e pela vida, conformando-se com as falsas opiniões e com o modo de vida equivocado de seus concidadãos, ou optava pela inconformidade e pela morte. Sócrates escolheu esta última alternativa. Ao fundar a cidade virtuosa no discurso, Platão encontrou uma solução para o problema imposto pelo destino de Sócrates: apenas naquela "outra cidade" o homem seria capaz de alcançar sua perfeição. Não obstante, diz Farabi, Platão "repetia" o relato do caminho de Sócrates e "repetia" a referência do vulgo às cidades e nações existentes em sua época.[12] A repetição

---

[11] Ver, adiante, p. 97, n. 164.
[12] Quanto ao significado preciso de "repetição", ver, adiante, p. 72-75.

se resume a uma modificação considerável da primeira declaração, a uma correção do caminho socrático. Distinguindo-se deste último, o caminho platônico é uma combinação do caminho de Sócrates com o caminho de Trasímaco. O caminho intransigente de Sócrates, afinal, só é adequado à relação do filósofo com a elite, ao passo que o de Trasímaco, de uma só vez mais e menos minucioso, convém à sua relação com o vulgo. O que Farabi sugere é que, ao combinar o caminho socrático com o caminho de Trasímaco, Platão evitou o conflito com o vulgo e, assim, o destino de Sócrates. Como consequência, a revolucionária busca da outra cidade deixou de ser necessária; Platão a trocou por uma forma de ação mais conservadora: a substituição gradual das opiniões aceitas pela verdade ou por uma aproximação da verdade. Essa substituição não poderia ser gradual caso não viesse acompanhada de uma aceitação provisória das opiniões aceitas – como Farabi declara alhures, a conformidade com as opiniões da comunidade religiosa em que se é criado se faz necessária ao futuro filósofo.[13] Essa substituição também não poderia ser gradual caso não viesse acompanhada da sugestão de opiniões que, muito embora apontassem para a verdade, não contradiziam de maneira flagrante as opiniões aceitas. Podemos dizer que o Platão de Farabi acaba por colocar, no lugar do rei-filósofo que governa abertamente a cidade virtuosa, a majestade secreta do filósofo que, sendo "homem perfeito" precisamente por ser um "investigador", vive de modo privado como membro de uma sociedade imperfeita, a qual tenta humanizar nos limites do possível. As observações de Farabi sobre a política de Platão definem o caráter geral da atividade dos *falasifa*.

À luz dessas considerações, talvez pareça precipitado identificar os ensinamentos dos falasifa com aquilo que eles ensinavam com maior frequência ou de maneira mais conspícua. A tentativa de definir seu ensinamento sério torna-se ainda mais difícil porque alguns adversários dos falasifa parecem ter julgado necessário obscurecer suas doutrinas, uma vez que temiam os danos que sua publicação poderia causar aos crentes de fraca fé.

O que Farabi assinala acerca do procedimento dos verdadeiros filósofos é confirmado por uma série de observações, encontradas nos escritos de seus sucessores, referentes à distinção filosófica entre ensinamento exotérico e

---

[13] Farabi, *Kitab Tahsil as-Sa'ada* [*Sobre a Conquista da Felicidade*]. Hyderabad, 1345, p. 45. Compare as duas primeiras máximas "morale par provision" de Descartes (*Discurso do Método*, III).

ensinamento esotérico. O *Platão* de Farabi nos informa sobre a razão mais óbvia e bruta a explicar a necessidade dessa distinção antiquada ou esquecida. A filosofia e os filósofos se viam "em grande perigo". A sociedade não reconhecia a filosofia ou o direito de filosofar. Não havia harmonia entre filosofia e sociedade. Os filósofos estavam muito longe de serem exponentes da sociedade ou de algum grupo. Eles defendiam os interesses da filosofia, nada mais. Ao fazê-lo, acreditavam que na verdade estavam defendendo os interesses mais elevados da humanidade.[14] Para proteger a filosofia, o ensinamento exotérico era crucial. Tratava-se da armadura em que a filosofia deveria se mostrar. Ele se fazia necessário por questões políticas. Era a forma em que a filosofia se tornava visível à comunidade política, o seu aspecto político. Era a filosofia "política". Seguindo esse caminho, talvez possamos compreender por que Farabi apresentou toda a filosofia num enquadramento político ou por que seus escritos mais abrangentes são "livros políticos". Não é impossível que o título "as duas filosofias", pelo qual o tratado *Sobre os Objetivos de Platão e Aristóteles* era conhecido, insinuasse a diferença entre "as duas filosofias" ou "as duas doutrinas", a exterior e a interior. Essa possibilidade não pode ser negligenciada em nenhuma avaliação séria do platonismo – ou melhor, do neoplatonismo – dos *falasifa*, em especial do uso que eles às vezes davam à neoplatônica *Teologia de Aristóteles*. Basta sublinhar aqui que o *Platão* de Farabi não revela qualquer traço de influência neoplatônica.

Na maioria das reflexões atuais acerca da relação entre filosofia e sociedade, é dado como certo que a filosofia sempre possuiu prestígio político ou social. Segundo Farabi, a filosofia não era reconhecida nas cidades e nações da época de Platão. A partir do modo como procede, ele demonstra que havia ainda menos liberdade para filosofar nas cidades e nações de seu próprio tempo, isto é, "depois de ela ter sido maculada ou destruída". O fato de, no mundo islâmico, "filosofia" e "filósofos" passarem a significar uma ocupação suspeita e um grupo suspeito – para não falarmos de "descrença" e "descrentes" – basta para demonstrar o quão precária era a condição da filosofia: sua legitimidade não era reconhecida.[15] Aqui, estamos tocando aquela que, do ponto de vista da sociologia da filosofia, é a diferença mais importante entre o cristianismo, de um lado, e o islamismo e o judaísmo, do outro. Para o cristão, a doutrina

---

[14] Farabi, *Plato*, §17.
[15] Compare Gardet-Anawati, op. cit., p. 78, 225 e 236.

sagrada é a teologia revelada; para o judeu e o muçulmano, trata-se, ao menos primeiramente, da interpretação legal da Lei Divina (*talmud* ou *fiqh*). Neste último sentido, a doutrina sagrada possui – para dizermos o mínimo – muito menos em comum com a filosofia do que naquele sentido primeiro. No final das contas, é por essa razão que o prestígio da filosofia era muito mais precário no judaísmo e no islamismo do que no cristianismo: neste, ela tornou-se parte integrante da formação oficialmente reconhecida – e até mesmo exigida – do estudioso da sagrada doutrina. Essa diferença explica, em parte, o derradeiro colapso da investigação filosófica no mundo islâmico e judeu, um colapso que não encontra paralelo no mundo cristão ocidental.

Graças à posição conquistada pela "ciência da *kalam*" no islamismo, o prestígio da filosofia nessa cultura era intermediário em relação ao prestígio de que ela desfrutava no cristianismo e no judaísmo. Se então nos voltarmos ao prestígio da filosofia no judaísmo, torna-se óbvio que, embora ninguém possa ser instruído na sacra doutrina do cristianismo sem ter adquirido uma considerável instrução filosófica, é possível ser um talmudista perfeitamente competente sem possuir qualquer formação em filosofia. Judeus do gabarito filosófico de Halevi e Maimônides davam como certo que ser judeu e ser filósofo eram opções mutuamente exclusivas. À primeira vista, o *Guia dos Perplexos* de Maimônides[16] é a contraparte judaica da *Summa Theologica* de Tomás de Aquino; o *Guia*, porém, jamais conquistou, entre os judeus, sequer uma parte da autoridade de que a *Summa* desfrutava no cristianismo. Não era o *Guia* de Maimônides, e sim sua *Mishné Torá*,[17] isto é, a sua codificação da lei judaica, o que poderia ser descrito como a contraparte judaica da *Summa*. Nada é mais revelador do que a diferença entre o início do *Guia* e o início da *Summa*. O primeiro artigo da *Summa* indaga se a sagrada doutrina é necessária além das disciplinas filosóficas: Tomás, por assim dizer, justifica a sagrada doutrina diante do tribunal da filosofia. É impossível imaginar Maimônides iniciando o *Guia*, ou qualquer outra obra, com o exame de se a *halakha* (a Lei sagrada) se fazia necessária além das disciplinas filosóficas. Os primeiros capítulos do *Guia* parecem ser um comentário bastante difuso

---

[16] A edição usada aqui é Moïse Maïmonide, *Le Guide des Égarés*. Trad. do árabe por Salomon Munk. Paris, G.-P. Maisonneuve & Larose, 1856-1866, 3 vols. (N.T.) [Edição brasileira: Maimônides, *Guia dos Perplexos*. São Paulo, Sêfer, 2014. (N. E.)]

[17] Edição brasileira: Maimônides, *Mishné Torá*. Rio de Janeiro, Imago, 2000. (N. E.)

acerca de um versículo bíblico,[18] e não a abertura de uma obra filosófica ou teológica. Maimônides, a exemplo de Averróis, necessitava muito mais de uma justificativa legal da filosofia, isto é, de um exame em termos legais que esclarecesse se a Lei Divina permitia, proibia ou recomendava o estudo da filosofia, do que de uma justificativa filosófica da Lei Divina ou de seu estudo. Os motivos a que Maimônides recorre a fim de provar que algumas verdades racionais referentes às coisas divinas devem permanecer em segredo foram usadas por Tomás no intuito de provar que a verdade racional sobre as coisas divinas precisava ser divinamente revelada.[19] Em conformidade com a casual observação de que a tradição judaica enfatizava a justiça de Deus em vez de Sua sabedoria, Maimônides identificou o equivalente judaico da filosofia ou da teologia em alguns elementos da *aggadah* (ou lenda), isto é, daquela parte do folclore judaico a que em geral se atribuía uma autoridade muito menor do que aquela atribuída à *halakha*.[20] Espinosa afirmou com toda a franqueza que os judeus desprezam a filosofia.[21] Em 1765, Moses Mendelssohn julgou necessário desculpar-se por ter recomendado o estudo da lógica e demonstrar por que a proibição da leitura de livros extrínsecos ou profanos não se aplicava às obras dedicadas a ela.[22] O problema da oposição entre o judaísmo tradicional e a filosofia é idêntico ao problema da oposição entre Jerusalém e Atenas. É difícil não perceber a relação existente entre a depreciação do objeto primordial da filosofia – os céus e os corpos celestes –, no primeiro capítulo do Gênesis; a proibição de comer o fruto da árvore do conhecimento do bem e do mal, no capítulo segundo; o divino nome "Eu Sou o Que Sou"; o aviso de que a Lei não está nos *céus* nem além do mar; os dizeres do profeta Miqueias sobre aquilo que o Senhor exige do homem; e declarações talmúdicas como: "aquele que reflete sobre quatro coisas – o que está no alto, o que está embaixo, o que está antes, o que está depois –,

---

[18] Gênesis 1,27.
[19] Compare Maïmonide, op. cit., I, 34, com Santo Tomás de Aquino, *S.c.G.*, I, 4, e Idem, *Quaest. Disput. De Veritate*, q. 14, a. 10.
[20] Compare as passagens indicadas adiante, na p. 50, n. 5, com Maïmonide, op. cit., III, 17 (35 a Munk).
[21] Spinoza, *Tr. Theol.-pol.*, XI até o final. In: Carl Gebhardt, *Spinoza Opera Omnia*. Heidelberg, Carl Winter, 1925 [Edição brasileira: Baruch de Espinosa, *Tratado Teológico-Político*. São Paulo, Martins Fontes, 2009.]. Ver Maïmonide, op. cit., I (*§41 Bruder*). Ver também Georges Vajda, *Introduction à la Pensée du Moyen Age*. Paris, J. Vrin, 1947, p. 43.
[22] Moses Mendelssohn, *Gesammelte Schriften*. Jubilaeums-Ausgabe, II, p. 202-07.

seria melhor que não tivesse nascido" e "Deus nada possui em Seu Mundo além dos quatro cúbitos da *halakha*".[23]

A precária posição da filosofia no judaísmo e no islamismo não foi uma desgraça para ela em todos os aspectos. O reconhecimento oficial da filosofia no mundo cristão a subordinou à supervisão eclesiástica. A posição precária da filosofia no mundo islâmico-judaico recordava, nesse aspecto, a posição que ela ocupara na Grécia clássica. Muitas vezes se disse que a cidade grega era uma sociedade totalitária. Ela adotava e regulava costumes, o culto divino, a tragédia e a comédia. No entanto, havia uma atividade que era essencialmente privada e transpolítica: a filosofia. Mesmo as escolas filosóficas foram fundadas por homens destituídos de autoridade, por homens privados. Os filósofos islâmicos e judeus reconheciam a semelhança entre esse estado de coisas e o estado de coisas que prevalecia em seu tempo. Desenvolvendo algumas observações de Aristóteles, eles compararam a vida filosófica à vida do eremita.

Farabi atribuiu a Platão a opinião de que, na cidade grega, o filósofo corria grande perigo. Ao afirmá-lo, ele apenas repetiu o que o próprio Platão havia dito. Em grande medida, a arte de Platão evitou esse perigo, como também assinalou Farabi. O sucesso de Platão, contudo, não deve fechar nossos olhos para a existência de um perigo que, muito embora possa assumir várias formas, é coetâneo da filosofia. A compreensão desse perigo, tal como das várias formas que ele assumiu e pode assumir, é a principal tarefa – na verdade, a única – da sociologia da filosofia.

---

[23] Compare Maïmonide, op. cit., I, 32 (36 b Munk) e sua Introdução ao comentário sobre a Mishná (*Porta Mosis*. Ed. E. Pococke. Oxford, 1655, p. 90).

2

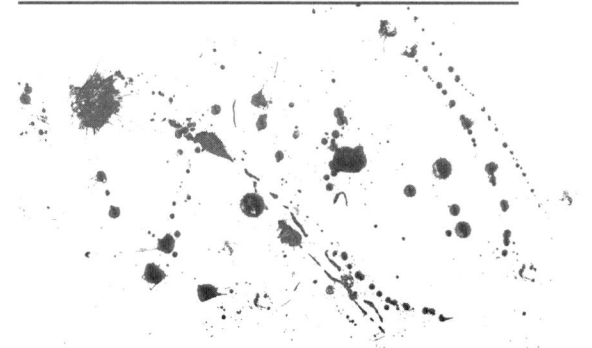

Perseguição e a arte de escrever

> "Que o vício muitas vezes foi um emancipador da mente é um dos fatos mais humilhantes, mas também mais inquestionáveis, de toda a história."
> – W. E. H. Lecky

I

Em um número considerável de países que, por cerca de cem anos, deram liberdade quase completa ao debate público, essa mesma liberdade foi hoje suprimida e substituída por uma coordenação forçada do discurso com as visões que o governo julga convenientes ou encara com seriedade. Talvez seja válido examinar brevemente o impacto dessa coibição ou perseguição de pensamentos e ações.[1]

Um grande grupo de pessoas, provavelmente a grande maioria da geração mais jovem,[2] toma como verdadeiras as visões fomentadas pelo governo. Isso, se não ocorre de imediato, ocorre ao menos com o passar do tempo. De que maneira essa gente foi convencida? E onde o fator temporal entra? Essas

---

[1] *Scribere est agere*. Ver William Blackstone, *Commentaries on the Laws of England*. Oxford, Clarendon Press, 1765-1769, Livro IV, cap. 6. Compare Niccolò Machiavelli, *Discorsi sopra la prima Deca di Tito Livio*. Veneza, Bartholomeo de Zanetti da Casterzago, 1537, III, 6. ("I Classici del Giglio", p. 424-26), e René Descartes, *Discours de la Méthode*. Haia, Jan Maire, 1637, VI início. [Edições brasileiras: Nicolau Maquiavel, *Discursos sobre a Primeira Década de Tito Lívio*. São Paulo, Martins Fontes, 2007; René Descartes, *Discurso sobre o Método*. São Paulo, Martins Fontes, 2003. (N. E.)]

[2] "*Sócrates*: Conheces algum modo de persuadi-los deste relato? *Glauco*: Nenhum para tais homens, mas apenas para seus filhos, seus descendentes e aos que vierem depois. *Sócrates*: [...] Compreendo mais ou menos o que queres dizer." Platão, *República*, 415 c6-d5.

pessoas não foram convencidas por imposição, uma vez que imposição não gera convencimento. Ela apenas lhe prepara o caminho, silenciando a contradição. Em muitíssimos casos, aquilo que é denominado liberdade de pensamento se resume a – ou, para todos os fins práticos, consiste em – poder escolher entre duas ou mais visões apresentadas pela pequena minoria de pessoas que atuam como oradores ou escritores públicos.[3] Se essa escolha é impedida, o único tipo de independência intelectual de que muitas pessoas são capazes é destruído, e essa é a única liberdade de pensamento que possui alguma relevância política. A perseguição é, portanto, condição indispensável para a suma eficiência daquilo que pode ser denominado *logica equina*. De acordo com o Parmênides de tração cavalar e com os Houyhnhnms de Gulliver, não podemos dizer, ao menos não razoavelmente, "aquilo que não é"; ou seja, as mentiras são inconcebíveis. Essa lógica não se limita aos cavalos ou aos filósofos conduzidos por eles, mas determina, ainda que de uma forma um pouco modificada, o pensamento de muitos seres humanos comuns. Estes admitem naturalmente que o homem pode mentir e mente. No entanto, logo acrescentam que as mentiras não duram muito tempo e não resistem ao teste da repetição – quanto mais da repetição constante. Por conseguinte, uma declaração repetida constantemente e jamais contradita deve ser verdadeira. Outra linha de raciocínio afirma que a declaração de uma pessoa comum pode ser mentirosa, mas que a declaração de alguém responsável e respeitável, e portanto de alguém que ocupa uma posição de alta responsabilidade ou prestígio, é moralmente certa. Esses dois entimemas nos fazem concluir que a verdade de uma declaração que é repetida constantemente pelo chefe do governo e que jamais é contradita está absolutamente certa.

Isso dá a entender que, nos países em questão, todos aqueles cujo pensamento não segue as regras da *logica equina* – em outras palavras, todos aqueles capazes de um pensamento verdadeiramente independente – não podem ser convencidos a aceitar as visões fomentadas pelo governo. A perseguição, portanto, é incapaz de impedir o pensamento independente. Afinal, é tão verdadeiro hoje quanto era há dois mil anos que é seguro contar a verdade que sabemos a conhecidos benevolentes e confiáveis – a amigos razoáveis, para sermos mais exatos.[4] A perseguição não consegue impedir sequer a expressão pública da verdade heterodoxa, uma vez que o homem de pensamento

---

[3] "Razão nada mais é do que escolher" é a tese central da *Areopagítica*, de Milton. [Edição brasileira: John Milton, *Areopagítica*. Trad. Raul de Sá Barbosa. Rio de Janeiro, Topbooks, 1999.]
[4] Platão, *República*, 450 d3-e1.

independente pode proferir suas visões em público e permanecer incólume se agir com circunspeção. É-lhe inclusive possível publicá-las sem correr riscos, contanto que seja capaz de escrever nas entrelinhas.

A expressão "escrever nas entrelinhas" indica o tema deste artigo. A influência da perseguição sobre a literatura está precisamente em que ela força todos os escritores que sustentam visões heterodoxas a desenvolverem uma técnica de escrita peculiar, a mesma técnica que temos em mente quando falamos em escrever nas entrelinhas. Essa expressão é claramente metafórica. Qualquer tentativa de exprimi-la em linguagem não metafórica culminaria na descoberta de uma *terra incognita*, um campo cujas dimensões ainda não foram exploradas e que oferece grande espaço para investigações extremamente intrigantes, até mesmo importantes. Podemos dizer, sem corrermos o risco de incidir num grave exagero, que praticamente o único trabalho preparatório a guiar aquele que explora esse campo está enterrado nos escritos dos retóricos da Antiguidade.

Voltando ao nosso tema, debrucemo-nos sobre um simples exemplo que, sou levado a crer, não está tão distante da realidade quanto talvez pareça à primeira vista. Não nos é difícil imaginar um historiador que vive num país totalitário, é membro insuspeito e respeitado do único partido existente e, a partir de suas investigações, começa a questionar a sensatez da interpretação dada pelo governo à história da religião. Ninguém o impediria de publicar um ataque apaixonado àquilo que ele chamaria de visão liberal. Obviamente, esse homem teria de formular a visão liberal antes de atacá-la; precisaria articulá-la daquele modo sereno, pouco impressionante e um tanto enfadonho que parece ser tudo, menos natural; usaria muitos termos técnicos, recorreria a várias citações e atribuiria indevida importância a detalhes insignificantes; daria a impressão de esquecer a guerra santa da humanidade nas rixas mesquinhas dos pedantes. Apenas depois de ter alcançado o âmago do raciocínio é que escreveria três ou quatro frases naquele estilo conciso e vigoroso capaz de capturar a atenção dos jovens aos quais é prazeroso pensar. Essa passagem crucial explicitaria a posição dos adversários de modo mais claro, persuasivo e impiedoso do que jamais fora no auge do liberalismo, uma vez que descartaria, silenciosamente, cada uma daquelas tolas excrescências do credo liberal que haviam crescido durante o sucesso do liberalismo e que, portanto, se aproximavam agora da dormência. Sensato, seu jovem leitor vislumbraria pela primeira vez o fruto proibido. O ataque, o grosso da obra, consistiria em expansões virulentas das mais virulentas declarações do livro ou dos livros sagrados do partido dominante. O jovem inteligente, que sendo jovem se sentira até então atraído por aquelas declarações imoderadas, agora se sentiria apenas enojado por elas, talvez até entediado; havia experimentado, afinal, o fruto proibido. Lendo o livro pela segunda e terceira vez, ele identificaria, na própria disposição das citações retiradas dos livros autorizados, acréscimos significativos àquelas poucas e concisas declarações que ocupavam o centro da breve primeira parte.

A perseguição, portanto, dá origem a uma técnica de escrita peculiar e, com ela, também a um tipo de literatura peculiar, na qual a verdade sobre todas as coisas cruciais é apresentada exclusivamente nas entrelinhas. Essa literatura não é destinada a todos os leitores, mas somente aos leitores confiáveis e inteligentes. Ela possui todas as vantagens da comunicação privada sem padecer, porém, de sua grande desvantagem, isto é, do fato de só alcançar os conhecidos do autor. Ela possui também todas as vantagens da comunicação pública subtraídas de sua grande desvantagem: a pena de morte imposta ao autor. No entanto, como um homem pode destinar determinada publicação a uma minoria ao mesmo tempo que permanece silente à maior parte de seus leitores? O que torna essa literatura possível pode ser expresso pelo axioma que diz que os homens irreflexivos são leitores negligentes e que apenas os homens que pensam são leitores atentos. Desse modo, o autor que deseja falar apenas aos homens que pensam deve escrever de uma forma que permita que apenas o leitor muito cuidadoso consiga identificar o sentido de seu livro. Não obstante, dirão, é possível que haja homens inteligentes, leitores atentos, que não sejam dignos de confiança e que, após terem desmascarado o autor, o denunciariam às autoridades. Com efeito, essa literatura seria impossível caso a máxima socrática segundo a qual virtude é conhecimento – e, portanto, os homens que pensam são confiáveis, e não cruéis – estivesse completamente equivocada.

Outro axioma, mas agora só relevante na medida em que a perseguição permanece confinada aos procedimentos legais, afirma que um autor atento e de inteligência comum é mais inteligente do que o mais inteligente dos censores. Afinal, é ao censor que cabe o ônus da prova. É ele, ou então o promotor público, quem deve provar que o autor sustenta ou articulou visões heterodoxas. A fim de fazê-lo, ele deve demonstrar que certas deficiências literárias da obra não se devem ao acaso, que o autor empregou de propósito determinada expressão ambígua ou que foi intencionalmente mal construída alguma de suas frases. Isso quer dizer que o censor deve provar não somente que o autor é inteligente e um bom escritor, uma vez que aquele que comete erros crassos de propósito deve dominar a arte da escrita; cabe a ele provar, sobretudo, que o autor conservava seu nível habitual de talento ao escrever as palavras incriminadoras. Como isso pode ser provado, se até mesmo Homero cochila de vez em quando?

II

A supressão do pensamento independente ocorreu com bastante frequência no passado. É sensato supor que as épocas pretéritas produziram, proporcionalmente, tantos homens capazes de pensar de maneira independente quanto hoje e que ao menos alguns desses homens conseguiram unir entendimento e precaução. Desse modo, podemos questionar se alguns dos maiores escritores do passado não adaptaram sua técnica literária às exigências da perseguição, apresentando seus pontos de vista sobre questões cruciais somente nas entrelinhas.

Vemo-nos impedidos de cogitar essa possibilidade, e ainda mais de examinar as questões que lhe estão vinculadas, em virtude de alguns hábitos produzidos por – ou relacionados a – um progresso comparativamente recente da pesquisa histórica. À primeira vista, esse progresso se deveu à aceitação geral e à ocasional aplicação dos seguintes princípios. Exigia-se que cada período do passado fosse compreendido por si só, não devendo ser julgado por parâmetros que lhe fossem extrínsecos. Na medida do possível, cada autor deveria ser interpretado de maneira isolada: nenhum termo que não pudesse ser literalmente traduzido em sua linguagem, que não tivesse sido empregado por ele ou que não fosse bastante comum em sua época seria usado. Só seria possível tomar como verdadeiras aquelas exposições sobre determinado autor que fossem corroboradas por declarações explícitas de sua autoria. Este último princípio é decisivo: ele parece excluir *a priori*, da esfera do conhecimento humano, as visões dos autores passados que são indicadas somente nas entrelinhas. Com efeito, se um autor não se cansa de afirmar explicitamente, em cada página de seu livro, que *a* é *b*, mas indica nas entrelinhas que *a* não é *b*, o historiador moderno ainda assim exigirá provas claras de que o autor cria que *a* não era *b*. Essa prova não pode ser fornecida, e assim ele vence a disputa: o historiador moderno pode tratar qualquer leitura nas entrelinhas como um palpite arbitrário ou, caso seja preguiçoso, como um conhecimento intuitivo.

A aplicação desses princípios possui consequências importantes. Até uma época ainda presente na memória de alguns homens vivos, muitas pessoas, tendo em mente certas declarações célebres de Bodin, Hobbes, Burke, Condorcet e outros, acreditavam haver diferenças entre os conceitos fundamentais do pensamento político moderno e os conceitos fundamentais do pensamento político da Idade Média e da Antiguidade. A atual geração de pesquisadores aprendeu, da boca de um dos mais famosos historiadores de nossa época, que, "pelo menos dos juristas do século II até os teóricos da Revolução Francesa, a história do pensamento político é contínua; sua forma se altera, seu conteúdo se modifica, mas seus conceitos fundamentais são ainda os mesmos".[5] Até meados do século XIX, Averróis era visto como homem hostil a toda religião. Após o bem-sucedido ataque de Renan àquilo que é hoje chamado de lenda medieval, os pesquisadores atuais têm Averróis como um muçulmano leal, até mesmo crente.[6] Autores antigos acreditavam que "a abolição do pensamento religioso e mágico" caracterizara a atitude dos médicos gregos. Um autor mais recente declara que "os médicos hipocráticos [...] adotavam, enquanto cientistas, um dogma sobrenatural".[7] Lessing, um dos humanistas mais profundos de todos os tempos, homem dotado de uma raríssima combinação de erudição, gosto e filosofia, alguém convencido de que há verdades que não devem ou não podem ser pronunciadas, achava que "todos os filósofos antigos" haviam diferenciado seu ensinamento exotérico de seu ensinamento esotérico. Após o grande filósofo Schleiermacher ter formulado, com um raciocínio extraordinariamente competente, a visão de que só há um ensinamento platônico, a questão do esoterismo dos filósofos antigos foi reduzida, para todos os fins práticos, ao significado dos "discursos exotéricos" de Aristóteles; e, a esse respeito, um dos grandes humanistas de hoje afirma que a atribuição de um ensinamento secreto a Aristóteles é "obviamente uma invenção tardia originada sob o espírito neopitagórico".[8] Segundo Gibbon, Eusébio

---

[5] A. J. Carlyle, *A History of Mediaeval Political Theory in the West*. 2. ed. London, 1927, vol. I, p. 2.
[6] Ernest Renan, *Averroès et l'Averroïsme*. 3. ed. Paris, 1866, p. 292 ss. Léon Gauthier, *La Théorie d'Ibn Rochd (Averroès) sur les Rapports de la Religion et de la Philosophie*. Paris, 1909, p. 126 ss e 177 ss. Compare com o artigo do mesmo autor, "Scolastique Musulmane et Scolastique Chrétienne". *Revue d'Histoire de la Philosophie*, II, 1928, p. 221 ss e 333 ss.
[7] Ludwig Edelstein, "Greek Medicine in its Relation to Religion and Magic". *Bulletin of the Institute of the History of Medicine*, V, 1937, p. 201 e 211.
[8] Segundo diálogo de Gotthold Ephraim Lessing, *Ernst und Falk*. Innsbruck, Studienverlag, 2010; e Idem, "Leibniz von den ewigen Strafen". In: *Werke*. Berlin, Petersen e v. Olshausen, 1925, XXI, p. 147. Friedrich Schleiermacher, *Platons Werke*. Berlin, 1804, vol. I, 1, p. 12-20. Werner Jaeger, *Aristotle*. Oxford, 1934, p. 33. Ver também Alexander Grant, *The Ethics of Aristotle*. London, 1874, I, p. 398 ss; e Eduard Zeller, *Aristotle and the Earlier Peripatetics*. London, 1897, I, p. 120 ss.

"admitiu indiretamente que relatara tudo aquilo que poderia culminar na glória da religião e suprimira tudo o que poderia desgraçá-la". De acordo com um historiador de hoje, "o juízo de Gibbon, para quem a *História Eclesiástica* era inteiramente desonesta, é por si só um veredicto preconceituoso".[9] Até o final do século XIX, inúmeros filósofos e teólogos acreditaram que Hobbes fora ateu. Hoje, muitos historiadores rejeitam tácita ou explicitamente essa visão; um pensador contemporâneo, muito embora não creia que Hobbes tenha sido um homem estritamente religioso, desvendou em seus escritos os esboços de uma filosofia da religião neokantiana.[10] O próprio Montesquieu, a exemplo de alguns de seus contemporâneos, achava que *De l'Esprit des Lois* possuía um projeto satisfatório, quiçá até maravilhoso; Laboulaye ainda acreditava que a aparente obscuridade desse projeto, tal como as outras deficiências literárias que a obra aparentava ter, se devia à censura ou à perseguição. No entanto, hoje um dos mais extraordinários historiadores do pensamento político afirma que ali "não há, na verdade, grande concatenação de temas, ao mesmo tempo que a quantidade de coisas irrelevantes é extraordinária"; ele afirma ainda "ser impossível dizer que o *Espírito das Leis* de Montesquieu possua qualquer organização".[11]

---

[9] James T. Shotwell, *The History of History*. New York, 1939, I, p. 356 ss.

[10] Ferdinand Tönnies, *Thomas Hobbes*. 3. ed. Stuttgart, 1925, p. 148. George E. G. Catlin, *Thomas Hobbes*. Oxford, 1922, p. 25. Richard Hönigswald, *Hobbes und die Staatsphilosophie*. Munich, 1924, p. 176 ss. Leo Strauss, *Die Religionskritik Spinozas*. Berlin, 1930, p. 80. Z. Lubienski, *Die Grundlagen des Ethisch-politische Systems von Hobbes*. Munich, 1932, p. 213 ss.

[11] George H. Sabine, *A History of Political Theory*. New York, 1937, p. 556 e 551. Friedrich Meinecke, *Die Entstehung des Historismus*. Munich, 1936, p. 139 ss e 151, n. 1. Édouard Laboulaye, "Introduction à l'Esprit des Lois". In: *Oeuvres Complètes de Montesquieu*, vol. 3. Paris, 1876, p. xiii ss. Laboulaye cita, naquele contexto, uma importante passagem do "Éloge de Montesquieu", de d'Alembert. Ver também Bertolini, "Analyse Raisonnée de l'Esprit des Lois". In: Édouard Laboulaye, "Introduction à l'Esprit des Lois". *Oeuvres Complètes de Montesquieu*. Paris, 1876, p. 6, 14, 23 ss, 34 e 60 ss. As observações de d'Alembert, Bertolini e Laboulaye não passam de explicações daquilo que o próprio Montesquieu assinala, por exemplo, ao afirmar no prefácio: "Si l'on veut chercher le dessein de l'auteur, on ne le peut bien découvrir que dans le dessein de l'ouvrage" (Ver também o fim do décimo primeiro livro e duas cartas de Helvétius, ibidem, vol. 6, p. 314, 320). D'Alembert diz: "Nous disons de l'*obscurité* que l'on peut se permettre dans un tel ouvrage, la même chose que du *défaut d'ordre*. Ce qui seroit obscur pour les lecteurs vulgaires, ne l'est pas pour ceux que l'auteur a eus en vue; d'ailleurs l'obscurité volontaire n'en est pas une. M. de Montesquieu ayant à présenter quelquefois des vérités importantes, dont l'énoncé absolu et direct auroit pu blesser sans fruit, a eu la prudence de les envelopper; et, par cet innocent artifice, les a voilées à ceux à qui elles seroient nuisibles, sans qu'elles fussent perdues pour les sages". De modo semelhante, alguns contemporâneos do "retórico" Xenofonte acreditavam que "aquilo que é escrito com método e beleza não é escrito com método e beleza" (*Cynegeticus*, 13.6).

Essa seleção de exemplos, que não é completamente arbitrária, demonstra que a típica diferença entre os velhos pontos de vista e os pontos de vista novos não se deve inteiramente ao progresso da exatidão histórica, mas também a uma mudança mais basilar dada na atmosfera intelectual. Nas últimas décadas, a tradição racionalista, a qual constituía o denominador comum das velhas visões e ainda se mostrava bastante influente no positivismo do século XIX, ou tem sido transformada ainda mais, ou tem sido rejeitada por completo por um número cada vez maior de pessoas. Se e em que medida essa mudança deve ser considerada um progresso ou um retrocesso é algo que apenas o filósofo pode responder.

Ao historiador cabe uma tarefa mais modesta. Ele só exigirá, e com justiça, que, a despeito de todas as mudanças que ocorreram ou que virão a ocorrer na atmosfera intelectual, a tradição da exatidão histórica perdure. Por conseguinte, não aceitará um padrão arbitrário de exatidão que *a priori* exclua do conhecimento humano os fatos mais importantes do passado. Antes, o historiador adaptará à natureza do seu tema as regras de certeza que orientam sua pesquisa. Desse modo, seguirá regras como as seguintes. Ler nas entrelinhas é estritamente proibido em todos os casos em que fazê-lo seria menos exato do que não fazê-lo. Só é legítima a leitura nas entrelinhas que parte de uma reflexão exata sobre as declarações explícitas do autor. O contexto em que determinada declaração ocorre, tal como o caráter literário e o projeto de toda a obra, deve ser compreendido perfeitamente antes que sua interpretação possa pretender-se adequada ou até mesmo correta. Ninguém tem o direito de suprimir uma passagem ou de retificar seu texto antes de ter considerado todas as formas possíveis de compreender a passagem tal qual ela é – sendo uma dessas possibilidades aquela de a passagem ser irônica. Se um mestre da arte da escrita comete erros crassos que envergonhariam um secundarista inteligente, é sensato supor que tais deslizes sejam intencionais, em especial se o autor examina, ainda que casualmente, a possibilidade de haver erros crassos propositais na escrita. As visões do autor de determinada peça ou diálogo não devem ser identificadas, sem indícios prévios, com as visões expressas por qualquer um de seus personagens, nem com as visões admitidas por todos eles, nem com as visões daqueles que são cativantes. A verdadeira opinião de um autor não é necessariamente idêntica à opinião que ele exprime na maioria das passagens. Em suma, a exatidão não deve ser confundida com a recusa ou com a incapacidade de ver o todo por trás dos detalhes. O historiador verdadeiramente preciso se conformará com o fato de que há diferença entre vencer uma discussão ou convencer praticamente todos de que ele está certo e compreender o pensamento dos grandes autores do passado.

Desse modo, devemos considerar a possibilidade de que ler nas entrelinhas não logrará pleno acordo entre todos os pesquisadores. Se isso é uma objeção a esse tipo de leitura, temos como réplica o fato de nenhum dos métodos que costumam ser usados hoje conduzir a uma concórdia universal, nem mesmo a uma concórdia ampla, a respeito de pontos cruciais. Pesquisadores do século passado tendiam a solucionar problemas literários recorrendo à gênese da obra do autor, às vezes até a seu pensamento. Contradições ou divergências acerca de um mesmo livro ou de dois livros do mesmo autor supostamente provariam que seu pensamento havia mudado. Se as contradições ultrapassassem determinado limite, às vezes concluía-se que uma das obras deveria ser espúria. Ultimamente, esse procedimento foi descreditado, e hoje muitos pesquisadores tendem a ser mais conservadores acerca da tradição literária, deixando-se impressionar menos por evidências meramente internas. No entanto, o conflito entre os tradicionalistas e os críticos mais eminentes está longe de ser resolvido. Os tradicionalistas têm como demonstrar que em muitos casos importantes os críticos mais eminentes não provaram suas hipóteses; ao mesmo tempo, ainda que todas as respostas sugeridas por esses críticos se mostrassem equivocadas, as questões que os afastaram da tradição e os instigaram a tentar uma nova abordagem muitas vezes revelam uma percepção das dificuldades que não tira o sono do tradicionalista arquetípico. Uma resposta adequada para a mais séria dessas questões exige uma reflexão metódica sobre a técnica literária dos grandes autores do passado, haja vista o caráter típico dos problemas literários envolvidos – a obscuridade do projeto, as contradições no interior de uma só obra ou entre dois trabalhos do mesmo autor, a omissão de elos importantes no raciocínio, etc. Essa reflexão transcende necessariamente as fronteiras da estética moderna e até mesmo da poética tradicional, e acredito que cedo ou tarde forçará os estudiosos a levarem em consideração o fenômeno da perseguição. Para mencionar algo que dificilmente é mais do que outro aspecto dessa mesma realidade, nós às vezes observamos conflito entre uma interpretação tradicional, superficial e doxográfica de um grande autor do passado e uma interpretação mais inteligente, profunda e monográfica. Ambas são igualmente exatas, uma vez que nascem de declarações explícitas do autor em questão. No entanto, são poucas as pessoas que, hoje, consideram a possibilidade de a interpretação tradicional refletir o ensinamento exotérico do autor, ao passo que a interpretação monográfica fica no meio do caminho entre seu ensinamento exotérico e seu ensinamento esotérico.

A pesquisa histórica moderna, nascida numa época em que a perseguição era apenas uma débil lembrança, e não uma experiência poderosa, anulou – ou até mesmo destruiu – a antiga tendência a ler nas entrelinhas dos grandes autores ou a valorizar mais seu desígnio fundamental do que as visões repetidas com maior frequência. Toda tentativa de restaurar a abordagem anterior nessa época de historicismo se depara com o problema dos critérios para distinguir quais leituras nas entrelinhas são legítimas e quais não são. Se é verdade que existe uma correlação necessária entre a perseguição e a escrita camuflada, então também é necessário que haja um critério negativo: o livro em questão deve ter sido escrito em tempos de perseguição, isto é, numa época em que alguma ortodoxia, fosse política ou não, era reforçada pelas leis ou pelo costume. Um critério positivo é este: se um autor hábil, dotado de uma mente lúcida e de um conhecimento perfeito da visão ortodoxa e suas ramificações, contradiz dissimuladamente e de passagem, por assim dizer, um dos pressupostos ou consequências que ele reconhece e afirma de maneira explícita em todas as outras partes, temos bons motivos para desconfiar de que ele se opunha ao sistema ortodoxo como tal. Desse modo, devemos examinar todo o seu livro mais uma vez, agora com muito mais cuidado e muito menos ingenuidade. Em alguns casos, temos até mesmo provas explícitas de que o autor só indicou suas visões acerca de temas importantes nas entrelinhas. Tais declarações, contudo, não costumam figurar no prefácio ou em outros locais muito evidentes. Algumas delas sequer podem ser percebidas, quanto mais compreendidas, enquanto nos limitamos ao ponto de vista da perseguição e da postura ante a liberdade e a franqueza que se tornou predominante nos últimos trezentos anos.

III

O termo "perseguição" diz respeito a uma série de fenômenos, abarcando desde o tipo mais cruel, exemplificado pela Inquisição espanhola, até o tipo mais brando, isto é, o ostracismo social. Entre esses extremos encontram-se os tipos mais importantes do ponto de vista da história literária ou intelectual. Verificamos exemplos na Atenas dos séculos V e IV a.C., em alguns países muçulmanos do início da Idade Média, na Holanda e na Inglaterra do século XVII e na França e Alemanha do século XVIII – todos eles, períodos relativamente liberais. Um breve passar de olhos, porém, nas biografias de Anaxágoras, Protágoras, Sócrates, Platão, Xenofonte, Aristóteles, Avicena, Averróis, Maimônides, Grócio, Descartes, Hobbes, Espinosa, Locke, Bayle, Wolff, Montesquieu, Voltaire, Rousseau, Lessing e Kant[12] – em alguns casos, um breve passar de olhos na folha de rosto de seus livros – basta para revelar que eles testemunharam ou sofreram, ao menos durante parte de suas vidas, uma espécie de perseguição mais tangível do que o ostracismo social. Do mesmo modo, não deveríamos negligenciar o fato, ainda não sublinhado o suficiente por todas as autoridades, de que a perseguição religiosa e a perseguição da livre investigação não são a mesma coisa. Houve épocas e países em que todos os tipos de culto, ou ao menos uma grande variedade deles, eram permitidos, mas não a livre investigação.[13]

A atitude que as pessoas adotam com relação à liberdade do debate público depende crucialmente daquilo que elas pensam acerca da educação pública e seus limites. De modo geral, os filósofos pré-modernos eram mais tímidos nesse aspecto do que os filósofos modernos. Após cerca de meados do século XVII, um número cada vez maior de filósofos heterodoxos que haviam sido perseguidos passou a publicar seus livros não somente para comunicar seus pensamentos, mas também para contribuir com o fim da perseguição propriamente dita. Eles acreditavam que a supressão da investigação livre e de seus resultados era acidental, isto é, fruto da construção falha do corpo político; acreditavam, ademais, que o reino da escuridão geral poderia ser substituído pela república da luz universal. Eles se voltaram para uma época em que, como resultado do progresso da educação popular, uma liberdade de expressão quase plena seria possível – ou, se exagerarmos para fins de esclarecimento, uma época em que ninguém sofreria mal algum por ter ouvido uma verdade.[14] Eles

---

[12] A respeito de Kant, cujo caso merece uma classe só para si, mesmo um historiador como C. E. Vaughan, pouco dado a desconfianças ou a qualquer outro tipo de ceticismo, observa: "Somos quase forçados a desconfiar de que Kant divertia-se com seus leitores e nutria certa simpatia esotérica pela Revolução" (C. E. Vaughan, *Studies in the History of Political Philosophy*. Manchester, 1939, II, p. 83).

[13] Ver o "fragmento" de H. S. Reimarus, "Von Duldung der Deisten". In: G. von I. Lessing, op. cit., 1925, XXII, p. 38 ss.

[14] Se esse objetivo radical só pode ser alcançado em condições extremamente confortáveis foi questão levantada em nossa época por Archibald MacLeish ("Post-War Writers and Pre-War Readers". *Journal of Adult Education*, vol. 12, junho de 1940): "Talvez o luxo da confissão total, o desespero

só escondiam suas visões na medida em que isso os protegia da perseguição; fossem mais sutis, teriam solapado o próprio objetivo, que era o de esclarecer um número cada vez maior de pessoas que não eram filósofos em potencial. Desse modo, é relativamente fácil ler nas entrelinhas de seus livros.[15] A atitude de um tipo mais antigo de escritores era fundamentalmente distinta. Eles acreditavam que o abismo que separava o "sábio" do "vulgo" era uma realidade fundamental da natureza humana, uma realidade que não poderia ser afetada por qualquer progresso na educação popular: a filosofia ou ciência era privilégio para "poucos". Eles estavam convictos de que a filosofia como tal era questionada, e também odiada, pela maioria dos homens.[16] Ainda que nada tivessem a temer por parte de qualquer grupo político, os que partiam desse pressuposto haviam concluído que a comunicação pública da verdade filosófica ou da verdade científica era impossível ou indesejável – e não apenas por ora, mas em todas as épocas. Eles deviam esconder suas opiniões de todos os que não fossem filósofos, limitando-se à instrução oral de um grupo de pupilos cuidadosamente selecionados ou só referindo-se ao tema mais importante por meio de uma "breve indicação".[17]

Os escritos são naturalmente acessíveis a todos aqueles que sabem ler. Desse modo, o filósofo que optou pelo segundo caminho só poderia expor as opiniões que fossem adequadas à maioria não filosófica: estritamente falando,

---

extremo e a dúvida mais remota devam ser negados a todos os autores que não vivam em tempos ordenados e estáveis. De fato não sei".

[15] Tenho em mente, de modo particular, a figura de Hobbes. É difícil superestimar sua relevância para a situação esboçada acima. Isso foi claramente reconhecido por Tönnies, que enfatizou de modo especial estes dois dizeres de seu herói: "Paulatim eruditur vulgus" e "Philosophia ut crescat libera esse debet nec metu nec pudore coercenda" (Tönnies, op. cit., 1925, p. iv, 195). Hobbes também diz: "A supressão de doutrinas nada mais faz que unir e exasperar, isto é, aumentar tanto a malícia quanto o poder daqueles que já lhes acreditava" (*English Works*, ed. Molesworth, VI., p. 242). Em *Of Liberty and Necessity* (London, 1654, p. 35 ss), ele escreve ao marquês de Newcastle: "Devo confessar: se olharmos para a grande maioria da humanidade não como ela deveria ser, e sim como de fato é [...], o exame dessa questão ferirá sua piedade em vez de auxiliá-la; portanto, não fosse Sua Senhoria [o bispo Bramhall] a desejar esta resposta, eu não a teria escrito, assim como só a escrevo na esperança de que tanto Sua Senhoria quanto o senhor a conservem em privado".

[16] Cícero, *Tusculanae Disputationes*, II, 4. Platão, *Fédon*, 64 b; *República*, 520 b2-3 e 494 a4-10.

[17] Platão, *Timeu*, 28 c3-5, e *Carta VII*, 332 d6-7, 341 c4-e3 e 344 d4-e2. Que a visão mencionada acima é compatível com o credo democrático é demonstrado de maneira mais clara por Espinosa, que defendia não apenas o liberalismo, mas também a democracia (*Tractatus Politicus*, XI, 2, Leipzig, Bruder, 1843). Ver seu *Tractatus de Intellectus Emendatione*, 14 e 17 tal como seu *Tractatus Theologico-Politicus*, V 35-39, XIV 20 e XV até o final.

todos os seus escritos teriam de ser exotéricos. Essas opiniões não estariam de acordo com a verdade em todos os aspectos. Como filósofo, isto é, como alguém que odiava "a mentira na alma" mais do que qualquer outra coisa, ele não se iludiria quanto ao fato de essas opiniões serem apenas "histórias verossímeis", "mentiras nobres" ou "opiniões prováveis" e deixaria para seus leitores filosóficos a tarefa de deslindar a verdade de sua apresentação poética ou dialética. Seu objetivo, contudo, seria solapado caso ele indicasse com clareza quais de suas declarações expressam uma mentira nobre e quais expressavam uma verdade mais nobre ainda. Para os leitores filosóficos, seria quase mais que o suficiente atrair sua atenção ao fato de que ele não se opunha ao uso de mentiras nobres ou de histórias que fossem apenas semelhantes à verdade. Ao menos do ponto de vista do historiador, não há, entre o filósofo pré-moderno típico (o qual só com dificuldades conseguimos distinguir do poeta pré-moderno) e o filósofo moderno típico, diferença mais notável do que a atitude de cada um com relação às "mentiras nobres (ou justas)", às "fraudes piedosas", ao "*ductus obliquus*"[18] e à "economia da verdade". Todo leitor moderno decente se sentirá chocado ante a mera insinuação de que um grande homem talvez tenha enganado de propósito a vasta maioria de seus leitores.[19] Não obstante, como certa feita bem observou um teólogo liberal, esses imitadores do ardiloso Odisseu talvez estivessem sendo mais sinceros do que nós ao chamarem de "mentira nobre" aquilo que chamaríamos de "ter em mente as próprias responsabilidades sociais".

Um livro exotérico contém, portanto, dois ensinamentos: um ensinamento popular de caráter edificante, colocado em primeiro plano, e um ensinamento filosófico referente ao tema mais importante, o qual só é indicado nas entrelinhas. Isso não quer dizer que alguns escritores de qualidade não tenham formulado certas verdades importantes de modo bastante explícito, usando como porta-voz algum personagem descreditado e revelando, assim, o quanto desaprovavam a articulação das verdades em questão. Desse modo, há boas razões para encontrarmos, nos maiores exemplos literários do passado, uma grande quantidade de diabos, loucos, pedintes, sofistas, bêbados, epicuristas

---

[18] Thomas More, *Utopia*, parte final do primeiro livro.
[19] Um exame bastante extenso da "magna questio, latebrosa, tractatio, disputatio inter doctos alternans", como a chamava Agostinho, pode ser encontrado em Grotius, *De Jure Belli ac Pacis*, III, cap. I, §7 ss, de modo particular em §17, 3. Ver também, *inter alia*, a nona e a décima *Provinciales* de Pascal, tal como Jeremy Taylor, *Ductor Dubitantium*, livro III, cap. 2, regra 5.

e bufões interessantes. Os verdadeiros destinatários desses livros, porém, não são nem a maioria não filosófica, nem o filósofo perfeito, e sim os jovens que poderiam se tornar filósofos: os possíveis filósofos devem ser conduzidos, passo a passo, desde as visões populares, que se fazem indispensáveis a todos os fins práticos e políticos, até a verdade, que é pura e simplesmente teórica; eles devem ser guiados por alguns traços impertinentemente enigmáticos encontrados na apresentação do ensinamento popular – a obscuridade do projeto, as contradições, os pseudônimos, as repetições imprecisas de declarações anteriores, as expressões estranhas, etc. Esses traços não tiram o sono daqueles que não conseguem ver o todo por trás dos detalhes, mas surgem como pedras de tropeço que despertam os que são capazes de fazê-lo. Todos os livros desse gênero devem sua existência ao amor que o filósofo maduro sente pelos cachorrinhos[20] de sua raça, por quem ele também deseja ser amado em retribuição: todos os livros exotéricos são "discursos escritos motivados pelo amor".

A literatura exotérica pressupõe a existência de verdades basilares que não seriam pronunciadas em público por nenhum homem decente, dado que fariam mal a muitas pessoas que, uma vez feridas, naturalmente se sentiriam tentadas a ferir em resposta aquele que as pronunciara. Ela pressupõe, em outras palavras, que a liberdade para investigar e para publicar os resultados da investigação não está garantida como direito básico. Por conseguinte, essa literatura encontra-se essencialmente vinculada a uma sociedade que não é liberal. Podemos então questionar que utilidade teria ela numa sociedade liberal de fato. A resposta é simples. No *Banquete* de Platão, Alcibíades, esse filho deslinguado de uma Atenas também deslinguada, compara Sócrates e seus discursos a certas esculturas que, embora extremamente feias por fora, trazem em seu interior as mais belas imagens das coisas divinas. As obras dos grandes autores do passado são belas mesmo quando vistas de fora. Não obstante, sua beleza visível não passa de feiura se comparada à beleza daqueles tesouros ocultos que só se revelam após um trabalho assaz demorado e nunca fácil, mas sempre prazeroso. Esse trabalho ao mesmo tempo difícil e prazeroso é aquilo que, aos meus olhos, os filósofos tinham em mente quando recomendavam a educação. Para eles, a educação era a única resposta à questão sempre premente, à questão política por excelência: a questão de como reconciliar uma ordem que não seja opressão com uma liberdade que não seja licenciosidade.

---

[20] Compare Platão, *República*, 539 a5-d1, com *Apologia de Sócrates*, 23 c2-8.

3

O caráter literário do *Guia dos Perplexos*

> ἡ γὰρ ὕστερον εὐπορία λύσις τῶν πρότερον ἀπορουμένων
> ἐστί, λύειν δ᾿οὐκ ἔστιν ἀγνοοῦντας τὸ δεσμόν.
> – *Aristóteles*

Entre os vários historiadores que interpretaram o ensinamento de Maimônides ou que estão se esforçando para fazê-lo, dificilmente encontraremos algum que não concorde com o princípio de que seu ensinamento, medieval em essência, não pode ser compreendido a partir de pressupostos modernos. As diferenças de perspectiva que existem entre os estudiosos de Maimônides, portanto, não devem ser necessariamente atribuídas a um desacordo acerca do princípio em si, e sim às suas diferentes interpretações ou às diferentes posturas adotadas em sua aplicação. Este ensaio se baseia no pressuposto de que apenas por meio de sua aplicação mais exaustiva é que somos capazes de alcançar nosso objetivo: a compreensão verdadeira e exata do ensinamento de Maimônides.[1]

---

[1] Nas notas de rodapé, os algarismos romanos e arábicos colocados antes dos parênteses indicam a parte e o capítulo, respectivamente, de Moïse Maïmonide, *Le Guide des Égarés*. Trad. do árabe por Salomon Munk. Paris, G.-P. Maisonneuve & Larose, 1856-1866, 3 vols. Os algarismos entre parênteses e antes do ponto e vírgula indicam a página da edição de Munk, enquanto aqueles que se seguem assinalam as páginas e as linhas da edição de Joel. Para o primeiro livro da *Mishné Torá* (M. T.), utilizei a edição de M. Hyamson (Moshe ben Maimon, *Mishne Torah: The Book of Adoration*. Trad. de M. Hyamson. New York, s/d.).

I. O TEMA

Ao intérprete do *Guia dos Perplexos* convém levantar, de imediato, a seguinte pergunta: a que ciência ou ciências o tema da obra pertence? Maimônides responde essa indagação logo no começo de seu livro, afirmando que ele diz respeito à verdadeira ciência da lei.

A verdadeira ciência da lei se distingue da ciência da lei em seu sentido comum, isto é, da *fiqh*.² Embora o termo *fiqh* seja empregado no *Guia* em mais de uma ocasião, como é natural, a explicação de seu significado foi reservada quase para o fim da obra. *Fiqh* é a determinação exata, "deduzida" das declarações autoritárias da lei, daquelas ações que tornam nobre a vida do homem – de modo particular, os atos de louvor.³ Seu tratamento mais científico consistiria numa codificação coerente e lúcida da lei, tal qual aquela alcançada por Maimônides na *Mishné Torá*, por ele denominada "nossa grande obra sobre a *fiqh*". Em contraste com o estudo legalista da lei, isto é, o estudo que lida com aquilo que cabe ao homem fazer, a verdadeira ciência legal se debruça sobre aquilo que o homem deveria pensar e acreditar.⁴ Podemos dizer que a ciência da lei como um todo se divide em duas partes: uma parte prática, abordada na *Mishné Torá*, e uma parte teórica, tratada no *Guia*. Essa perspectiva é confirmada pelo fato de a primeira obra só lidar com as crenças e opiniões na medida em que elas têm relação com proibições e ordens, ao passo que o *Guia* só lida com ordens e proibições no intuito de explicar seus motivos.

A relação entre as duas partes ou tipos da ciência da lei pode ser descrita de um modo um pouco diferente se dissermos que, enquanto a ciência da lei em sentido convencional consiste no estudo da *halakha*, a verdadeira ciência legal corresponde à *aggadah*. Com efeito, o *Guia* substitui dois livros que Maimônides planejara dedicar às seções da Bíblia e do Talmude que não têm a lei como tema. Acima de tudo, porém, seu traço mais importante, o traço que o distingue de todos os livros filosóficos e de todos os livros haláquicos, é também característico de uma parte da literatura agádica.⁵

Todavia, uma vez que Maimônides emprega um termo islâmico para designar a ciência comum da lei, talvez seja válido examinarmos que termo

---

² Maïmonide, op. cit., I, Introd. (3a; 2, 14 ss, 26 ss).
³ Ibidem, III, 54 (132b; 467, 20-25); ver ibidem, III, 27 (59b; 371, 29); 51 (123b; 455, 21-22).
⁴ Ibidem, II, 10 (22b; 190, 14); I, Introd. (11a-b; 13, 3-5). Ver as passagens mencionadas na n. 3.
⁵ Ibidem, I, Introd. (5b e 11b; 5, 18 ss e 13, 12-15). Ver I, 70 (92b; 120, 4-8); 71 (94a; 121, 25-28).

islâmico descreveria de maneira mais adequada aquela ciência legal que o *Guia* adota como tema. Os estudiosos da *fiqh* lidam com as ações prescritas pela lei, mas não com as "raízes da religião". Ou seja: eles não procuram provar as opiniões ou crenças que a lei ensina. Não parece haver dúvidas de que a ciência que se debruça sobre essas raízes é a verdadeira ciência da lei.[6] Como aqueles que as estudam são equiparados por Maimônides aos *mutakallimun*, isto é, aos estudiosos da *kalam*, diremos que a verdadeira ciência da lei é a *kalam*.[7] É bem verdade que a *kalam* é atacada vigorosamente por Maimônides; no entanto, a despeito de sua impiedosa oposição aos pressupostos e aos métodos dos *mutakallimun*, ele declara estar de pleno acordo com aquilo que eles tencionavam.[8] O objetivo da ciência da *kalam* é defender a lei, em especial contra as opiniões dos filósofos;[9] ademais, a seção central do *Guia* é claramente dedicada à defesa da principal raiz da lei, a crença na criação, contra a afirmação, feita pelos filósofos, de que o mundo visível é eterno.[10] O que distingue a *kalam* de Maimônides da *kalam* propriamente dita é a insistência daquele em que há uma diferença fundamental entre inteligência e imaginação, as quais, segundo ele, os *mutakallimun* confundiam. Em outras palavras, Maimônides insiste na necessidade de partir de pressupostos evidentes, isto é, de pressupostos que estão de acordo com a natureza das coisas, ao passo que a *kalam* propriamente dita parte de pressupostos arbitrários, escolhidos não por serem verdadeiros, mas porque facilitam a demonstração das crenças ensinadas pelas leis. Desse modo, a *kalam* e a verdadeira ciência da lei defendida por Maimônides pertencem ao mesmo gênero;[11] o que as diferencia de modo específico é o fato de a *kalam* propriamente dita ser imaginativa, enquanto a de Maimônides é inteligente ou esclarecida.

As descrições temporárias da verdadeira ciência da lei que aqui temos apresentado são portanto úteis, e até mesmo indispensáveis, para quem deseja

---

[6] Ibidem, III, 51 (123b-124a; 455, 21-23). Ver III, 54, 132a-b; 467, 7-9) com I, Introd. (3a; 2, 12-14).
[7] I, 71 (96b-97a; 125, 12). Cf. I, 73 (105b; 136, 2). Maimônides foi chamado de שרש por Messer Leon; ver Steinschneider, *Jewish Literature*, p. 310.
[8] II, 19 (40a; 211, 24-25); I, 71 (97b; 126, 4-5). Ver também I, 73 (111b; 143, 6).
[9] Farabi, ʾIhsa al-ʿUlum, cap. 5. (Ver a tradução hebraica em Falakera, *Reshit Hokmah*. Ed. David, p. 59 ss.) O exame da *kalam* feito por Farabi bem como a estrutura desse exame são de crucial importância para a compreensão do *Guia*. Ver também Platão, *Leis*, X, 887b8 e 890d4-6. I, 71 (94b, 95a; 122, 19-22; 123, 2-3).
[10] I, 71 (96a; 124, 18-19); II, 17 (37a; 207, 27-28).
[11] Ver Aristóteles, *Eth. Nic.* 1098a8-10.

anular certos pontos de vista comumente aceitos acerca do caráter do *Guia*. Para que cheguemos a uma descrição mais definitiva do tema dessa obra, precisaremos começar do zero, recordando-nos mais uma vez das declarações repletas de autoridade com que ela se inicia.

Maimônides afirma que a intenção de seu livro é explicar o sentido de vários tipos de palavras bíblicas e de suas parábolas. Uma tal explicação se faz necessária porque o significado externo de ambas dá margem a graves incompreensões. Uma vez que o sentido interno, por estar oculto, é um segredo, a explicação de cada palavra ou parábola é a revelação de um segredo. Desse modo, o *Guia* como um todo se dedica à revelação dos segredos da Bíblia.[12] *Segredo*, porém, é palavra que possui múltiplos significados. Pode referir-se ao segredo oculto por uma parábola ou palavra, mas também pode indicar a própria parábola ou a própria palavra que oculta o segredo. Tendo em mente esse segundo sentido, talvez seja mais oportuno dizer que o *Guia* se dedica à explicação dos segredos da Bíblia. Assim, a verdadeira ciência da lei nada mais é do que a explicação dos segredos da Bíblia e, de modo particular, da Torá.

Há, na Torá, tantos segredos quanto passagens que exigem explicação.[13] Não obstante, é possível enumerar ao menos os temas secretos mais momentosos. De acordo com uma das enumerações cabíveis, esses temas são: os atributos divinos, a criação, a providência, a vontade e o conhecimento divinos, a profecia, os nomes de Deus. Outra enumeração, aparentemente mais lúcida, apresenta a seguinte ordem: a *ma'aseh bereshit* (relato da criação), a *ma'aseh merkabah* (relato da carruagem; Ezequiel 1 e 10), a profecia e o conhecimento de Deus.[14] Qualquer que seja a forma como ambas as enumerações se relacionam entre si, certo é que a *ma'aseh bereshit* e a *ma'aseh merkabah* ocupam as posições mais elevadas entre todos os segredos da Bíblia. Desse modo, Maimônides pode afirmar que a primeira – ou principal – intenção do *Guia* é explicar a *ma'aseh bereshit* e a *ma'aseh merkabah*. A verdadeira ciência da lei diz respeito à explicação dos segredos da Bíblia, de modo particular da *ma'aseh bereshit* e da *ma'aseh merkabah*.[15]

---

[12] I, Introd. (2b-3b, 6a, 6b-7a; 2, 6-29; 6, 12-19; 7, 10-8, 3). Ver ibidem (2a, 8a; 1, 14; 9, 6).
[13] Ver, de modo particular, III, 50 *in princ*.
[14] I, 35 (42a; 54, 20-26); II, 2 (11a-b; 176, 18-23).
[15] II, 29 (65b; 243, 17-19); III, Introd. (2a; 297, 5-7). Ver a distinção entre *fiqh* e os segredos da Torá em I, 71 (93b; 121, 20-22), tal como a distinção entre *fiqh* e a verdadeira ciência da lei no início da obra. Para uma interpretação, ver A. Altmann, "Das Verhältnis Maimunis zur Jüdischen Mystik". *Monatsschrift für Geschichte und Wissenschaft des Judentums*, LXX, 1936, p. 305-30.

II. Uma obra filosófica?

A descoberta de que o *Guia* tem como objetivo explicar o ensinamento secreto da Bíblia parece ser um truísmo. Não obstante, ela aparentemente traz, como consequência, a sugestão de que o *Guia* não é uma obra filosófica.

Nossa tendência a considerá-lo obra filosófica se deve ao fato de usarmos a palavra "filosofia" em sentido um tanto amplo. Em geral, nós não hesitamos, por exemplo, em tratar os sofistas gregos como filósofos; chegamos até mesmo a falar das filosofias subjacentes aos movimentos de massa. O uso atual talvez remeta à separação entre filosofia e ciência – uma separação que se deu durante os séculos modernos. Para Maimônides, que nada conhecia sobre os "sistemas de filosofia" e, portanto, sobre a liberdade conquistada pela sóbria ciência em detrimento desses sistemas sublimes, a filosofia possuía um sentido muito mais restrito ou muito mais exato do que tem hoje. Não é exagero afirmar que, para ele, a filosofia é praticamente igual aos ensinamentos e métodos de Aristóteles, "o príncipe dos filósofos", e dos aristotélicos.[16] À filosofia assim compreendida ele se opõe. É contra o que dizem "*os* filósofos"[17] que ele defende o credo judaico. Além disso, aquilo que Maimônides opõe às opiniões equivocadas *dos* filósofos não é uma filosofia verdadeira – não é, de modo particular, uma filosofia religiosa ou uma filosofia da religião –, e sim "nossa opinião, isto é, a opinião de nossa lei", a opinião "da comunidade dos que aderem a ela", dos "seguidores da lei de nosso mestre Moisés".[18] Ele obviamente presume que os filósofos formam um grupo[19] diferente do grupo dos adeptos da lei e que ambos os grupos se excluem mutuamente. Uma vez que ele mesmo adere à lei, ser-lhe-ia impossível ser filósofo, e portanto um

---

[16] I, 5 início; II, 23 (51a; 225, 4). I. Heinemann exagera, porém, ao dizer (em *Die Lehre von der Zweckbestimmung des Menschen im Griechisch-römischen Altertum und im Jüdischen Mittelalter*. Breslau, 1926, p. 99, n. 1) que "*Failasuf* heisst nicht Philosoph, sondern steht für Aristoteles oder Aristoteliker" [*Failasuf* não significa filósofo, antes quer dizer Aristóteles ou aristotélico]. Ver I, 17, 71 (94b; 122, 26-28); II, 21 (47b; 220, 20); III, 16 (31a; 334, 22-24), em que são mencionados *falsafa* ou *falasifa* diferentes dos aristotélicos.

[17] Ver, por exemplo, III, 16 início.

[18] Ver, por exemplo, II, 21 (47a; 220, 17s); II, 26 (56a; 230, 30); III, 17 (34b; 338, 21), 21 (44b; 351, 17-18).

[19] Esse tipo de grupo, que tem como um de seus exemplos o grupo dos filósofos, é chamado por Maimônides de פרקה ou פריק. (ibn Tibbon: בת. O equivalente grego é αἵρεσις; ver G. Bergsträsser, *Hunain ibn Ishaq über die Syrischen und Arabischen Galen-Uebersetzungen*. Leipzig, 1925, p. 3 do texto arábico); Ver, II, 15 (33a; 203, 17s); III, 20 (42a; 348-16).

livro de sua autoria em que são explicadas as suas visões acerca de todos os temas importantes não pode ser um livro filosófico. Isso não quer dizer que Maimônides não reconheça, e até mesmo enfatize, a concórdia que há entre os filósofos e os adeptos da lei em todos os aspectos, exceto aquele que diz respeito à questão (que é, porém, a questão crucial) da criação do mundo. Sem dúvida, um tal acordo entre os dois grupos prova que eles não são idênticos.

Talvez o melhor trabalho que o historiador possa realizar para o filósofo de nossa época seja fornecer-lhe os materiais necessários à reconstrução de uma terminologia adequada. Por conseguinte, caso se envergonhe de ser um micrólogo ele provavelmente se privará da maior vantagem que poderia oferecer tanto aos outros quanto a si mesmo. Não devemos hesitar, portanto, em nos abstermos de chamar o *Guia* de livro filosófico. Para que se justifique plenamente nosso procedimento, nos bastará examinar a divisão da filosofia esboçada por Maimônides. Segundo ele, ela consiste em duas partes: a filosofia teórica e a filosofia prática. A filosofia teórica se subdivide em matemática, física e metafísica; a filosofia prática, em ética, economia, "o governo da cidade" e "o governo da grande nação ou das grandes nações".[20] É óbvio que o *Guia* não é uma obra dedicada à matemática ou à economia; além disso, os estudiosos de Maimônides estão quase todos de acordo quanto ao fato de que a obra não se debruça sobre qualquer tipo de ciência política. Não se trata tampouco de um tratado de ética, uma vez que Maimônides expressamente exclui do *Guia* os temas éticos.[21] As únicas ciências, portanto, a que a obra poderia se dedicar são a física e a metafísica, as quais ocupam os lugares mais elevados.[22] Essa visão parece confirmada pelas profissões de Maimônides, que afirma (1) que a principal intenção do *Guia* é explicar a *ma'aseh bereshit* e a *ma'aseh merkabah* e (2) que a *ma'aseh bereshit* é idêntica à física e a *ma'aseh merkabah*, à metafísica.[23] Essas duas declarações parecem nos levar à conclusão de que a principal intenção do *Guia* é abordar a física e a metafísica. Tal inferência é contradita, contudo, por outra declaração manifesta, na qual Maimônides diz que toda a física, tal como um número ilimitado de temas metafísicos, é excluída do *Guia*. Ele menciona de modo particular, nesse âmbito, a doutrina das inteligências

---

[20] *Millot ha-Higgayon*, cap. 14. Ver H. A. Wolfson, "The Classification of the Sciences in Mediaeval Jewish Philosophy". *Hebrew Union College Jubilee Volume*, 1925, p. 263-315.
[21] III, 8 até o final. Ver I, Introd. (11a-b; 13, 3-5).
[22] III, 51 (124a; 456, 1-4).
[23] I, Introd. (3b; 3, 8-9). Ver n. 15.

separadas.²⁴ Como consequência, o único tema filosófico tratado como tal no *Guia* parece ser a doutrina de Deus.²⁵ Entretanto, Maimônides exclui ainda todos os temas já provados ou satisfatoriamente investigados pelos filósofos, e assim não deixa dúvidas de que estes haviam conseguido provar tanto a existência de Deus quanto sua unidade e incorporalidade.²⁶ De acordo com isso, o autor afirma claramente que essas três doutrinas não pertencem aos segredos da Torá,²⁷ e por essa razão nem a *ma'aseh bereshit* nem a *ma'aseh merkabah* formam os temas principais do *Guia*. Somos forçados a concluir, portanto, que nenhum tipo de tema filosófico é tomado como tema da obra.

Vemo-nos assim diante de uma desconcertante contradição: por um lado, Maimônides identifica os principais temas do *Guia* com a física e a metafísica, os objetos mais sublimes da filosofia; por outro, exclui do âmbito de sua investigação todo assunto tratado de maneira satisfatória pelos filósofos. Para solucionar essa contradição, poderíamos sugerir que o *Guia* se dedica ao exame daqueles assuntos "físicos" e "metafísicos" que os filósofos não abordaram adequadamente. Isso nada mais seria do que dizer que os temas do *Guia* são a "física" e a "metafísica" na medida em que elas transcendem a filosofia; não se trata, por conseguinte, de um livro filosófico.

Não obstante, pode-se objetar que essa insinuação negligencia a identificação, explícita e irrestrita, da *ma'aseh bereshit* com a física e da *ma'aseh merkabah* com a metafísica. Se por ora partirmos do princípio de que essa objeção é sensata, aparentemente não teremos escolha senão admitir que à questão do tema do *Guia* não há resposta alguma. A verdade, porém, é que a obviedade mesma da única resposta possível²⁸ acaba por explicar por que ela pode fugir à nossa atenção. À primeira vista contraditórios, os fatos de que (1) o tema do *Guia* são a *ma'aseh bereshit* e a *ma'aseh merkabah* e de que (2) Maimônides, apesar de identificar a primeira com a física e a segunda com a metafísica, exclui da obra a física e a metafísica podem ser harmonizados pela fórmula que afirma que a intenção do *Guia* é demonstrar a identidade

---

²⁴ II, 2 (112-12a; 176, 3-27). Ver também I, 71 (97b; 126, 13-15). A respeito da doutrina filosófica do mundo sublunar, ver II, 22 (49b-50a; 223, 15-17); para a doutrina da alma, ver I, 68 início.
²⁵ Note-se a identificação da *ma'aseh merkabah*, ou metafísica, com a doutrina de Deus em I, 34 (40b; 52, 24-25).
²⁶ I, 71 (96b; 124, 29-125, 6); II, 2 (11a-12a; 176, 3-27). Ver II, 33 (75a; 256, 21-25).
²⁷ I, 35.
²⁸ Isto é, a única resposta que seria possível caso a sugestão dada no parágrafo anterior fosse descartada. Ver, porém, p. 64-65 ss, adiante.

da *ma'aseh bereshit* com a física e da *ma'aseh merkabah* com a metafísica. A física e a metafísica são de fato disciplinas filosóficas, e um livro dedicado a elas é um verdadeiro livro de filosofia. Maimônides, porém, não deseja tratar da física e da metafísica; sua intenção é mostrar que o ensinamento dessas disciplinas filosóficas – o qual é pressuposto – coincide com o ensinamento secreto da Bíblia.[29] A demonstração dessa identidade não é mais tarefa do filósofo, e sim daquele que estuda a verdadeira ciência da lei. Sob circunstância alguma, portanto, o *Guia* pode ser um livro filosófico.[30]

Como resultado, devemos acrescentar que o *Guia* não pode ser considerado uma obra teológica, uma vez que Maimônides não conhece a teologia como disciplina distinta da metafísica. Tampouco se trata de um livro de religião, visto que o autor exclui expressamente os assuntos religiosos e éticos do escopo de sua obra.[31] Até que tenhamos redescoberto um corpo de termos que sejam flexíveis o bastante para se adequar ao pensamento de Maimônides, será mais seguro limitar a descrição do *Guia* à declaração de que se trata de um livro dedicado à explicação do ensinamento secreto da Bíblia.

III. O conflito entre lei e necessidade

Ao iniciar sua explicação dos segredos da Torá, Maimônides se viu diante de uma dificuldade aparentemente acaçapante, criada pela "proibição legal"[32] que vetava a explicação de tais segredos. A mesma lei cujos segredos Maimônides tentava explicar proíbe sua explicação. Segundo os decretos dos sábios talmúdicos, a *ma'aseh merkabah* não deveria ser ensinada a pessoa alguma, exceto se esta fosse sábia e capaz de entendê-la por si só; mesmo nesse caso, porém, apenas os "títulos dos capítulos" deveriam ser transmitidos. Quanto aos outros segredos da Bíblia, sua revelação a um grande número de pessoas encontrava no Talmude uma desaprovação não menos definitiva.[33] Esclarecer segredos num livro é o mesmo que transmitir tais segredos a milhares de homens. Por

---

[29] A respeito da identificação do ensinamento da revelação com o ensinamento da razão na filosofia judaica medieval, ver Julius Guttmann, *Die Philosophie des Judentums*. Munich, 1933, p. 71 ss.
[30] Ver, p. 50 (e n. 5); também p. 64 (e n. 60) e 66 (e n. 64).
[31] III, 8 até o final.
[32] III, Introd. (2a e b; 297, 16 e 25).
[33] I, Introd. (3b-4a; 3, 9-19); 33 (36a; 48, 19-21); 34 (40b; 52, 24-53,3); III, Introd.

conseguinte, a proibição talmúdica a que nos referimos subentende a proibição de todo livro que se dedique à sua explicação.³⁴

Essa proibição não foi reconhecida por Maimônides apenas como uma proibição legalmente vinculante, mas também como uma proibição claramente sábia; ela estava de acordo com sua ponderada opinião de que o ensinamento oral costuma ser superior àquele transmitido por escrito. As origens dessa visão remetem a uma velha tradição filosófica.³⁵ As obras de Aristóteles, conhecidas por Maimônides, não são "exotéricas", mas "acroamáticas"; em grande parte das vezes, seu método de exposição denuncia sua origem na dialética platônica ou socrática. Até mesmo *o* enunciado clássico acerca do perigo inerente a toda escrita pode ter sido conhecido por Maimônides, uma vez que a famosa doutrina do *Fedro* de Platão fora condensada por Farabi em seu tratado sobre a filosofia platônica.³⁶ Qualquer que seja o caso, de crucial importância para Maimônides era não a advertência ambígua dos filósofos, e sim o decreto inequívoco da lei.³⁷

Se um livro destinado a explicar os segredos da Bíblia é proibido pela lei, de que maneira o *Guia*, obra de um judeu observante, pode ser um livro? É digno de nota que Maimônides jamais o denomine livro, mas aplique-lhe constantemente o termo *makala* (*ma'amar*).³⁸ *Makala* (tal como *ma'amar*) possui vários sentidos. Pode significar um tratado, sentido em que é empregada quando Maimônides se refere, por exemplo, ao *Tratado sobre o Governo* de Alexandre de Afrodísias. Ao mesmo tempo, também pode significar – sendo essa a sua conotação original – um discurso. Quando evita chamar o *Guia* de livro e o denomina *makala*, Maimônides alude ao caráter essencialmente oral de seu ensinamento. Visto que, num livro como o *Guia*, as alusões são mais importantes do que as declarações explícitas, as alegações de Maimônides acerca da superioridade do ensinamento oral muito provavelmente devem ser tomadas à letra.

---

³⁴ I, Introd. (4a; 3, 19-20); III, Introd. (2a; 297, 15-16).
³⁵ I, 71 (93b; 121, 14-24); III, Introd. (2b; 297, 25-26). Ver I, 17 e Introd. (4a; 3, 19-20).
³⁶ Ver a tradução hebraica feita por Falakera do tratado de Farabi, em *Reshit Hokmah* (ed. David), p. 75 inferior.
³⁷ A inferioridade da escrita é também indicada quando se classifica como "escritos" as obras bíblicas que não haviam sido elaboradas por profetas propriamente ditos. Ver II, 45 (94a, 95b; 283, 1-5; 284, 21-285, 3).
³⁸ Isso é assinalado por Issac Abravanel em *Ma'amar Kaser Bebi'ur Sod ha-Moreh*. Ibn Tibbon, no prefácio à sua tradução do *Guia*, o denomina הספר הנכבד הזה מאמר מורה נבוכים.

Se em certo sentido o *Guia* está longe de ser um livro, se ele não passa de um substituto para conversas ou discursos, não é possível lê-lo do mesmo modo como lemos, por exemplo, o *Al-Shifa* de Ibn Sina ou a *Summa Theologica* de Tomás de Aquino. Para começar, talvez possamos partir do princípio de que a forma adequada de estudá-lo se assemelha à forma como o judaísmo tradicional estuda a lei.[39] Isso significaria que, para descobrirmos o que pensa Maimônides sobre a profecia de Moisés, por exemplo, não seria suficiente recorrermos ao capítulo de sua obra que se dedica explicitamente ao tema, no qual poderíamos encontrar afirmações perfeitamente claras e aparentemente definitivas sobre ele. Tampouco nos bastaria cotejar tais afirmações com as afirmações divergentes que surgem de forma inesperada em outros capítulos. Precisaríamos levar em consideração, também, decisões "análogas" a respeito de "casos" inteiramente distintos, familiarizando-nos com as regras gerais de analogia que prevalecem em exames orais desse gênero. No caso de um livro como o *Guia*, chegar a uma declaração clara do autor é o mesmo que formular uma pergunta; sua resposta só pode ser determinada após um exame demorado, cujo resultado pode mais uma vez estar aberto, e de propósito, a novas "dificuldades". Se é verdade que a *Mishné Torá* é a maior contribuição pós-talmúdica ao exame oral da halakha, talvez seja possível afirmar que, enquanto escrevia o *Guia*, Maimônides dava continuidade aos exames agádicos do Talmude. E, assim como a *Mishné Torá*, longe de dar termo às discussões haláquicas, serviu como novo ponto de partida para elas, também o *Guia*, longe de oferecer uma interpretação derradeira do ensinamento secreto da Bíblia,[40] pode na verdade ter sido uma tentativa de reavivar seu exame oral, levantando dificuldades deixadas deliberadamente sem solução.

No entanto, embora o método de Maimônides possa se aproximar do método do ensinamento oral tanto quanto é possível ao homem, o *Guia* não deixa de ser um livro. Assim, a própria existência da obra sugere que uma proibição inequívoca foi conscientemente violada. Temos a impressão de que, durante certo período, Maimônides desejou tomar um rumo intermediário, isto é, um caminho entre o ensinamento oral e confidencial, que é permitido, e o ensinamento realizado por escrito, que *é vetado*. O tipo de escrita que mais se aproxima

---

[39] Ver H. A. Wolfson, *Crescas' Critique of Aristotle*. Cambridge, 1929, p. 22 ss. Maimônides assinala a semelhança entre a proibição contra a redação da lei oral e a proibição contra a redação do ensinamento secreto da lei; ver I, 71 início.

[40] Ver, por exemplo, III, Introd. (2b; 298, 1-2); I, 21 (26b; 34, 10-12).

da conversa confidencial é a correspondência privada com um amigo íntimo. Com efeito, o Guia é escrito na forma de cartas endereçadas a Josef, seu amigo e pupilo favorito.[41] Ao endereçar o livro a uma *só* pessoa, Maimônides certificou-se de que não estava transgredindo a proibição que vetava a explicação da *ma'aseh merkabah* a mais de um homem. Além disso, na *Epistula Dedicatoria* endereçada a Josef, ele menciona de passagem e de maneira um tanto despropositada, por assim dizer, que este possuía todas as qualidades exigidas de um estudioso da sabedoria secreta e que a comunicação escrita se fazia necessária em virtude da partida de seu pupilo.[42] Uma justificativa como essa, porém, só seria válida caso Maimônides se privasse de tornar públicas aquelas "cartas a um amigo". Não obstante essa inconsistência e não obstante sua clara determinação de escrever o *Guia* mesmo se jamais tivesse conhecido Josef ou mesmo se Josef não o tivesse abandonado,[43] seria um equívoco presumir que a epístola dedicatória é inteiramente irônica. Basta que indaguemos qual fora a razão da partida prematura de Josef (e aqui passamos da esfera das coisas privadas e jocosas à esfera das questões públicas e sérias). Essa partida, pode-se dizer, foi motivada pelo fato de ele ser judeu quando da diáspora. Apenas uma necessidade urgente e de âmbito nacional, e não particular, poderia ter levado Maimônides a transgredir uma proibição explícita. Apenas a necessidade de salvaguardar a lei o pode ter levado a violá-la.[44]

A necessidade de tomar uma atitude tão extraordinária se devia à longa duração da diáspora. Os segredos da Torá, "fonte da velha sabedoria grega e, por conseguinte, também da sabedoria árabe",[45] haviam sido transmitidos

---

[41] Ver, de modo particular, II, 24.

[42] Essas observações sobre a *Epistula Dedicatoria* não constituem uma interpretação satisfatória desse notável trabalho literário; antes, lidam apenas com seu significado mais superficial. Maimônides menciona os poemas de Josef a fim de demonstrar como este possuía a indispensável capacidade de expressar-se maravilhosamente bem; ver I, 34 (41a; 53, 14), comparar com I, Introd. (7a-b; 8, 7-8). No que diz respeito às outras qualidades de Josef, ver o comentário de Shem Tov sobre a *Epistula Dedicatoria*.

[43] É questão controversa se Maimônides terminou o *Guia* antes ou depois de conhecer Josef. Segundo Z. Diesendruck ("On the Date of the Completion of the Moreh Nebukim". *Hebrew Union College Annual*, XII-XIII, p. 496), o *Guia* foi concluído em 1185, isto é, mais ou menos na época em que teve início a estadia de Josef com Maimônides. Ainda que o *Guia* não estivesse completo antes de 1190, a data mais tardia possível (ver p. 461, 470), ele sem dúvida fora concebido e parcialmente elaborado antes da chegada de Josef.

[44] I, Introd. (9b; 10, 28-29) na intepretação de Fürstenthal e Munk.

[45] S. W. Baron (org.), *Essays on Mamonides*. New York, Columbia University Press, 1941, p. 105, com referência a I, 71 início. Ver também II, 11 (24a-b; 192, 17-29).

pela tradição oral desde tempos imemoriais. Mesmo quando a lei oral, que também não deveria ser compilada por escrito, foi enfim redigida, os sábios talmúdicos judiciosamente insistiram em que o ensinamento secreto só fosse transmitido à posteridade mediante a oralidade, de um especialista para outro. Essa ordem foi obedecida; não há um só livro remanescente que contenha todo ou parte do ensinamento secreto. O que chegara a Maimônides foram apenas insinuações e alusões remotas ao Talmude e ao Midrash.[46] No entanto, a continuidade da tradição oral pressupõe que haja certa normalidade nas circunstâncias políticas. É por isso que os segredos da Torá só foram compreendidos à perfeição quando Israel passou a viver em liberdade em seu próprio país, sem estar subjugado pelas nações ignorantes do resto do mundo.[47] Particularmente feliz foi o período em que a autoridade política máxima se encontrava nas mãos do rei Salomão, que possuía um entendimento quase completo das razões secretas por trás dos mandamentos.[48] Depois de Salomão, sabedoria e poder político jamais voltaram a se unir; o declínio e a perda da liberdade se seguiram. Quando a nação foi feita cativa, ela suportou ainda novas baixas no conhecimento perfeito dos segredos. Enquanto os contemporâneos de Isaías compreendiam suas breves insinuações, os contemporâneos de Ezequiel exigiam muito mais detalhes para assimilar a sacra doutrina. O declínio do conhecimento tornou-se ainda mais notável com o declínio da própria profecia.[49] Mais desastrosa foi a vitória dos romanos, uma vez que a nova diáspora duraria muito mais do que a primeira.[50] Com o passar do tempo, as condições externas que se faziam necessárias à comunicação oral dos segredos da Torá foram se tornando cada vez mais precárias. Parecia iminente o momento em que essa comunicação se tornaria impossível. Diante dessa perspectiva, Maimônides decidiu compilar por escrito o ensinamento secreto.

Surge naturalmente o problema de como Maimônides tomou posse desse conhecimento. Em determinada ocasião, ao sugerir uma data para a chegada do Messias (em *Iggeret Teiman*), ele se refere a uma tradição evidentemente

---

[46] I, Introd. (9b; 10, 26-27); 71 (93b-94a; 121, 9-26) [as palavras *tanbihat yasira wa-isharat* recordam o título do livro de Ibn Sina: *Isharat wa-Tanbihat*; ver também II, 29 (46a; 244, 8)]; III, Introd. (2a-b; 297, 15-20). Maimônides nega tacitamente, aqui, qualquer autenticidade ou valor a livros como o *Sefer ha-Yesirah* ou *She'ur Komah*; ver Baron, op. cit., p. 89.
[47] I, 71 (93b; 121, 10-11).
[48] III, 26 (58a; 369, 14-16). Ver Baron, op. cit., p. 51-54.
[49] III, 6 (9b; 307, 12-15); II, 32 (73b; 254, 23-24), 36 (80a; 263, 19-26).
[50] I, 71 (93b; 121, 10). Ver também M. T., Introd.

oral que havia recebido de seu pai, que por sua vez a recebera de seu pai e seu avô, numa sucessão que remetia ao início mesmo da diáspora. Se nos fosse necessário generalizar a partir desse comentário, teríamos de concluir que todo o seu conhecimento dos segredos da Torá advinha de uma tradição oral ininterrupta, enraizada na época do segundo templo. Desse modo, não nos seria forçoso apenas aceitar a lenda de sua conversão tardia à Kabbalah, mas também admitir que ele foi um cabalista ao longo de toda a sua vida madura, uma vez que o conteúdo do *Guia* nada mais seria do que um ensinamento secreto baseado numa tradição (oral). Na realidade, uma vez que não parece ter existido nenhuma Kabbalah em sentido estrito antes da conclusão do *Guia*,[51] poderíamos dizer que Maimônides foi o primeiro cabalista.

Essas hipóteses venturosas, porém, são descartadas por declarações expressas do próprio autor. Ele não apenas rejeita que tenha sido agraciado com uma revelação especial sobre o significado oculto da *ma'aseh merkabah*, mas também nega que deva a qualquer mestre (humano) seu conhecimento da doutrina secreta.[52] Ele aparentemente acreditava que a tradição oral do ensinamento secreto fora interrompida muito antes de sua época. Era também por isso que ele não conseguia encontrar quaisquer indícios de uma tradição judaica secreta e genuína na literatura gaônica, ao passo que afirma os ter encontrado no Talmude e no Midrash. Tampouco foi ele capaz de identificar qualquer resquício vivo da sagrada doutrina na nação.[53] Maimônides, portanto, não foi o último herdeiro de uma tradição milenar, e sim o primeiro a redescobri-la depois de um longo desaparecimento. Ele redescobriu o ensinamento secreto seguindo as indicações encontradas na Bíblia e nas palavras dos sábios, mas também recorreu a premissas especulativas.[54] Uma vez que a Bíblia e o Talmude haviam sido estudados com igual afinco por seus predecessores, sua redescoberta deve ter se devido a uma compreensão particularmente profunda das "premissas especulativas", isto é, da filosofia. Ele não receava introduzir por meio disso um elemento estranho ao judaísmo, uma vez que muito antes de seu tempo os judeus "andaluzes" haviam admitido os ensinamentos

---

[51] "O termo Kabbalah, com sua conotação mística, é tardio, e seu uso foi documentado pela primeira vez em Isaac, o cego (1200 aproximadamente)." G. Scholem, *Encyclopaedia Judaica*, IX, p. 632.
[52] III, Introd. (2b; 297, 27-28). Ver, porém, III, 22 (46a; 353, 21-22). Ver também a alusão a uma tradição "mística" espúria em I, 62 (80b; 104, 26).
[53] I, 71 (94a; 121, 25-122, 3); III, Introd. (2b; 297, 17-18).
[54] III, Introd. (2b; 297, 28-29).

dos filósofos na medida em que estivessem em consonância com a base da Torá.⁵⁵ Em certo sentido, portanto, os ensinamentos filosóficos pertenciam à tradição da família de Maimônides. Talvez ele até mesmo acreditasse que o ressurgimento dos estudos filosóficos na Idade Média coincidia de alguma forma com o desaparecimento do ensino secreto do judaísmo, de modo que a cadeia da tradição jamais fora interrompida. Afinal, a parte defensável do ensinamento filosófico não lhe parecia ser nada mais do que o último resíduo da herança perdida de Israel.⁵⁶

A tradição filosófica da esclarecida Andaluzia, portanto, deu a Maimônides o primeiro impulso para que investigasse a Bíblia em busca de seus segredos. Graças aos esforços realizados durante a maior parte de sua vida, ele foi capaz de identificar um vasto número deles. Ao mesmo tempo, Maimônides percebeu que sua façanha provavelmente não seria repetida por muitos outros, quiçá até mesmo por ninguém. Com efeito, a era da filosofia nos países muçulmanos estava chegando ao fim. Temendo, portanto, que a preciosa doutrina fosse mais uma vez perdida por séculos, ele decidiu confiá-la à escrita, não obstante a proibição talmúdica. Não agiu, porém, com imprudência. Maimônides insistiu em tomar um caminho intermediário⁵⁷ entre a obediência impossível e a transgressão flagrante. Julgava ser seu trabalho oferecer uma explicação escrita dos segredos bíblicos que satisfizesse todas as condições exigidas de uma explicação oral. Em outras palavras, ele tinha de se tornar um mestre da arte de revelar sem revelar e da arte de não revelar revelando.

A lei obriga que apenas os "títulos dos capítulos" sejam transmitidos. Maimônides decidiu obedecer esse preceito. Mas a lei vai além: ela também exige que mesmo os "títulos dos capítulos" só sejam transmitidos àquele que é sábio e capaz de compreender por si só. Enquanto o ensinamento secreto era transmitido mediante instrução oral, essa exigência foi cumprida com facilidade: caso o mestre não conhecesse o pupilo há muito tempo, o que provavelmente sempre acontecia, seria possível verificar suas capacidades intelectuais abordando, antes de explicar-lhe alguns segredos da Bíblia, certos temas indiferentes. De que forma, porém, o autor de um livro poderia avaliar seus leitores, cuja grande maioria talvez não fosse sequer nascida quando de sua publicação? Haveria alguma espécie de análise à distância, capaz

---

⁵⁵ I, 71 (94a; 122, 9-10).
⁵⁶ Ver, neste capítulo, p. 59-60. Ver Altmann, op. cit., p. 315 ss.
⁵⁷ III, Introd. (3a; 298, 8-9).

de permitir que o autor impedisse leitores incompetentes não apenas de compreender sua obra – o que não exige qualquer esforço humano –, mas sequer de encontrar a articulação dos "títulos dos capítulos"? Para percebermos que um tal recurso de fato existe, precisamos apenas recordar como um homem superior age quando deseja comunicar, a alguém que pode ou não conformar-se com ela, uma verdade que ele não crê adequada ao uso de todos. Ele lhe dará uma pista lançando dúvidas sobre uma consequência ou premissa remota, e aparentemente insignificante, referente à opinião aceita. Se o ouvinte compreende essa insinuação, o mestre pode sanar suas dúvidas de maneira mais completa e, assim, conduzi-lo a uma visão necessariamente mais próxima da verdade (uma vez que exige certa reflexão) do que aquela que hoje ele sustenta. No entanto, o que faz o mestre quando o pupilo é incapaz de compreender essa insinuação? Ele simplesmente para. Isso não significa que deixará de falar. Pelo contrário: dado que adotar um silêncio repentino apenas deixaria o pupilo perplexo sem ajudá-lo, ele continuará a falar e atribuirá à primeira declaração, uma declaração bastante reveladora, um sentido mais convencional; assim, o mestre o conduzirá pouco a pouco à segura região das visões aceitas. Ora, a estratégia de parar pode ser utilizada tanto na escrita quanto na fala; a única diferença é que o escritor deve parar de qualquer jeito, visto que a maioria dos leitores não deve descobrir os "títulos dos capítulos". Ou seja: o autor deve intercalar suas breves insinuações com longos períodos de silêncio, isto é, com digressões insignificantes. Só que o bom autor jamais se submeterá à provação que é se entregar a digressões insignificantes. Por conseguinte, após ter dado uma dica referente a determinado capítulo do ensinamento secreto, ele escreverá algumas frases que à primeira vista parecerão convencionais, mas que sob um escrutínio cuidadoso demonstrarão conter uma nova dica, uma dica referente a outro capítulo do ensinamento secreto. Agindo dessa maneira, ele impedirá que o ensinamento secreto seja percebido prematuramente e, portanto, assimilado de maneira inadequada; mesmo os leitores que não apenas perceberam a primeira dica, mas chegaram até mesmo a compreendê-la, sendo por isso capazes de compreender as dicas posteriores diretamente vinculadas a ela, encontrariam grandes dificuldades até para desconfiar da segunda dica, que se refere a uma seção diferente do argumento. Quase não se faz necessário acrescentar que existem tantos grupos de dicas quanto há capítulos – ou subdivisões de capítulos – do ensinamento secreto; desse modo, o autor tem à sua disposição possibilidades quase infinitas de usar, alternativamente, dicas de diferentes grupos.

Estamos agora em condição de avaliar o propósito da seguinte declaração de Maimônides: "Não exigirás de mim, aqui [no *Guia*], nada mais do que títulos de capítulos; e mesmo esses títulos não vêm dispostos de acordo com a ordem que lhes é intrínseca ou de acordo com qualquer outra sequência. Eles estão difusos e foram mesclados com outros temas cuja explicação almejamos".[58] É verdade que Maimônides só afirma isso com relação à sua explicação da *ma'aseh merkabah*. No entanto, não há dúvida de que ele também seguiu o mesmo método na explicação da *ma'aseh bereshit* e de todos os segredos da Torá.[59] É por esse motivo que toda a obra deve ser lida com uma cautela peculiar, isto é, uma cautela que não seria exigida para a compreensão de um livro científico.[60] Como todo o ensinamento que caracteriza o *Guia* é de natureza secreta, não nos surpreendemos ao ver Maimônides rogando ao leitor, com grande ênfase, para que este não explique qualquer parte dele a outros, exceto quando a doutrina em questão já tiver sido claramente elucidada pelos famosos mestres da lei[61] – exceto, ou seja, no caso de se tratar de um tema popular, um tema mencionado apenas ocasionalmente no *Guia*.

O *Guia* tem como objetivo explicar uma doutrina esotérica. Essa explicação, contudo, tem por si só um caráter esotérico. Por conseguinte, o objetivo do *Guia* é explicar uma doutrina esotérica esotericamente, e por essa razão trata-se de um livro com sete selos. De que maneira podemos desatá-los?

IV. Um dilema moral

Nenhum historiador que tenha algum senso de decoro – e, portanto, também algum senso de respeito por um homem superior tal qual Maimônides – desprezará sem peso na consciência a enfática súplica para que o ensinamento secreto do *Guia* não seja explicado. Podemos dizer, com justiça, que o intérprete que não se sente culpado ao tentar explicar esse ensinamento

---

[58] I, Introd. (3b; 3, 11-14).
[59] II, 29 (46a; 244, 10s). Ver I, Introd. (3b-4b; 3, 17-4, 22), 17, 35 (42a; 54, 20-28). Ver também III, 41 (88b; 409, 16).
[60] I, Introd. (8b; 9, 26-10, 2), (3b; 3, 11-14); (4b; 4, 12-15).
[61] I, Introd. (9a; 10, 4-8).

secreto, e talvez até ao perceber pela primeira vez sua existência e conduta, carece daquela proximidade com o tema que se faz indispensável à verdadeira compreensão de qualquer livro. Desse modo, a questão da interpretação adequada do *Guia* é sobretudo uma questão moral.

Contudo, temos o direito de nos opor à proposição dessa questão moral porque as circunstâncias históricas em que nos encontramos são fundamentalmente diferentes das circunstâncias históricas do século XII. Dessa forma, teríamos uma justificativa para não levar para o lado pessoal, por assim dizer, a vontade de Maimônides. É verdade, à primeira vista, que essa objeção parece contornar a questão: ela se baseia no pressuposto de que é possível ter um conhecimento suficiente da situação histórica do século XII sem ter um conhecimento verdadeiro e adequado do ensinamento secreto de Maimônides. Todavia, se a examinarmos com mais cuidado, perceberemos que por circunstâncias históricas nenhum historiador compreende os pensamentos secretos de um indivíduo, mas apenas as realidades ou opiniões evidentes que, sendo comuns a determinado período, dão a ele sua coloração especial. Ocorre que historiadores competentes nos forneceram informações excelentes sobre as opiniões que prevaleciam no século XII, e cada um de nós é capaz de perceber que elas são fundamentalmente diferentes daquelas que prevalecem em nossa época. A opinião pública era então pautada pela crença no caráter revelado da Torá ou na existência de uma lei eterna e imutável, ao passo que a opinião pública de hoje se pauta pela consciência histórica. O próprio Maimônides afirmou que transgredira a ordem talmúdica contra a redação do ensinamento esotérico da Bíblia porque havia a necessidade de salvaguardar a lei. Do mesmo modo, nós podemos rejeitar a súplica para que não seja explicado o ensinamento esotérico do *Guia* recorrendo às exigências da pesquisa histórica. Afinal, tanto a história do judaísmo quanto a história da filosofia medieval continuarão deploravelmente incompletas enquanto o ensinamento secreto de Maimônides não tiver sido esclarecido. A força desse argumento ficará ainda mais forte se levarmos em consideração a condição básica da pesquisa histórica, isto é, a liberdade de pensamento. Também a liberdade de pensamento parece incompleta quando reconhecemos a validade de qualquer veto à explicação de uma doutrina. Vendo a liberdade de pensamento ser ameaçada como nunca foi em muitos séculos, temos não apenas o direito, mas até mesmo o dever, de explicar o ensinamento de Maimônides, contribuindo assim para uma compreensão mais adequada daquilo que a liberdade de pensamento significa, isto é, da atitude que ela pressupõe e dos sacrifícios que exige.

Em certa medida, portanto, a posição do intérprete de Maimônides é a mesma posição do próprio Maimônides. Ambos se veem diante da proibição de explicar um ensinamento secreto e diante da necessidade de explicá-lo. Como consequência, talvez fosse recomendável ao intérprete imitar Maimônides também no que toca *à* solução do dilema, adotando nesse caso um caminho intermediário entre a obediência impossível e a transgressão flagrante, e almejando, assim, uma interpretação esotérica do ensinamento esotérico do *Guia*. Uma vez que o *Guia* contém uma interpretação esotérica de um ensinamento esotérico, uma interpretação adequada do *Guia* deveria, portanto, assumir a forma de uma interpretação esotérica de uma interpretação esotérica de uma doutrina esotérica.

Essa sugestão pode soar paradoxal e até mesmo ridícula. No entanto, não teria soado assim a um leitor tão competente do *Guia* quanto Josef ibn Kaspi, que escreveu um comentário esotérico sobre ele. Antes de qualquer outra coisa, uma interpretação esotérica do livro parece ser não apenas recomendável, mas até mesmo necessária.

Ao expor, mediante sua obra, o ensinamento secreto da Bíblia a uma quantidade maior de homens – alguns dos quais talvez não fossem tão obedientes ao decreto talmúdico quanto ele, tampouco igualmente sábios –, Maimônides não confiou apenas no cumprimento que eles dariam à lei ou à sua enfática súplica. Afinal, afirma ele, a explicação de segredos não é apenas proibida legalmente; ela é também impossível por natureza:[62] a natureza mesma dos segredos impede que eles sejam divulgados. Vemo-nos, portanto, diante de um terceiro sentido da palavra "segredo": além da palavra ou parábola bíblica que possui um significado interior e além desse sentido interior propriamente dito, segredo pode significar também – e talvez sobretudo – aquilo a que o significado oculto se refere.[63] As coisas de que falam os profetas são secretas porque *não* se fazem constantemente acessíveis como as coisas descritas pelas ciências comuns,[64] exceto durante aqueles intervalos mais ou menos breves e

---

[62] I, Introd. (3b; 3, 15). Ver I, 31 início.
[63] "Os segredos do ser e os segredos da Torá", II, 26 (56b; 232, 5). Para a distinção entre os vários significados de "segredo", ver Francis Bacon, *Advancement of Learning* (ed. G. W. Kitchin), p. 205.
[64] I, Introd. (4b; 4, 15). Essa passagem subentende uma distinção fundamental entre as ciências esotéricas e as ciências exotéricas. Sobre essas distinções, ver I. Goldziher, *Kitab Ma'ani al-Nafs*. Berlin,

raros de luz espiritual que interrompem uma escuridão espiritual quase contínua; com efeito, elas não são acessíveis à razão natural, mas apenas à visão profética. Como consequência, a linguagem comum se mostra extremamente incapaz de descrevê-las: a única forma possível de realizar essa descrição é por meio do discurso parabólico e enigmático.[65] Nem mesmo a interpretação do ensinamento profético pode privar-se desse discurso, o que se aplica também à interpretação dessa interpretação, uma vez que tanto a interpretação secundária quanto a primária lidam como o mesmo tema secreto. Segue-se então que a interpretação do *Guia* não pode ser feita em linguagem comum, mas apenas por intermédio de um discurso parabólico e enigmático. É por isso, diz Maimônides, que aquele que estuda esses segredos não deve apenas ter alcançado a maturidade, possuir um espírito sagaz e sutil, dominar com perfeição a arte do governo político e a arte das ciências especulativas, além de ser capaz de compreender o discurso alusivo dos outros: ele mesmo deve ser capaz de apresentar as coisas alusivamente.[66]

Se cada estudioso de fato tinha de satisfazer essas condições, seremos obrigados a admitir de imediato, isto é, antes de iniciarmos qualquer tentativa séria de elucidar o ensinamento esotérico do *Guia*, que a interpretação da obra é completamente impossível ao historiador moderno. A própria intenção de interpretar o *Guia* indicaria um grau intolerável de presunção por parte do aspirante a intérprete; ele estaria declarando implicitamente, afinal, que possui todas as qualidades do rei-filósofo platônico. Não obstante, ao mesmo tempo que o homem modesto se sentirá inclinado a desistir da tentativa de compreender o *Guia* quando diante das exigências aqui indicadas, ele talvez venha a nutrir a esperança de oferecer alguma contribuição a seu entendimento tornando-se parte subserviente da comunidade de eruditos que se dedicam à sua interpretação. Se o *Guia* não pode ser compreendido a partir dos esforços de um só homem, talvez o possa por meio da colaboração de muitos, em especial de arabistas, judaístas e estudiosos da história da filosofia. É bem verdade que,

---

1907, p. 28-31. Segundo uma distinção habitual, a "ciência exterior" (*al-'ilm al-barrani*) é idêntica à filosofia aristotélica e à *kalam*; a "filosofia interior" (*al-falsafa al-dahila* ou *al-falsafa al-hassa*), da qual tratam os *muhakkikun*, lida com os "segredos da natureza". O ensinamento da ciência esotérica é o conhecimento *al-madnun bihi*. Ver I, 17 início, 35 (41b; 54, 4), 71 (93b; 121, 20).

[65] I, Introd. (4a; 4, 4-7). Ver os comentários de Efodi e Shem Tov sobre a passagem. I, Introd. (4a-b; 3, 23-4, 20).

[66] I, 34 (41a; 53, 12-19), 33 (37b; 48, 22-25).

ao falar das condições a serem satisfeitas pelos estudiosos do ensinamento secreto, Maimônides não menciona disciplinas como aquelas a que acabamos de nos referir. Na verdade, ele nutria pela história em geral pouquíssima estima.[67] Para sermos justos, contudo, cumpre dizer que ele não conhecia, nem poderia conhecer, a história no sentido moderno da palavra, uma disciplina que em certo sentido fornece a síntese, indispensável a uma compreensão adequada da doutrina secreta, da filosofia e da política. Ainda assim, por maior que seja o valor que atribuímos às qualidades do historiador moderno, ele não é nem alguém capaz de compreender *per se* os textos esotéricos, nem um autor esotérico propriamente dito. Com efeito, a ascensão da consciência histórica moderna se deu simultaneamente à interrupção da tradição do esoterismo. Desse modo, todos aqueles que estudam Maimônides hoje carecem obrigatoriamente da formação necessária para compreender – quanto mais escrever – um livro ou comentário esotérico. Seria completamente impossível, portanto, uma interpretação do *Guia* nas circunstâncias em que vivemos?

Examinemos com um pouco mais de atenção os pressupostos básicos que se encontram por trás da conclusão a que acabamos, ou fomos incapazes, de chegar. É verdade que Maimônides declara inequivocamente que a comunicação direta e clara dos segredos das coisas, ou dos segredos da Torá, é impossível por natureza. Ao mesmo tempo, porém, ele afirma em termos igualmente inequívocos que uma tal comunicação é proibida pela lei. Ora, uma lei racional não proíbe coisas que sejam impossíveis por si só e que, portanto, não estejam sujeitas à deliberação ou à ação humanas. A Torá, ademais, é a lei racional por excelência.[68] Desse modo, as duas declarações parecem contraditórias. Uma vez que ainda não estamos em posição de decidir qual delas deve ser tratada como uma declaração meramente exotérica, será prudente deixar a questão em aberto por ora e não esboçar nada mais do que possibilidades de resposta. São três as soluções possíveis: Maimônides (1) pode de fato ter acreditado na inevitável necessidade de abordar enigmaticamente os segredos; ele (2) pode ter reconhecido a possibilidade de examiná-los abertamente; e (3) pode ter aprovado alguma posição intermediária desconhecida. À primeira vista, portanto, parece haver a probabilidade, na razão de 2:3, de a primeira solução, a qual é completamente incompatível com nosso desejo de compreender o *Guia*, ter de ser descartada.

---

[67] Ver Baron, *Outlook*, 3-4.
[68] III, 26. Ver III, 17 (33a-b; 337, 8-15).

Entretanto, ainda que no final das contas ela devesse ser aceita, não precisaríamos desanimar, uma vez que nos é perfeitamente possível rejeitar essa visão como uma visão errônea. O esoterismo, poderíamos dizer, se baseia no pressuposto de que a humanidade se divide entre uma minoria inspirada e inteligente e uma maioria sem inspiração e tola. Mas será que não há vários graus de transição entre esses dois grupos? Cada homem não tem livre sua vontade, de modo que pode tornar-se sábio ou tolo de acordo com o próprio empenho?[69] Por mais importante que possa ser a faculdade natural do entendimento, o uso dado a esta faculdade, isto é, o método, não seria igualmente importante? O método, ademais, elimina quase por definição o abismo que separa aqueles dois grupos desiguais. Com efeito, os métodos da pesquisa histórica moderna, os quais se mostraram suficientes para a decifração de hieróglifos e da escrita cuneiforme, certamente também deveriam bastar para a decifração de um livro como o *Guia*, ao qual poderíamos muito bem ter acesso por meio de uma boa tradução em linguagem moderna. Nosso problema se reduz, portanto, à identificação do método específico que nos permitirá decifrá-lo. Quais são as regras gerais e as regras específicas mais importantes segundo as quais o *Guia* deve ser lido?

V. Segredos e contradições

A pista para o verdadeiro entendimento do *Guia* é fornecida por aquela mesma característica do livro que, aos olhos de todas as gerações modernas, parece fazer dele um livro com sete selos. Refiro-me ao fato de ele dedicar-se à explicação esotérica de um texto esotérico. Afinal, não passa de uma falácia popular presumir que essa explicação é uma obra esotérica elevada à segunda potência, ou ao menos uma obra duplamente esotérica e, por conseguinte, de compreensão duas vezes mais difícil do que o texto esotérico propriamente dito. Na verdade, toda e qualquer explicação de um texto, por mais esotérica que seja, deseja ser útil à sua compreensão; e, dado que o autor não é um homem de incompetência excepcional, sua explicação certamente será útil. Ora, se com a ajuda de Maimônides nós compreendemos o ensinamento esotérico da Bíblia, ao mesmo tempo compreendemos o ensinamento esotérico do *Guia*, uma vez que o autor deve ter aceitado o ensinamento esotérico da lei como o

---

[69] M. T., *Teshuvah*, 5, 2.

ensinamento verdadeiro. Em outras palavras, podemos dizer que, graças a Maimônides, o ensinamento secreto se nos faz acessível em duas versões diferentes: na versão bíblica original e na versão, derivada, do *Guia*. Cada versão pode nos ser completamente incompreensível por si só; no entanto, tornamo-nos capazes de decifrá-las usando a luz que cada qual lança sobre a outra. Nossa posição, portanto, se assemelha à posição do arqueólogo que se vê diante de uma inscrição em linguagem desconhecida e que, logo em seguida, descobre outra inscrição que reproduz a tradução daquele texto em outra linguagem desconhecida. Pouco importa se aceitamos ou não os dois pressupostos de Maimônides, rejeitados pela crítica moderna, que nos dizem que a Bíblia é um texto esotérico e que seu ensinamento esotérico tem íntima relação com aquele de Aristóteles. Ao menos no que diz respeito a Maimônides, a Bíblia *é* um livro esotérico, quiçá até o livro esotérico mais perfeito já escrito. Desse modo, para escrever ele mesmo um livro esotérico, Maimônides não teve escolha senão tomar a Bíblia como seu modelo. Ou seja: ele escreveu o *Guia* de acordo com as regras que costumava seguir ao ler a Bíblia. Se desejarmos compreender o *Guia*, portanto, precisaremos lê-lo à luz das regras que seu autor aplicava à explicação do texto bíblico.

Como Maimônides lia a Bíblia – ou melhor, a Torá? Ele a encarava como obra de um único autor, o qual era menos Moisés do que o próprio Deus. Como consequência, a Torá era para ele o livro mais perfeito jamais escrito, e isso tanto no que dizia respeito a seu conteúdo quanto no que dizia respeito à sua forma. De modo particular, ele não acreditava (como nos afirma hoje a crítica bíblica moderna) que suas deficiências formais – as mudanças abruptas de tema, por exemplo, ou as repetições com mais ou menos variações – se deviam ao fato de ela ter sido compilada por redatores desconhecidos a partir de fontes divergentes. Essas deficiências eram a seus olhos irregularidades propositais, destinadas a esconder e revelar não somente uma ordem mais profunda, mas também um profundo significado divino. Foi precisamente essa desordem intencional que ele tomou como modelo ao escrever o *Guia*. Ou, se aceitarmos a tese da crítica bíblica moderna, devemos dizer que ele tomou como modelo um livro involuntariamente desordenado e que, ao fazê-lo, acabou por escrever um livro que também carece involuntariamente de ordem. De todo modo, é certo e declarado que o *Guia* é um livro que carece de ordem de propósito. Os "títulos dos capítulos" do ensinamento secreto "não vêm dispostos de acordo com a ordem que lhes é intrínseca ou de acordo com qualquer outra sequência. Eles estão difusos e foram mesclados com outros temas".⁷⁰ Os exemplos de escrita aparentemente ruim são tão numerosos e tão conhecidos pelos estudiosos do *Guia* que não precisamos mencionar aqui mais do que um único exemplo. Do mesmo modo como a Bíblia interrompe a história de José ao inserir, nesta, a narrativa de Judá e Tamar, Maimônides interrompe sua explicação das expressões bíblicas que atribuem a Deus um lugar, um movimento local, etc.⁷¹ com uma exposição do significado de *homem*⁷² e com um exame da necessidade de ensinar a *ma'aseh bereshit* esotericamente.⁷³ Como consequência, sempre que nos vemos diante de uma mudança abrupta de tema, devemos seguir a mesma regra de interpretação que Maimônides costumava seguir quando se deparava com uma suposta deficiência na Bíblia; ou seja, precisamos descobrir, por conjecturas, a razão oculta dessa aparente deficiência. Afinal, é precisamente essa razão oculta, acessível apenas por conjecturas, que pode revelar o elo existente entre os "títulos" dispersos – que pode revelar, quem sabe, até mesmo um "título de capítulo" propriamente dito. Sem dúvida, as cadeias de raciocínio que vinculam os "títulos dos capítulos" ali dispersos, e possivelmente alguns desses "títulos" propriamente ditos, não estão formuladas nos capítulos, mas escritas com uma tinta invisível nos espaços vazios que existem entre eles, entre as frases ou entre cada parte do *Guia*.

Outro tipo de irregularidade ocorre, por exemplo, na explicação dos vários tipos de mandamentos bíblicos.⁷⁴ No início de cada capítulo, o autor faz referência ao livro ou aos livros da *Mishné Torá* em que as leis analisadas haviam sido codificadas. Maimônides só foge dessa regra no caso de um livro em particular (Capítulo 41). Que isso não é obra do acaso é algo que pode ser facilmente percebido pelo contexto. Ali, Maimônides assinala com incomum clareza a diferença entre o texto das ordens bíblicas e sua interpretação tradicional; seu objetivo, como ele claramente expressa, é explicar os "textos", e não a *fiqh*.⁷⁵ A *Mishné Torá* se debruça sobre a *fiqh*. Por conseguinte, teria sido extremamente enganoso se ele tivesse se referido, no início do capítulo, ao "livro" correspondente da *Mishné Torá*, isto é, ao "Livro dos Juízes". Pode-se acrescentar, de passagem, que um exame completo dessa irregularidade, impossível de ser realizado neste

---

⁷⁰ I, Introd. (3b; 3, 11-14).
⁷¹ I, 8-26.
⁷² I, 14.
⁷³ I, 17.
⁷⁴ III, 36-49
⁷⁵ III, 41 (88b; 409, 15-16).

espaço, ajudaria a explicar a dificuldade igualmente desconcertante da inclusão, no "Livro dos Juízes", das leis que dizem respeito ao luto.

Como último exemplo daqueles recursos que o modelo de Maimônides lhe inspirara – e que poderíamos chamar de perplexidades intencionais –, mencionamos aqui as repetições do mesmo tema que não apresentam variação alguma ou apenas variações meramente insignificantes. Ele observa que Ezequiel teve duas vezes a mesma visão da carruagem celestial, o mais secreto dos temas, e que ambas as visões, por sua vez, não eram senão repetições da visão correspondente de Isaías.[76] Igualmente importante foi-lhe a percepção de que, no Livro de Jó, todos os interlocutores repetem sem parar as declarações uns dos outros; de modo particular Eliú, supostamente superior em sabedoria a Jó, Elifaz, Bildade e Zofar, não parece acrescentar nada de relevante àquilo que os outros haviam dito antes dele.[77] Maimônides naturalmente afirma que essas repetições são apenas aparentes, que um exame mais cuidadoso revelará que as opiniões de Jó, Elifaz, Bildade e Zofar, tal como as opiniões de Eliú, diferem materialmente entre si e que a relação da segunda visão de Ezequiel faz acréscimos importantes à primeira.[78] Esse método de repetir a mesma coisa fazendo acréscimos que parecem insignificantes, mas que na verdade possuem crucial importância, era assaz útil aos objetivos de Maimônides. Um excelente exemplo disso é a repetição, com certas variações, da divisão das leis bíblicas em catorze grupos, disposição que havia determinado todo o projeto da *Mishné Torá*.[79] Ele assim criou a impressão de estar apenas repetindo a divisão realizada no código, quando na verdade as duas divisões diferem enormemente entre si. Como outros exemplos óbvios da aplicação desse método, é possível mencionar: as diferenças entre a disposição dos 248 preceitos afirmativos no início da *Mishné Torá* (ou no *Sefer ha-Misvot*), de um lado, e aquela encontrada no corpo do mesmo código; as diferenças entre a enumeração das cinco opiniões acerca da providência no *Guia*, III, 17, e a enumeração verificada no *Guia* III, 23;[80] e as diferenças entre a enumeração das três opiniões sobre a

---

[76] III, 3 início, 6.
[77] III, 23 (50a; 359, 4-9 e 14-15). Ver também III, 24 (52b; 362, 22-23).
[78] III, 23 (50a; 359, 9-15); I (3a; 298, 23-24), 3 (6b e 7a; 303, 5, 19; 304, 4-5). Ver M. T., Introd., proibição 186 e 187.
[79] Confira também os catorze princípios no S. M.
[80] Note-se também as três opiniões sobre a providência indicadas em III, 17 (37b; 342, 20s), assim como as duas indicadas em III, 21 (44b; 351, 17-18).

criação no *Guia*, II, 13, e a enumeração verificada no *Guia*, II, 32. Em todos esses casos, Maimônides parece apenas repetir-se ao falar duas vezes do mesmo número, mas o que ele na verdade faz é introduzir, a cada repetição, pontos de vista que não haviam sido insinuados nas formulações anteriores. O que Maimônides almeja com isso é desvelado claramente quando o lemos explicando o método empregado pelos quatro interlocutores (Jó, Elifaz, Bildade e Zofar) no Livro de Jó: "Cada qual repete o tema de que o outro falara [...] a fim de que fique oculto o tema próprio à opinião de cada um; desse modo, parece ao vulgar que a opinião de todos é uma opinião sobre a qual um acordo genérico existe."[81] Isso quer dizer que o objetivo de repetir as declarações convencionais é esconder a revelação, dada na repetição mesma, de visões não convencionais. O que importa, por conseguinte, não é a visão convencional constantemente repetida, a qual pode ou não ser verdadeira, e sim os leves acréscimos ou as leves omissões que ocorrem na repetição e que transmitem os "títulos dos capítulos" do ensinamento secreto e verdadeiro. É isso o que Maimônides insinua, de modo um tanto claro, quando afirma que um exame mais cauteloso do repetitivo discurso de Eliú esclarece "o tema adicional por ele introduzido, sendo este tema o seu objetivo".[82] Se e em que medida Maimônides aplicou à "primeira declaração" por excelência, isto é, ao texto bíblico propriamente dito, esse método de fazer acréscimos pouco discerníveis é questão que deve permanecer sem resposta neste exame.[83]

Uma vez que as regras de interpretação parecem atribuir excessiva importância a cada palavra utilizada por Maimônides, devemos recorrer novamente ao pressuposto inicial de que o *Guia* é uma imitação da Bíblia, de modo especial da Torá. Maimônides lia a Torá como um livro do qual cada palavra possuía origem divina e, portanto, extrema importância.[84] O quão conscienciosamente ele buscou identificar toda a relevância de cada termo da Bíblia, por mais indiferente que este parecesse em seu contexto, é algo que sabe todo

---

[81] III, 23 (50a; 359, 11-14).
[82] III, 23 (50a; 359, 9-10).
[83] Ver III, Introd. (2b-3a; 298, 3-9). O método da "repetição" certamente não foi inventado por Maimônides; antes deste, fora empregado em larga escala por Farabi, que "repetiu" o mesmo ensinamento com acréscimos ou omissões em *Al-Siyâsât al-Madaniyya*, em *Al-Madîna al-Fâdila* e em *Al-Milla al-Fâdila*. Não nos esqueçamos também de Platão, que, para mencionarmos apenas dois exemplos, "repetiu" os ensinamentos da *República* nas *Leis* e "reiterou" três vezes, na *Apologia*, tanto a defesa de Sócrates quanto a acusação levantada contra ele.
[84] M. T., *Teshuvah*, 3, 17.

leitor do *Guia*, cujo objetivo primordial era explicar certos grupos de palavras bíblicas.[85] Maimônides aplicou expressamente, a sua própria obra, o mesmo princípio de leitura ou escrita:

> [...] se desejas compreender por inteiro aquilo que este tratado contém, de modo que nada dele te escape, deves ligar seus capítulos uns aos outros.[86] Quando da leitura de determinado capítulo, tua intenção deve ser não apenas compreender a totalidade de seu tema, mas também assimilar cada palavra que aparece no decurso do discurso, ainda que tal palavra não diga respeito ao objetivo do capítulo. Afinal, o estilo deste tratado não foi escolhido ao acaso, mas com enorme exatidão e uma precisão excessiva.[87]

Naturalmente, Maimônides lia a Torá como um livro que estava longe de ser frívolo. Uma vez que tratava como escritos frívolos as narrativas e os poemas, ele foi levado a conceber as narrativas bíblicas enquanto "segredos da Torá".[88] Como nutria tamanho desprezo pelas narrativas, é muito improvável que as poucas narrativas inseridas no *Guia* devam ser tomadas à letra: alguma necessidade especial deve tê-lo feito recorrer a elas para incutir determinada opinião verdadeira ou determinado hábito moral positivo na mente de seus leitores.[89] Em determinada ocasião, ele narra como, "muitos anos atrás", um cientista lhe havia formulado uma questão e como ele a respondera.[90] Visto que o *Guia* foi escrito "com enorme exatidão e uma precisão excessiva", é seguro dizer que a estrutura da narrativa comunica um ensinamento que não é transmitido pelo conteúdo do debate com esse cientista. Encontramos no *Guia* ainda outras narrativas sobre fatos ocorridos "muitos anos atrás", entre elas a história da ciência da *kalam* e a história dos dois livros que Maimônides

---

[85] I, Introd. (2b; 2, 6 ss).
[86] Ou seja, é preciso fazer, com os capítulos do *Guia*, aquilo que Salomão fez com as palavras e parábolas da Bíblia. Do mesmo modo como Salomão descobriu o ensinamento secreto da Bíblia ligando palavra a palavra e parábola a parábola, também nós podemos descobrir o ensinamento secreto do *Guia* ligando capítulo a capítulo e, mais ainda, palavra secreta a palavra secreta. Ver Ibidem, I, Introd. (6b; 6, 26-7, 2).
[87] I, Introd. (8b; 9, 26-30).
[88] I, 2 (13b; 16, 9-11); III, 50. Ver Baron, *Outlook*, p. 8, n. 4.
[89] Ver III, 50 (120a; 451, 1-3).
[90] I, 2.

começara a escrever sobre as parábolas dos profetas e dos Midrashim.[91] Não hesitamos em chamar também a "epístola dedicatória" de história, isto é, em presumir que também ela é um dos "segredos" do *Guia*. As citações retiradas do comentário de Maimônides sobre a Mishná e seu código – na verdade, todas as citações do *Guia* – pertencem a essa mesma classe de pistas.

Feitas essas observações preliminares, é preciso que busquemos fundamentar o método de leitura do *Guia* em bases mais sólidas. A fim de encontrarmos regras que nos livrem da onerosa necessidade de conjecturar os pensamentos secretos de Maimônides, devemos começar do zero, examinando com mais exatidão o vínculo que há entre o modelo, isto é, a Bíblia, e o *Guia*, sua imitação ou repetição. Qual é o gênero literário que inclui a Bíblia e o *Guia*, e qual é a diferença específica que confere ao *Guia* seu caráter peculiar?

Tanto a Bíblia, na interpretação que Maimônides costumava dar-lhe, quanto o *Guia* são livros esotéricos. Para citarmos apenas uma afirmação do autor, seu objetivo ao escrever o *Guia* era fazer com que as verdades rutilassem e logo voltassem a desaparecer.[92] O objetivo da obra, portanto, não é apenas revelar a verdade, mas também ocultá-la. Ou, para dizermos o mesmo em termos de quantidade: um número considerável de declarações é formulado no intuito de esconder a verdade, e não de ensiná-la.

Mas qual é a diferença entre o método esotérico da Bíblia e o método esotérico do *Guia*? Os autores da Bíblia, para que fossem capazes de revelar a verdade sem revelá-la e de não revelá-la revelando, optaram por usar certos tipos de palavras, parábolas e enigmas.[93] As parábolas parecem ser o veículo mais importante, uma vez que Maimônides fala delas de modo muito mais exaustivo do que fala sobre os tipos de palavra em questão.[94] Dessa forma, passamos a desconfiar de que a Bíblia pertence à espécie de livros esotéricos conhecida como literatura parabólica. Essa desconfiança nos obriga a refletir sobre se as parábolas e os enigmas não seriam indispensáveis ao ensinamento esotérico. Com efeito, essa questão é levantada pelo próprio Maimônides. Após afirmar que ninguém é capaz de explicar os segredos por completo e que, por causa disso, todo mestre os aborda por meio de parábolas e enigmas, ele afirma que, se alguém deseja ensinar os segredos sem valer-se desses dois recursos,

---

[91] I, 71: I, Introd. (5b; 5, 17 ss); III, 19 (40a; 346, 3 ss). Ver III, 32 (70a-b; 385, 13-20).
[92] I, Introd. (3b; 3, 14).
[93] I, Introd. (5a; 5, 11 e 16).
[94] Ver o índice do *Guia* de Munk, s.vv. "allégories" e "noms".

forçosamente os substituirá por um discurso obscuro e breve.[95] Essa observação pode se referir a um caso extremo que provavelmente jamais ocorrerá, mas também pode sugerir uma possível inovação. Sendo ou não sendo provável um caso como aquele, ou estando Maimônides disposto ou não a inovar,[96] a substituição indicada por ele é sem dúvida possível. Desse modo, sua observação insinua o reconhecimento de que existe uma espécie de literatura esotérica desprovida de parábolas e que, portanto, a espécie de livro esotérico a que a Bíblia pertence pode ser justamente denominada literatura parabólica.

A questão de como evitar as parábolas e os enigmas ao falar dos segredos é retomada um pouco mais adiante por Maimônides, na introdução geral à sua obra, na qual examina a explicação das parábolas. Ele analisa a questão contando-nos uma história. Maimônides narra que um dia desejara escrever dois livros a fim de explicar as parábolas da Bíblia e dos Midrashim, mas que ao tentar fazê-lo viu-se diante de um dilema. Ele poderia fornecer a explicação na forma de parábolas, procedimento que apenas trocaria um espécime por outro da mesma espécie, ou poderia explicar as parábolas por meio de um discurso não parabólico, caso em que a explicação não seria adequada ao vulgo. Uma vez que as explicações fornecidas no *Guia* não se destinam ao vulgo, e sim a eruditos,[97] podemos esperar de imediato que seu caráter não seja parabólico. Além disso, sabemos a partir da declaração anterior de Maimônides que a representação parabólica e enigmática do ensinamento secreto deve ser evitada: ela pode ser substituída pela obscuridade e pela brevidade, isto é, por formas de expressão que só são adequadas a eruditos que tenham condições de compreender por si sós. Sobretudo no caso da explicação de textos parabólicos, evitar o discurso parabólico não é apenas possível, mas até mesmo necessário: uma explicação em parábolas estaria suscetível à objeção, que o próprio Maimônides levantou com destreza, de que ela apenas substitui um espécime por outro da mesma espécie; ou seja: não se trataria de explicação alguma. Qual teria sido, então, a espécie de discurso distinta do discurso parabólico que Maimônides precisou assimilar após ter optado por escrever o *Guia* em vez de dois livros populares? Qual é a espécie de que todas as exposições da verdade, no *Guia*, são espécimes? Para respondermos a essa pergunta, devemos primeiro questionar, de modo mais genérico, qual é o gênero que inclui tanto a espécie, até então desconhecida,

---

[95] I, Introd. (4b-5a; 4, 11-13, 17-19, 26-28).
[96] I, Introd. (9b; 10, 24-28).
[97] Ver I, Introd. (5b; 5, 18-25) e comparar com ibidem (3a e 4b; 2, 11 ss. e 4, 8-12).

daquelas exposições da verdade que caracterizam o *Guia* quanto a espécie das exposições parabólicas. A resposta a essa questão, à qual ninguém que estude cuidadosamente o *Guia* pode se furtar, é fornecida por Maimônides na última seção da introdução geral à sua obra, na qual ele introduz de maneira um tanto abrupta e inesperada um tema novo: os vários motivos que explicam as contradições verificadas em vários tipos de livro. Nós já conhecemos o motivo oculto que subjaz a essa mudança repentina de tema; trata-se da questão, aqui disfarçada, do método que caracteriza o *Guia* – ou, em termos mais genéricos e vagos, a questão do gênero que abarca os métodos esotéricos da Bíblia e do *Guia*. À segunda questão, Maimônides responde, sem qualquer disfarce, que se trata do discurso contraditório. Quanto à primeira, ele afirma com igual clareza que as contradições encontradas no *Guia* devem ser atribuídas a duas razões: às exigências do ensinamento de temas obscuros, isto é, de sua elucidação, e às exigências da formulação oral ou escrita desses temas. As contradições causadas por aquelas certamente serão conhecidas pelo mestre (contanto que ele não as tenha produzido deliberadamente), ao passo que os pupilos as desconhecerão até que tenham alcançado um estágio de preparação avançado. Ou seja, elas certamente escapam ao vulgo. Quanto às contradições causadas pelas últimas exigências, porém, elas são sempre produzidas de maneira deliberada, e o autor deve ter extrema cautela para escondê-las do vulgo.[98] Essas revelações por parte de Maimônides nos permitem descrever a forma do ensinamento esotérico do *Guia*: Maimônides não ensina a verdade inventando parábolas (ou inserindo contradições entre declarações parabólicas); ele o faz introduzindo contradições conscientes e intencionais, ocultas ao vulgo, entre declarações que não são nem parabólicas, nem enigmáticas.[99]

A partir disso, devemos concluir que nenhum intérprete do *Guia* tem o direito de almejar uma explicação "pessoal" de suas contradições. Ele não deve tentar atribuí-las, por exemplo, ao fato – ou à suposição – de que as duas tradições que Maimônides tentava conciliar, a bíblica e a filosófica, são na verdade irreconciliáveis; tampouco deve procurar explicá-las com base no pressuposto mais filosófico, mas igualmente inadequado, de que Maimônides buscou problemas filosóficos que transcendiam o horizonte da tradição da filosofia, mas foi incapaz de libertar-se suficientemente de seus grilhões. Tais tentativas só

---

[98] I, Introd. (10a, 10b, 11b; 11, 19-26 e 12, 7-12 e 13, 13-35).
[99] I, Introd. (10a; 11, 13-16). Ver a interpretação um pouco diferente seguida por Altmann, op. cit., p. 310 ss.

serviriam a um objetivo útil caso almejassem explicar formas altamente complicadas e artificiais de conciliar contradições. Elas são errôneas e supérfluas quando desejam dar conta de contradições que, caso involuntárias, revelariam não o fracasso de um intelecto superior diante de problemas insolúveis ou difíceis de serem solucionados, e sim uma incompetência escandalosa.[100] Tacitamente ou não, todas essas tentativas estariam partindo do princípio de que as contradições não teriam sido percebidas por Maimônides, o que refuta as inequívocas declarações do próprio autor. Até que se prove o contrário, portanto, devemos afirmar que ele tinha plena ciência, desde o momento da redação das frases contraditórias, de cada contradição encontrada no *Guia*. E, caso se afirme que devemos admitir a possibilidade de contradições inconscientes e involuntárias terem se imiscuído na obra, uma vez que filósofos do mesmo quilate de Maimônides também as apresentaram, assinalamos a enfática declaração deste sobre o extremo cuidado com que ele escreveu cada palavra de seu livro e desafiamos os objetantes a encontrarem declarações de igual teor na obra daqueles outros filósofos. Assim, o dever do intérprete não é explicar as contradições, e sim descobrir, em cada caso, qual das duas declarações era tida como verdadeira por Maimônides e qual fora por ele usada como forma de esconder a verdade.

Maimônides questionou se as contradições causadas pelas exigências do falar e do escrever sobre temas obscuros também devem ser encontradas na Bíblia; ele pede que essa questão seja examinada com enorme cautela.[101] Na verdade, uma vez que tenhamos ultrapassado a superfície do ensinamento do *Guia*, esta se torna a questão decisiva. Como Maimônides não a responde de maneira explícita, é preciso deixá-la em aberto. Tampouco podemos examinar, aqui, as indagações relacionadas que questionam se o método maimonidiano de ensinar a verdade fora influenciado por alguma tradição da filosofia; se ele é característico de um tipo especial de literatura filosófica; e se, de acordo com a terminologia da tradição filosófica, não conviria descrever o *Guia* como obra exotérica. Se essa descrição se mostrasse correta, o significado do termo "acréscimo" teria de passar por uma mudança profunda: ele não significaria o segredo crucialmente importante que é acrescido à visão convencional, e sim a representação imaginativa que é acrescida à verdade não disfarçada.[102]

---

[100] I, Introd. (10b; 12, 4-7).
[101] I, Introd. (11b; 13, 6-8).
[102] Para os dois significados de *acréscimo*, ver I, Introd. (7a-b; 8, 6, 15), de um lado, e (8a; 9, 8), de outro. Ver também, no *Tratado sobre a Ressurreição*, de Maimônides, o início do tratado

Dado que as contradições do *Guia* se encontram camufladas, devemos examinar, brevemente, ao menos algumas das formas de ocultar contradições. (1) O método mais óbvio é o de falar contraditoriamente sobre o mesmo tema em páginas muito distantes umas das outras. A representação desse método é: a = b (página 15) – a ≠ b (página 379). Levando em consideração, porém, a negligência com que costumamos ler, pode-se reduzir a distância entre as páginas a qualquer número positivo. (2) Uma variação desse método está em formular uma das duas declarações contraditórias de passagem, por assim dizer. Encontramos um bom exemplo disso na casual rejeição, por parte de Maimônides, do caráter obrigatório de toda a legislação sacrificial.[103] (3) Um terceiro método está em contradizer a primeira declaração não de maneira direta, mas contrariando suas implicações. A representação desse método é: a = b – b = c – [a = c] – a ≠ c – [a ≠ b], em que os colchetes indicam proposições que não devem ser pronunciadas. É possível ilustrá-lo a partir da contradição existente entre as declarações de que "um dos principais temas do *Guia* é a *ma'aseh bereshit*" e "a *ma'aseh bereshit* é a física", de um lado, e a declaração de que "a física não é o tema do *Guia*", do outro; ou pela contradição que há entre a alegação de que "a explicação dos segredos é impossível por natureza" e a alegação de que "a explicação dos segredos é proibida pela lei". (4) Outro método é contradizer a primeira declaração não de maneira direta, mas parecendo repeti-la enquanto se acresce ou omite uma expressão aparentemente insignificante. A representação desse método é: a = b – [b = β + ε] – a = β – [a ≠ b]. (5) Um método alternativo está em introduzir, entre duas declarações contraditórias, uma asserção intermediária que, não sendo por si só contrária à primeira, se torna contraditória pela adição ou omissão de uma expressão que parece insignificante; a declaração contraditória surge como uma repetição da declaração intermediária. A representação desse método é: a = b – a ≠ β – [b = β + ε] – a ≠ b. (6) Usar palavras ambíguas.

Eis a representação:

$$a = c - [c \genfrac{}{}{0pt}{}{=}{\neq} b < \genfrac{}{}{0pt}{}{a = b}{a \neq b}]$$

---

propriamente dito [Edição brasileira: Maimônides, *Epístolas e Tratado sobre a Ressurreição*. São Paulo, Maayanot, 1994. (N. E.)]. A importância do termo "acréscimo" para a doutrina dos atributos, por exemplo, pode ser indicada aqui de passagem.

[103] III, 46 (102a-b; 427, 14-16). Ver Munk, *Guia*, III, 364, n. 5. Uma alusão a essa declaração está subentendida nos comentários de Josef ibn Kaspi sobre Deuteronômio 17,14 ss, e 1 Samuel 8,6.

A frase "uma certa declaração é um acréscimo", por exemplo, pode indicar um acréscimo verdadeiro feito a uma inverdade ou um acréscimo inverdadeiro feito à verdade.

Enquanto nos debruçamos sobre o tema das palavras ambíguas, podemos assinalar a grande importância que elas têm para o leitor do *Guia*. Segundo Maimônides, a Bíblia ensina a verdade valendo-se tanto de certos tipos de palavras quanto de parábolas. Embora exclua estas últimas de sua obra, ele em lugar algum afirma ter a intenção de excluir aquelas, de modo especial as ambíguas. A expressão "palavra ambígua" é por si só ambígua. Usada como termo técnico, indica uma palavra que é aplicada a "dois objetos entre os quais há semelhança a respeito de algo que é acidental a ambos e não constitui a essência de nenhum dos dois".[104] Num sentido menos técnico, mas igualmente importante, assinala "uma palavra dita em tempo oportuno" (Provérbios 25,11). Com efeito, segundo Maimônides essa expressão bíblica descreve "um discurso proferido segundo suas duas faces" ou "um discurso que possui duas faces, isto é, que possui uma face exterior e uma interior": uma face exterior útil, por exemplo, à condição própria das sociedades humanas e uma face interior útil ao conhecimento da verdade.[105] Um discurso ambíguo nesse segundo sentido, portanto, seria um discurso com uma face voltada para o vulgo e a outra, para o homem que compreende por si só. Para que Maimônides revelasse a verdade a este último público escondendo-a ao mesmo tempo do primeiro, eram-lhe indispensáveis não somente discursos ou frases, mas também palavras com duas faces. Afinal, um segredo é encoberto de modo muito menos adequado por uma frase do que por uma palavra; por ser mais reduzida, a palavra, *ceteris paribus*, acaba por oferecer um esconderijo muito melhor do que a frase completa. Isso se aplica de modo especial às palavras comuns que são inseridas discretamente numa frase discreta. Eram sobretudo essas palavras comuns, dotadas de uma ambiguidade oculta, que Maimônides tinha em mente ao solicitar que o leitor prestasse bastante atenção a cada vocábulo que ele havia (ou parecia haver) usado e ao suplicar, enfaticamente, para que este leitor não explicasse nada do que estava contido no *Guia*, nem mesmo uma

---

[104] I, 56 (68b; 89, 19-20). Ver H. A. Wolfson, "The Amphibolous Terms in Aristotle, Arabic Philosophy and Maimonides". *The Harvard Theological Review*, XXXI, 1938, p. 164.

[105] I, Introd. (6b-7a; 7, 15-8, 3). O fato de toda a passagem (6a-8b; 6, 19-9, 25), que parece só lidar com as parábolas, ter na verdade ainda outro significado é indicado pela aparente falta de jeito com que o suposto tema é introduzido.

palavra – exceto quando expressasse algo que já fora aceito e ensinado abertamente por autoridades judaicas precedentes.[106] Claro está que a explicação de uma única palavra só pode ser grave quando essa palavra está repleta de um potencial explosivo capaz de destruir todas as crenças que não se encontram arraigadas na razão; ou seja, é preciso que seu significado real e oculto confira a uma declaração importante um sentido completamente diferente – ou mesmo diametralmente oposto – àquele que teria caso a palavra em questão fosse tomada em seu sentido aparente ou convencional. Porventura essa palavra não deveria ser denominada ambígua, "uma palavra dita em tempo oportuno"? Além de todas as considerações genéricas, é possível mencionar uma série de termos ambíguos empregados intencionalmente por Maimônides. Esses termos são: "os sábios" ou "os eruditos", "os homens de especulação",[107] "os virtuosos", "a comunidade dos que creem na unidade [de Deus]", "governo" e "providência", "acréscimo", "segredo", "crença", "ação", "possível".

Voltando ao uso que Maimônides dá às contradições, é possível presumir que todas as contradições importantes do *Guia* podem ser reduzidas à fundamental contradição entre o verdadeiro ensinamento, fundamentado na razão, e o ensinamento inverdadeiro, fruto da imaginação. Seja ou não seja esse o caso, porém, certamente precisamos de uma resposta geral à pergunta geral: qual das duas declarações contraditórias é considerada verdadeira, em cada caso, por Maimônides? Essa resposta seria *o* guia para a compreensão da obra do autor. Ela é fornecida pela identificação do verdadeiro ensinamento com algum ensinamento secreto. Por conseguinte, das duas declarações contraditórias proferidas, a mais secreta deve ter sido aquela que ele julgava verdadeira. Em certa medida, sigilo equivale a infrequência; aquilo que todos dizem a todo momento é o oposto de um segredo. Desse modo, tanto com relação ao *Guia* quanto com relação a qualquer outra obra de Maimônides, podemos definir a regra de que, de duas declarações contraditórias, aquela que ocorre com menor frequência, quiçá até uma única vez, é a declaração que o autor considerava verdadeira. Ele mesmo faz alusão a essa regra no *Tratado sobre a Ressurreição*, o comentário mais autêntico sobre o *Guia*, quando enfatiza que a ressurreição, muito embora seja um princípio básico da lei, é contradita por muitas passagens das Escrituras, sendo asseverada somente em dois versículos do Livro de

---

[106] I, Introd. (9a; 10, 4-7).
[107] Ver, por exemplo, I, Introd. (9b; 10, 21); III, 15 (28b; 331, 27-29).

Daniel. Ele quase articula essa regra ao declarar, nesse mesmo tratado, que a verdade de uma declaração não aumenta quando ela é replicada nem diminui quando o autor não a repete: "Sabes que não é repetida na Torá a menção do princípio básico da unidade, isto é, da palavra, Sua, de que 'um é o Senhor'."

Resumindo: Maimônides não ensina a verdade de modo claro, mas secretamente; ele revela a verdade para os homens eruditos que são capazes de entender por si sós e a esconde do vulgo. Provavelmente não há forma melhor de esconder a verdade do que contradizendo-a. Por conseguinte, Maimônides formula declarações contraditórias sobre todos os temas importantes. Ele formula a verdade para revelá-la e a contradiz para escondê-la. Ora, a verdade deve ser formulada com maior sigilo do que contradita, senão o vulgo seria capaz de alcançá-la. Ademais, aqueles que estão aptos a compreender por si sós têm condição de identificar a articulação dissimulada da verdade. É por isso que Maimônides repete tanto quanto pode as visões convencionais que se fazem oportunas ou são aceitas pelo vulgo, mas quase não articula as visões contraditórias e inconvencionais. Ora, em certo sentido, uma declaração que contradiz outra declaração concorda com esta em quase todos os aspectos, exceto por um acréscimo ou omissão. Desse modo, só somos capazes de reconhecer a contradição mediante o escrutínio cauteloso de cada palavra dessas duas declarações, independentemente do quão pequena ela seja.

As contradições são o eixo do *Guia*. Elas demonstram de modo assaz convincente que o real ensinamento da obra está selado, mas ao mesmo tempo revelam de que forma nos é possível desselá-la. Enquanto os outros recursos empregados por Maimônides forçam o leitor a conjecturar o ensinamento verdadeiro, as contradições lhe oferecem essa instrução de modo muito claro em uma das duas declarações contraditórias. Além disso, enquanto os outros recursos não forçam os leitores a irem além da superfície – por exemplo, uma expressão inadequada ou uma transição desajeitada, caso venha a ser percebida, pode ser considerada apenas uma expressão inadequada ou uma transição desajeitada, e não uma pedra de tropeço –, as contradições, uma vez descobertas, os obrigam a tentar descobrir qual é o ensinamento real. Para descobrirmos as contradições ou para identificarmos qual declaração contraditória é tida por Maimônides como verdadeira, às vezes necessitamos de pistas. O reconhecimento do significado das pistas exige ainda mais que compreendamos por nós mesmos do que o reconhecimento de uma contradição óbvia. As pistas são fornecidas pela aplicação dos outros recursos maimonidianos.

Para que nossa enumeração desses recursos fique um pouco mais completa, e sem mencionarmos os sofismas intencionais e as observações irônicas, devemos primeiro esclarecer, brevemente, nossa declaração sobre o uso abrangente que Maimônides dá a certos tipos de palavra. Podemos chamar essas palavras de palavras secretas. Sua terminologia oculta exige um estudo especial, fundamentado num índice completo de vocábulos que têm, ou podem vir a ter, um sentido oculto. Essas palavras são em parte ambíguas, como nos casos mencionados anteriormente, e em parte inequívocas, como *adamiyyun*, *fiqh* e *dunya*. Em segundo lugar, podemos mencionar vários tipos de apóstrofes ao leitor e de lemas antepostos a toda a obra ou a alguma de suas partes. Outro recurso consiste no silêncio, isto é, na omissão de algo que apenas os eruditos, ou ao menos os eruditos capazes de compreender por si sós, sentiriam falta. Tomemos o seguinte exemplo. Por quatro vezes, se não me engano, Maimônides cita no *Guia*, com uma postura aprobativa evidente ou tácita, a declaração expressamente atribuída a Aristóteles de que o sentido do tato é para nós uma desgraça.[108] Essa quádrupla repetição num livro tão pensado quanto o *Guia* mostra que a citação é uma espécie de *leitmotif*. Ora, tal citação encontra-se incompleta. Maimônides omite duas palavras que alteram profundamente o seu sentido. Aristóteles diz: δόξειεν ἂν δικαίως (ἡ ἁφὴ) ἐπονείδιστος εἶναι.[109] Maimônides omite, portanto, aquelas duas palavras que caracterizam o enunciado como ἔνδοξον. Os leitores do *Guia*, conhecendo os ensinamentos do "príncipe dos filósofos", naturalmente notaram a omissão e perceberam que as passagens em que a citação está inserida possuíam um caráter meramente popular, isto é, exotérico. Quando as quatro citações são examinadas com mais cautela, percebe-se que, enquanto na segunda e na terceira Maimônides menciona o nome de Aristóteles, mas não a obra da qual elas foram retiradas, ele cita expressamente a *Ética* na primeira passagem, insinuando assim que sua fonte é um livro fundamentado sobretudo na ἔνδοξα. No último trecho, Maimônides acrescenta o comentário de que a citação é literal, mas duas ou três linhas adiante, quando ainda fala sobre o mesmo tema, refere-se à *Ética* e à *Retórica*, isto é, a dois livros dedicados à análise da ἔνδοξα. Não pode haver dúvidas de que Maimônides tinha plena ciência de que a citação de Aristóteles refletia a opinião popular, e não

---

[108] II, 36 (79a; 262, 11-12); 40 (86b; 272, 4-5); III, 8 (12b; 311, 9-10); 49 (117a; 447, 1-2). Cf. também III, 8 (14a; 313, 18-19).
[109] Aristóteles, *Eth. Nic.* 1118b2. Naturalmente, sigo a interpretação da passagem reproduzida sobre a qual se baseia a tradução arábica citada por Maimônides. Ver Averróis ad loc.: "et iustum est nos opinari a nobis [sic] quod sensus iste opprobriosus est nobis." Ver Aristóteles, *De Anima*, 421a 19-26.

a opinião filosófica. É ainda menos duvidoso que Maimônides, muito embora concordasse com toda a declaração de Aristóteles, isto é, com que o sentido do tato era popularmente considerado uma desgraça, de modo algum acreditava na sensatez desse juízo popular. Na realidade, ele o contradisse de maneira bastante clara ao negar que os sentidos fossem diferentes em dignidade entre si e ao atribuir à imaginação do vulgo a distinção entre os sentidos que aparentam ser perfeições e os sentidos que não parecem sê-lo.[110] O leitor do *Guia*, familiarizado com os principais temas controversos da Idade Média, perceberá de imediato como se comporta a citação adulterada de Maimônides: a declaração de Aristóteles, tal qual citada por ele, forneceria uma excelente justificativa da moralidade ascética – o que Maimônides denominaria "exagero" –, de modo particular de uma atitude ascética com relação à sexualidade.[111] E o leitor que consultar as passagens em questão no *Guia* perceberá que uma dessas citações adulteradas está inserida no que Munk chama de "définition générale de la prophétie". Outra omissão característica por parte de Maimônides é a omissão da imortalidade da alma ou da ressurreição do corpo quando de sua tentativa de responder à questão da Divina Providência.[112] Ele começa seu exame[113] reproduzindo o raciocínio filosófico contra a providência individual, fundamentado sobretudo na observação de que os virtuosos são acometidos pela miséria ao passo que os iníquos desfrutam de uma felicidade aparente. É ainda mais desconcertante, portanto, o fato de ele não prestar atenção àquilo que Leibniz denominou[114] "le remède [qui] est tout prêt dans l'autre vie". Tampouco ele menciona esse remédio em sua recapitulação expressa da visão da Providência que caracteriza o sentido literal da Torá.[115] Por outro lado, Maimônides explica alhures, no mesmo contexto, o "fazer o bem a ti depois disso" – encontrado no Deuteronômio 8, 16 – como a fortaleza obtida pelas privações de que Israel sofrera enquanto vagava pelo deserto.[116]

---

[110] I, 47, 46 (51b-52a; 68, 16-21); 2 (14a; 16, 22-17, 3).

[111] Ver, a esse respeito, III, 8 (14a-b; 313, 22-314, 14).

[112] Isso não quer dizer que Maimônides não mencione aqui o "outro mundo" com relação às visões sobre a Providência que ele rejeita ou cuja verdade não examina ou assevera. A expressão "aquilo que resta do homem após a morte", encontrada em III, 22 (46a; 354, 3-4), naturalmente nada diz a respeito da imortalidade da alma individual. Ver I, 74 (121b; 155, 9-10).

[113] III, 16-24.

[114] Leibniz, *Théodicée*, §17. [Edição brasileira: G. W. Leibniz, *Ensaios de Teodiceia sobre a Bondade de Deus, a Liberdade do Homem e a Origem do Mal*. São Paulo, Estação Liberdade, 2014.]

[115] III, 17 (34b-37b; 338, 21-343, 5).

[116] III, 24 (52b-53a; 362, 10-363, 4). Ver M. T., *Teshuvah*, 8, 1-2.

O quarto e último tipo de pista a ser indicado aqui são os *rashei perakim*. Essa expressão, que até agora traduzimos como "títulos dos capítulos", pode significar também "inícios dos capítulos". Com efeito, em alguns casos Maimônides nos fornece pistas importantes por meio da palavra ou das palavras que iniciam cada um desses segmentos. O vocábulo que abre a seção dedicada à explicação racional dos mandamentos bíblicos[117] é o substantivo *al-afʻal* ("as ações"). As *afʻâl*, usadas como sinônimo de *aʻmâl*, constituem a segunda metade da lei, sendo a outra formada pelas *ârâ*[118] ("opiniões"). Essa abertura, portanto, dá a entender que todos os capítulos anteriores do *Guia*[119] se debruçam sobre as "opiniões" ensinadas ou prescritas pela lei. As palavras que dão início ao primeiro capítulo[120] dedicado à teodiceia, ou à questão da providência, são "Todos os corpos que ganham existência e perecem". Essa expressão indica que todo esse grupo de capítulos (III, 8-24) lida exclusivamente com corpos que ganham existência e perecem, e não com corpos ou almas que não o fazem. Que essa conjectura está correta é algo que fica claro à luz de outras observações de Maimônides.[121] Desse início, ademais, devemos inferir que todos os capítulos anteriores (I, 1-III, 7) se dedicam às coisas que não ganham existência nem perecem, de modo particular as almas ou inteligências que não têm esse fim, isto é, à *maʻaseh merkabah*. Essa inferência é confirmada pela declaração, formulada por Maimônides no final do Livro III, Capítulo 7, de que todos os capítulos precedentes são indispensáveis à correta compreensão da *maʻaseh merkabah*, ao passo que nos capítulos subsequentes nenhuma palavra será dita, seja de maneira explícita ou alusiva, sobre um tema tão elevado. Igualmente importante é o início do Livro III, Capítulo 24 – o qual começa com a ambígua palavra *ʼamr*, que pode significar tanto "coisa" quanto "ordem"[122] – e o início do primeiro capítulo de toda a obra.

A necessidade nos levou a tecer as observações tão incoerentes e fragmentárias sobre os métodos maimonidianos de apresentar a verdade que não será inconveniente concluir este capítulo com uma comparação que possa esclarecer

---

[117] III, 25-49.
[118] Comparar, de modo particular, III, 52 (130b; 464, 26-465, 5) com o capítulo 5 de Farabi, *Ihsa al-Ulum* (ou a tradução hebraica de Falakera, em *Reshit Hokhmah*, ed. David, p. 59). Para as duas palavras arábicas que significam "ações", ver, por exemplo, III, 25 (57a; 368, 8 e 10).
[119] I-III, 24.
[120] III, 8.
[121] III, 23 (50b-51a; 360, 1-14); 54 (135a; 470, 21-26).
[122] III, 24 (54a; 364, 16 e 20s).

seu principal conteúdo aos leitores que estão mais interessados na questão literária do que na questão filosófica. Há livros cujas frases se assemelham a estradas, até mesmo a rodovias. Há também, no entanto, livros cujas frases parecem caminhos tortuosos que contornam precipícios encobertos por bosques cerrados, às vezes até cavernas extensas e muito bem escondidas. Essas profundezas e cavernas não são percebidas pelos trabalhadores ocupados que se apressam para chegar aos campos, mas se tornam cada vez mais conhecidas e íntimas ao viajante ocioso e atento. Afinal, toda frase não é rica em recessos possíveis? Todo substantivo não pode ser explicado por uma oração adjetiva capaz de afetar profundamente o significado da frase principal e que, ainda que omitida por um autor cauteloso, será lida mesmo assim pelo leitor igualmente cauteloso?[123] Milagres não podem ser operados por pequeninas palavras como "quase",[124] "talvez", "aparentemente"? O sentido de uma frase não pode assumir um matiz diferente quando ela toma a forma de uma oração condicional? E não é possível esconder a natureza condicional dessa frase transformando-a numa frase demasiadamente longa, de modo especial inserindo nela um parêntese bastante extenso? É a uma oração condicional desse gênero que Maimônides confia sua definição geral de profecia.[125]

VI. O *Guia* e o código

Como vimos, o *Guia* se debruça sobre a verdadeira ciência da lei, a qual se distingue da ciência da lei tomada em sentido comum, isto é, da *fiqh*. Resta examinar se, de acordo com Maimônides, os dois tipos ou partes da ciência da lei possuem igual dignidade ou se um é superior ao outro.

Muitos argumentos tendem a demonstrar que Maimônides atribuía maior importância à *fiqh* – ou ao *talmud*,[126] para usarmos o termo hebraico – do que ao tema do *Guia*. (1) Ele chama o código talmúdico de "nossa grande obra" e descreve o *Guia* como "meu tratado". (2) O código talmúdico exer-

---

[123] Ver, a esse respeito, I, 21 (26a; 33, 11-17), 27 até o final.
[124] Ver III, 19 (39a; 345, 6).
[125] II, 36 (78b-79b; 262, 2-263, 1). Ver Munk, *Guia*, II, 284, n. 1. Outros exemplos do mesmo método figuram em II, 51 (127b; 460, 27-461, 1) [ver Munk, *Guia*, III, 445, n. 2] e III, 18 (39a; 344, 22).
[126] Comparar III, 54 (132b; 467, 19-22) com M. T., *Talmud Torah*, 1, 11.

ceu grande influência sobre o judaísmo tradicional, com o que o *Guia*, que já havia sido sobrepujado pelo *Zohar*[127] em interesse popular dois ou três séculos após sua publicação, não podia competir. (3) Mesmo sob as circunstâncias profundamente diferentes de hoje, a *Mishné Torá* é capaz de suscitar emoções fortes e profundas nos leitores modernos, enquanto o *Guia* quase não desperta o interesse daqueles que não são historiadores. (4) Se o tema da *Mishné Torá* é facilmente averiguável, a questão do campo a que pertencem os temas do *Guia* é assaz desconcertante; não se trata de uma obra filosófica ou teológica, tampouco de um livro de religião.[128] (5) O código é confeccionado como uma "repetição da Torá", ao passo que o "tratado" nada mais é do que um "guia dos perplexos". (6) A precedência da *fiqh* sobre o tema do *Guia* (a *ma'aseh bereshit* e a *ma'aseh merkabah*) é formulada expressamente por Maimônides quando ele afirma, defendendo o *talmud* contra os sábios do Talmude, por assim dizer, que "muito embora aquelas coisas [a explicação dos preceitos da Torá] fossem chamadas pelos sábios de pequenas – pois afirmaram eles que 'grande coisa é a *ma'aseh merkabah* e pequena é o exame de Abaye e Rava' –, elas devem ter primazia".[129] (7) Tendo chegado a esse ponto, talvez nos sintamos tentados a ir ainda mais longe e afirmar que o tema do *Guia* é subserviente ao *talmud* e está implícito nele. Maimônides, afinal, afirma que *pardes*, isto é, a *ma'aseh bereshit* e a *ma'aseh merkabah*, está incluído no *talmud*.[130] Esse raciocínio pode ser reforçado por (8) uma pista que, presente como está num livro como o *Guia*, é incomparavelmente mais relevante do que uma declaração explícita. Maimônides explica a verdadeira ciência da lei no início de sua obra, ao passo que deixa para o último capítulo a explicação do sentido de *fiqh*. Para compreendermos essa pista, devemos lançar mão de outra pista contida nos "títulos" do primeiro e último capítulos. O primeiro capítulo começa com a palavra "Imagem", enquanto o último se inicia com o termo "Sabedoria". Isso indica que os leitores do *Guia* são conduzidos desde a "Imagem", a esfera da imaginação, à "Sabedoria", o âmbito da inteligência: o caminho tomado pelo leitor do *Guia* é uma ascensão do inferior ao superior – na verdade, do conhecimento mais baixo ao conhecimento mais elevado. Ora, o último dos temas sobre os quais o *Guia* se debruça é a lei propriamente dita, isto é, os mandamentos e as proibições

---

[127] Ver G. Scholem, *Die Geheimnisse der Schöpfung. Ein Kapitel aus dem Sohar*. Berlin, 1935, p. 6 ss.
[128] Ver p. 56-57.
[129] M. T., *Yesodei ha-Torah*, 4, 13.
[130] M. T., *Talmud Torah*, 1, 12.

da Torá, e não a *ma'aseh bereshit* e a *ma'aseh merkabah*, abordadas nas seções precedentes. Como consequência, os preceitos da lei, longe de serem "coisa pequena", constituem na verdade o mais sublime dos temas; elas são o fim e o objetivo da ciência da lei verdadeira. (9) Essa conclusão é confirmada por uma declaração expressa de Maimônides, que define a seguinte ordem de dignidade: (a) o conhecimento da verdade fundamentado apenas na tradição; (b) o mesmo conhecimento, mas fundamentado na demonstração; (c) a *fiqh*.[131] (10) Essa hierarquia também está de acordo com a afirmação dos sábios de que o mais importante não é a ação, mas o estudo, e de que as ações são determinadas pela *fiqh*. Essa hierarquia é imitada em toda a disposição do *Guia*, uma vez que Maimônides atribui a explicação das leis ao último grupo de capítulos da obra e explica o significado de *fiqh* em seu capítulo derradeiro: o final é a melhor parte.

Mesclamos aqui todas as provas em prol da visão de que Maimônides atribuía mais importância à *Mishné Torá* do que ao *Guia*, e esperamos não ter deixado escapar um só argumento que foi ou poderia ser utilizado em seu favor. Por mais impressionantes que possam parecer à primeira vista, porém, esses argumentos não possuem qualquer validade. O segundo e terceiro argumentos são completamente irrelevantes; não refletem a convicção de Maimônides, mas apenas o que outras pessoas pensavam, ou pensam, sobre a questão. Tampouco o quarto argumento pode ser levado a sério, visto que também ele não se baseia numa declaração de Maimônides e que a natureza desconcertante do tema de um livro não necessariamente prova, por si só, sua condição inferior; o exemplo da *Metafísica* de Aristóteles é preciso. Desse modo, devemos nos voltar aos sete argumentos que, ao menos de forma aparente, se baseiam naquilo que Maimônides explícita ou implicitamente declarou.

A conclusão obtida a partir da descrição da *Mishné Torá* como "nossa grande obra" e do *Guia* como "meu tratado" tem pouco peso. Ela, afinal, se baseia numa pista, e até agora nenhuma evidência foi apresentada que prove ou revele por que Maimônides se viu impedido de declarar abertamente que a *halakha* possui mais dignidade do que o tema do *Guia*. A descrição da *Mishné Torá* como uma "grande" obra pode muito bem se referir a seu tamanho, e não à sua dignidade; é bastante natural, afinal, que um código seja mais extenso do que um exame de "raízes". Ou deveríamos acreditar que Maimônides dava mais valor ao "grande livro" que o sabeu Ishaq dedicara "às leis dos sabeus, aos

---

[131] III, 54 (132b; 467, 18-25).

detalhes de sua religião, de suas festas, de seus sacrifícios, de suas orações e de outros temas religiosos" do que ao "livro", do mesmo autor desconhecido, "sobre a defesa da religião dos sabeus"?[132] Além disso, não sabemos se Maimônides de fato chamava o *Guia* de "tratado", e não de "discurso", e a *Mishné Torá* de "obra". "Obra" seria sinônimo de "livro".[133] Embora Maimônides tenha por costume empregar ambos os termos indiscriminadamente, há ao menos um caso em que ele insinua uma distinção entre *kitab* (*sefer*, "livro") e *ta'lif* (*hibbur*, geralmente traduzido como "obra"). Ele o faz ao falar das contradições encontradas "em qualquer livro ou em qualquer *ta'lif*".[134] Em seu comentário sobre essa passagem, Abravanel sugere que Maimônides usa "livros" para indicar os livros por excelência, isto é, a Bíblia, ao passo que emprega *tawalif* (ou melhor, *hibburim*) para indicar a literatura talmúdica e filosófica. Por mais que devamos agradecer a Abravanel por ter assinalado o problema, certamente não podemos aceitar sua solução. Afinal, na mesma seção do *Guia* Maimônides também menciona os "livros" dos filósofos.[135] Por outro lado, duas linhas abaixo desta distinção, o autor aplica a palavra *ta'lif* a obras como a Mishná, os Baraitot e a Guemará.[136] Sugerimos então que, ao distinguir ocasionalmente entre "livros" e *tawalif*, Maimônides desejou assinalar de uma vez por todas a distinção entre escritos como a Bíblia e as obras dos filósofos, de um lado, e um tipo diferente de literatura, exemplificado pela compilação talmúdica, do outro. Com efeito, "compilação" seria uma tradução mais literal de *ta'lif* ou *hibbur* do que "obra" ou "livro". Nós sabemos, a partir do exemplo da *makala*, que ao empregar uma palavra enfaticamente Maimônides a emprega sempre em seu sentido originário – o qual muitas vezes está ainda mais oculto –, e não em seu significado derivado e mais convencional. Desse modo, quando usado enfaticamente por Maimônides, convém-nos traduzir *ta'lif* ou *hibbur* como

---

[132] Ver III, 29 (66b; 380, 13-15).
[133] Ver a observação de Louis Ginzberg, s. v. *hibbur*, no apêndice de I. Efros, *Philosophical Terms in the Moreh Nebukim*. New York, 1924. Ver p. 47.
[134] I, Introd. (9b; 11, 7-8).
[135] I, Introd. (11b; 13, 8). O comentário de Abravanel pode ter sido sugerido por um equívoco de Ibn Tibbon (ou de um copista, ou de um tipógrafo), uma vez que, nas edições da tradução de Ibn Tibbon que possuímos, a expressão "os livros dos filósofos" é traduzida por "as palavras dos filósofos". Todavia, é também possível que essa sugestão tenha se dado em virtude de I, 8 (18b; 22, 26-27), em que uma distinção é traçada entre os "livros" dos profetas e as *tawalif* (ou *hibburim*) dos "homens da ciência".
[136] Comparar I, Introd. (10a, 11, 10) com ibidem (10b-11a; 12, 12-19).

"compilação", e não "obra". Uma vez que ele está sendo enfático ao chamar regularmente a *Mishné Torá* de *ta'lif* ou *hibbur*, é mister substituir a habitual tradução "nossa grande obra" por "nossa grande compilação".[137] Maimônides, portanto, não distingue o *Guia* da *Mishné Torá* do mesmo modo como distingue um tratado de uma obra sublime, e sim do modo como distingue uma comunicação confidencial de uma compilação extensa.

Não passa também de uma falácia popular o pressuposto de que, por chamar a *Mishné Torá* de "*nossa* grande composição" e o *Guia* de "*meu* tratado", Maimônides atribui maior dignidade àquela do que a este. O plural, afinal, não é necessariamente um *pluralis majestatis*. A relevância do singular e do plural no uso maimonidiano se revela de modo mais claro no exame da Providência. Ali, ele distingue, com uma clareza difícil de ser superada, a "*nossa* opinião" da "*minha* opinião". Ele apresenta "aquilo em que eu creio" como uma interpretação de "nossa opinião, isto é, a opinião da lei", e em seguida contrasta-o com a interpretação aceita por "nossos especialistas de um modo geral". Um pouco depois, ele distingue a opinião de "nossa comunidade religiosa" sobre o conhecimento divino do "meu discurso" sobre o mesmo tema.[138] De modo ainda mais explícito, diferencia tanto "aquilo que dizemos nós, isto é, a comunidade dos adeptos da lei" quanto "nossa crença" da opinião dos filósofos e daquilo que "eu digo". Por fim, ele distingue "a opinião de nossa lei", a qual antes fora identificada com "nossa opinião", da opinião correta ou "minha".[139] Podemos explicar essa distinção da seguinte forma: a "nossa opinião" se fundamenta no sentido literal da Bíblia, ao passo que "minha opinião" concorda com a intenção bíblica, isto é, com seu sentido oculto ou secreto. Com efeito, a "minha opinião" reconcilia a visão inteligível com o sentido literal da Bíblia.[140] "Minha opinião" se distingue de "nossa opinião" por incluir uma

---

[137] A adequação dessa tradução se torna plenamente clara quando examinamos a forma como Maimônides emprega, em sua introdução à M. T., os termos חבר e חבור em contraste com os termos כתב e ספר. A M. T. é uma חבור porque ele a compusera לחבר דברים המתבררים מכל אלו החבורי׳ז (isto é, a partir das literaturas talmúdicas e gaônicas). Ver *Teshuvah*, 4, 7 (86b 11 Hyamson). Para o significado original de חבור, ver também *Yesodei ha-Torah*, 1, 11; 3, 7. A sugestão, feita por L. Blau (em W. Bacher et alli. *Moses ben Maimon*. Leipzig, G. Fock, 1908, vol. II, 339 ss), de que חבור corresponde a *summa*, distinguindo-se assim de *commentatio*, é descartada à luz do fato de tanto a M. T. quanto o C. M. serem chamados por Maimônides de *hibburim* (ou *tawalif*). Ver, por exemplo, I, 71 (93b; 121, 19).
[138] III, 17 (34b; 338, 21-24). Ver ibidem (35b; 340, 10 ss). III, 18 até o final.
[139] III, 20 (41a-42a; 347, 21-348, 16); 23 (49b; 358, 26-359, 1).
[140] III, 17 (34b-35b; 338, 22; 339, 16; 340, 13 ss). Ver ibidem, (37b; 342, 26-27).

ideia adicional que só é revelada após um exame cauteloso e que constitui a única coisa que de fato importa. "Nossa opinião", por sua vez, é a opinião a que todos consentem e que todos repetem, não transmitindo nenhuma ideia que seja própria de um indivíduo, muito menos da "minha opinião".[141] Embora a equivalência entre a opinião correta e a "minha opinião" ainda deva ser provada, e embora no presente estágio da investigação seja precipitado excluir a possibilidade de também a "minha opinião" ser uma opinião exotérica, é importantíssimo perceber, quanto a isso, que a distinção entre "nossa opinião" e "minha opinião" é característica não somente do exame que Maimônides faz da Providência, mas também de todo o *Guia*. Com efeito, essa é a visão ponderada de um comentador medieval, que vê na distinção entre a opinião dos "especialistas de um modo geral" e a "minha opinião" a mera aplicação de um princípio genérico que Maimônides enuncia no início de seu livro, quando cita Provérbios 22,17.[142] Ele acredita que esse versículo significa "Prepara teus ouvidos e fica atento às palavras dos sábios,[143] *mas* aplica teu coração à minha opinião". Desse modo, o versículo define desde já que o princípio do *Guia* é revelar "minha opinião" como um "acréscimo" à "nossa opinião". A obra, portanto, é denominada "meu discurso". Essa conclusão é confirmada, e não refutada, pela citação imediatamente precedente de Provérbios 8,4: "A vós, homens, eu chamo; aos filhos do homem me dirijo". Na interpretação de Maimônides, isso significa que seu chamado se dirige aos poucos indivíduos eleitos que tomavam parte na natureza angélica, ao passo que seu discurso articulado se destina ao vulgo.[144] De fato, como já se demonstrou, "meu discurso" está longe de equivaler a "meu discurso articulado"; é muito mais provável que esse termo, ou talvez "minha opinião", seja igual a "meu chamado". Desse modo, repetimos, o *Guia* é o "meu discurso" que revela a "minha opinião", a qual, por sua vez, se distingue da "nossa opinião" expressa na "nossa compilação", isto é, na *Mishné Torá*, em que Maimônides aparece, de modo geral, como porta-voz da comunidade ou da tradição judaica. Uma vez, pode-se objetar, que Maimônides claramente subordinava suas visões às

---

[141] III, 23 (50a; 359, 4-15).
[142] Shem Tov sobre III, 17 (34b; 338, 21-24): חכמים ולבד תשית לדעתי וצל זח וצל כיוצא בו נאמר הט אזנך ושמע דברי. Ver também idem sobre III, 18 in fine. Ver também W. Bacher, MbM, III, p. 180.
[143] Ver II, 33 (76a; 257, 26-258, 1); M. T., *Yesodei ha-Torah*, 4, 13. Ver também C. M. sobre Sinédrio X (Holzer, p. 9, ou Pococke, p. 147).
[144] I, 14; M. T., *Yesodei ha-Torah*, 2, 7.

visões da tradição judaica, chamar o *Guia* de "meu" livro e a *Mishné Torá* de "nosso" livro ainda assim revelaria que, para ele, esta última possui maior dignidade. Devemos examinar, portanto, os seis argumentos restantes.

O quinto argumento se baseia nas pistas fornecidas pelos títulos dos dois livros; uma "repetição da Torá" deve ser de ordem muito superior a um mero "guia dos perplexos". Não objetaremos que o título daquela não deve ser traduzido como "repetição da Torá", e sim como "o segundo [livro] após a Torá". É bem verdade que esta segunda versão se baseia na única declaração explícita em que Maimônides justifica o título de seu código.[145] No entanto, um livro que é inferior a outro e que reafirma sua única interpretação autêntica também pode ser chamado, com justiça, de repetição.[146] A *Mishné Torá* é sem dúvida uma repetição da lei oral, que, por sua vez, segundo Maimônides, é a única interpretação autêntica da Torá (escrita). Quase não se faz necessário acrescentar que a alusão ao Deuteronômio está longe de ser involuntária. Não podemos esquecer, porém, que, um pouco antes de Maimônides, Abraham bar Hiyya deduzira, a partir da tradicional descrição do quinto livro de Moisés como "Mishné Torá", que uma distinção deve ser traçada entre a Torá, isto é, o segundo, o terceiro e o quarto livros de Moisés, e a Mishné Torá, o livro quinto. Segundo Abraham, que antecipou, por assim dizer, o resultado mais importante da crítica bíblica moderna, a Torá regula a "ordem de serviço", isto é, de culto, que deve ser seguida pela "sagrada congregação", a qual dá pouco valor às coisas mundanas, de modo particular à defesa nacional. Essa "ordem de serviço" é a regra de vida que Israel seguiu enquanto vagava pelo deserto – período em que era protegido de maneira miraculosa contra qualquer ameaça externa – e que também deve ser seguida sempre que estiver em exílio e, incapaz de defender-se de seus adversários, precisar confiar exclusivamente na misericórdia de Deus. A Mishné Torá, por sua vez, acrescenta à "ordem de serviço", por ela pressuposta ou repetida, "a ordem do serviço ao reino"; este se destina ao "reino justo", uma comunidade apegada às coisas mundanas e preocupadas com a defesa nacional. Dedicada

---

[145] Ver Blau, MbM, II, p. 338. A partir desse fato, por ele assinalado, Blau conclui que "a sabedoria do livro se encontra condensada na palavra חבור"; ou seja, ela não é expressa pelas palavras *Mishné Torá*. E ele acrescenta em itálico: "Na verdade, o nome *Mischné Torá* não é repetido por Maimônides". Caso estivesse correta essa afirmação, esta certamente deveria vir em itálico, uma vez que mostraria que Maimônides atribuía importância assaz elevada e secreta ao nome *Mishné Torá*. Na verdade, contudo, creio que esse nome seja repetido umas dez vezes no *Guia*.

[146] Ver S. Zeitlin, *Maimonides*. New York, Bloch Publishing co., 1935, p. 86.

sobretudo a questões de jurisdição – de modo particular à vida agrícola – e às leis relativas aos reis e às guerras, ela estabelece uma regra de vida que Israel seguiu enquanto viveu em sua própria terra.[147] Ouso sugerir que Maimônides tinha em mente a interpretação de Abraham bar Hiyya quando escolheu o nome *Mishné Torá* para seu código, o qual continha não apenas as leis do exílio, mas também as leis da terra; ouso sugerir também que há uma razão, implícita na interpretação de Abraham, que levou Maimônides a concluir seu código de maneira tão impressionante, tratando das leis que diziam respeito aos reis e suas guerras. Ao traduzir o título como "repetição da Torá", também levamos em consideração o significado peculiar que a palavra *repetição* assume quando usada por Maimônides. No entanto, por acaso o fato de a *Mishné Torá* ser uma repetição da Torá nos daria o direito de presumir que para Maimônides a obra ou seu tema eram mais importantes do que o *Guia* ou seu tema? "Repetição da Torá" é uma expressão ambígua: ela pode significar uma repetição que reproduz a Torá de acordo com suas proporções externas ou uma reprodução que diz respeito às proporções ocultas e verdadeiras de seus vários temas. Não pode haver dúvidas de que o código só reproduz a Torá de acordo com suas proporções externas. A Torá, afinal, compõe-se de "opiniões" verdadeiras e de "ações"; e, embora as "ações" sejam determinadas por elas em cada uma de suas partes e com extrema precisão, as verdadeiras "opiniões" só são indicadas num reduzido esboço. Essa proporção foi mantida intacta pelo Talmude, uma vez que os sábios talmúdicos costumavam falar de preceitos e costumes, e não de opiniões e crenças.[148] Exatamente da mesma forma, a *Mishné Torá* lida de modo assaz minucioso com as "ações", abordando as verdades fundamentais somente de modo breve e alusivo (muito embora empregue alusões que se aproximam de enunciações claras), casualmente.[149] O *Guia*, por sua vez, se dedica sobretudo, talvez até com exclusividade, às "opiniões". Ora, as "opiniões" são tão superiores às "ações" quanto a alma é superior ao corpo. Desse modo, o objetivo supremo da Torá é a regulação de nossas opiniões, ao que é subserviente à ordem das ações que ela prescreve.[150] Por conseguinte, a verdadeira proporção dos temas da Torá é imitada não pela *Mishné Torá*, que se dedica à ciência da lei em seu sentido comum, mas pelo *Guia*, cujo foco é a verdadeira ciência da lei. Concluímos, portanto, que, en-

---

[147] Abraham bar Hiyya, *Hegyon ha-Nefesh*. Leipzig, Vollrath, Freiman (ed.), 1860, p. 38a-39b.
[148] III, 27 (59b e 60a; 371, 29s; 372, 9s); 28 (60b-61a; 373, 7-17); I, Introd. (11a-b; 13, 2-5).
[149] I, Introd. (3b e 6a; 3, 7; 6, 8-9); I, 71 (97a; 125, 14).
[150] III, 27.

quanto a *Mishné Torá* é a "repetição da Torá" *simpliciter*, o *Guia* é a "repetição da Torá" por excelência.¹⁵¹ Caso se levante a objeção de que o *Guia* não assinala que ele mesmo é uma imitação da Torá, devemos apenas apontar para a afinidade que há entre *guia* e *orientação* (*torah*).¹⁵² O *Guia* é uma repetição ou imitação da Torá particularmente adequada aos "perplexos", ao passo que a *Mishné Torá* é uma repetição dedicada sobretudo àqueles que não o são.

O sexto argumento, que se refere à explícita declaração de Maimônides a respeito da precedência da *fiqh*, ignora que ele é incapaz de contradizer a máxima talmúdica que diz que o "exame de Abaye e Rava" é "coisa pequena" se comparado à *ma'aseh merkabah*. Maimônides apenas explica essa máxima acrescentando-lhe a observação de que o conhecimento dos preceitos deve preceder o interesse pelos tópicos secretos. Com efeito, o conhecimento dos preceitos é indispensável à sua execução, que ao mesmo tempo é indispensável à compostura da mente e ao estabelecimento da paz e da ordem, as quais por sua vez se fazem indispensáveis à aquisição da "vida do mundo vindouro" ou à aquisição de opiniões verdadeiras.¹⁵³ Ou seja, o conhecimento dos preceitos nada mais é do que um meio cujo fim é apenas um meio para o fim supremo, isto é, para a compreensão da *ma'aseh bereshit* e da *ma'aseh merkabah*. O conhecimento dos preceitos antecede, portanto, o conhecimento dos segredos, do mesmo modo como os meios precedem o fim. Maimônides acrescenta ainda outra razão: os preceitos podem ser conhecidos por todos, pelos jovens e pelos velhos, pelos que não são inteligentes e pelos que o são, ao passo que o ensinamento secreto, claro e manifesto somente aos "homens de especulação", não era assimilado plenamente nem por alguns dos mais sábios do Talmude.¹⁵⁴ Concluímos, assim,

---

¹⁵¹ Uma alusão a essa relação pode ser verificada no fato de a M. T. consistir em 14 (= 2 x 7) livros e os preceitos da lei também serem divididos, no *Guia*, em 14 grupos, enquanto a explicação do segredo supremo da Torá, isto é, da *ma'aseh merkabah*, é fornecida em sete capítulos. Compare também os 49 (= 7 x 7) capítulos que conduzem da "Imagem" aos "Anjos", isto é, a um assunto que só é inferior a um tema, e os 70 (= 10 x 7) capítulos que conduzem da "Imagem" ao *rakab*, isto é, à raiz gramatical de *merkabah*. Para que compreendamos o número setenta, precisamos ter em mente que a palavra *adamiyyun* aparece dez vezes no *Guia* – se não estou enganado – e que a Torá fala segundo a linguagem dos *benei adam*. A palavra *adam* é explicada no Capítulo 14 do *Guia*; o número do capítulo que explica os vários sentidos de homem é igual ao número de livros da M. T. ou das partes da lei. Ver também acima, n. 137.
¹⁵² Compare a explicação da *torah* como *hiddaya*, em III, 13 (25a; 327, 10s) e I, 2 (13b; 16, 9), com o emprego sinônimo de *hada* e *dalla* em II, 12 (26b; 195, 27). Ver também III, 45 (101a; 425, 17).
¹⁵³ M. T., *Yesodei ha-Torah*, 4, 13. Ver M. T., *Teshuvah*, 8, 5-6, 14; M. N., III, 27 (59b; 371, 25-28).
¹⁵⁴ III, Introd. (2a; 297, 6-8, 19-10). Ver também I, 17, M. T., *Yesodei ha-Torah*, 4, 13.

que a precedência atribuída por Maimônides ao conhecimento dos preceitos é apenas uma prioridade temporal, e não uma dignidade superior.

O sétimo argumento se baseia na declaração de que a *ma'aseh bereshit* e a *ma'aseh merkabah* pertencem ao *talmud*. Maimônides formula esse enunciado com relação à sua divisão do estudo da Torá em três partes: o estudo da Torá escrita, o estudo da Torá oral e o Talmude. O estudo dos escritos proféticos e dos hagiógrafos pertence ao estudo da Torá escrita; o estudo de suas explicações integra a Torá oral; e o estudo dos temas secretos é incluído no *talmud*.[155] Para que possamos compreender essa declaração da maneira certa, devemos primeiro ter em mente que o *talmud* pode ser usado ambiguamente com relação a certos grupos de escritos (os Talmudes da Babilônia e de Jerusalém) e com relação a um tipo peculiar de estudo. No primeiro sentido, a declaração de que os assuntos secretos pertencem ao *talmud*, e não à Torá escrita ou oral, indicaria que eles são encontrados no Talmude, e não na Bíblia,[156] mas isso não teria qualquer impacto sobre a subordinação do ensinamento secreto à *fiqh*. Se tomarmos o *talmud* – como provavelmente é o certo – em seu segundo sentido, à primeira vista pareceria que Maimônides subordina o estudo dos assuntos secretos à *fiqh*, do mesmo modo como ele certamente subordina o estudo dos escritos proféticos e dos hagiógrafos ao estudo do Pentateuco. Mas o que ele de fato diz? Partindo do implícito pressuposto de que todos os estudos de valor são abarcados pelo estudo da Torá, Maimônides levanta a questão: a que parte desse estudo pertence o estudo daquela "grande coisa" (isto é, do ensinamento secreto)? E ele responde: uma vez que os assuntos secretos são os mais difíceis,[157] seu estudo deve pertencer à parte mais avançada do abrangente estudo da Torá, isto é, ao *talmud*. Ele não descarta a possibilidade de esse estudo mais avançado ser subdividido em duas partes distintas: a *fiqh* e a verdadeira ciência da lei.[158] Na realidade, Maimônides alude a essa possibilidade quando afirma que os homens, tendo alcançado um estágio avançado de sabedoria, deveriam dedicar-se quase exclusivamente ao *talmud*, fazendo-o de acordo com seu nível de inteligência.

O décimo argumento se baseia na afirmação do rabino Simeon ben Gamaliel, para quem o mais importante não era o estudo, mas a ação, e no pressuposto de que Maimônides deve ter aceitado essa declaração em seu sentido aparente.

---

[155] M. T., *Talmud Torah*, 1, 12.
[156] Ver I, 71 (93b e 94a; 121, 11s, 25s) e a passagem paralela em III, Introd. (2b; 297, 17s).
[157] M. T., *Yesodei ha-Torah*, 2, 12; 4, 11, 13.
[158] I, Introd. (3a; 2, 12-14); III, 54 (132a-b; 467, 2-22).

Segundo sua explicação,[159] porém, ela se refere apenas a discursos sobre leis e virtudes e se limita a exigir que as ações do homem estejam de acordo com seus discursos que exprimem pensamentos obedientes e virtuosos. Fora isso, ele reconhece expressamente, na *Mishné Torá*, que o estudo da Torá é superior em dignidade a todas as outras ações.[160] No último capítulo do *Guia*, sobretudo, ele afirma que a maioria dos preceitos da lei não passa de um meio para a aquisição da virtude moral, a qual, por sua vez, é apenas um meio subserviente ao verdadeiro fim, a saber: a virtude especulativa ou o verdadeiro conhecimento das coisas divinas.[161]

À luz dessa afirmação maimonidiana e do lugar em que ela se encontra, o oitavo argumento deixa de ser razoável. Com efeito, se o primeiro "título de capítulo" do *Guia*, isto é, "Imagem", fosse contrastado com um título final, "Sabedoria", certamente seríamos obrigados a concluir que todos os leitores do *Guia* devem ascender do conhecimento inferior para o conhecimento superior. Acontece, porém, que o último "título de capítulo" não é "Sabedoria", mas "A palavra sabedoria". Ora, "A palavra sabedoria" não é necessariamente superior a "Imagem", do que dá prova o fato, constantemente presente no espírito de Maimônides, de que muitos eruditos que vivem num mundo de ideias imaginárias e imaginativas denominam "sabedoria" ou "especulação" a posse e o uso dessas ideias. "Sabedoria", por outro lado, se compreendida da maneira certa, indica algo absolutamente superior a "imagem"; o homem que compreende a palavra sabedoria de acordo com seu verdadeiro significado superou, ou está em vias de superar, suas visões imaginárias. O equívoco "título" final, quando contrastado com o inequívoco "título" primeiro, indica a ambiguidade inerente à leitura do *Guia*. Seu leitor pode ascender das visões imaginárias à verdadeira sabedoria, mas também pode permanecer em seu mundo de imaginação o tempo todo, de tal maneira que ao final chega à mera palavra "sabedoria", a qual não é nada mais do que uma sombra ou imagem da sabedoria propriamente dita. No entanto, apliquemos a esses leitores a máxima maimonidiana segundo a qual não há por que mencioná-los nesse ponto de seu tratado.[162] Pensemos apenas naquele leitor a que o *Guia* se destina e que, após ter sido submetido à sua instrução, certamente terá substituído suas visões imaginárias por visões inteligentes. Para ele, o estudo do *Guia* é uma ascensão

---

[159] C. M. sobre Avot, I, 17.
[160] *Talmud Torah*, 1, 3; 3, 3-5.
[161] III, 54 (133b-134b; 468, 22-470, 11).
[162] I, Introd. (4b; 4, 11-12).

da forma mais baixa para a forma mais alta de conhecimento. Isso significa que, ao compreender o último capítulo ou o último grupo de capítulos, ele terá alcançado um conhecimento mais completo do que aquele que tinha antes de lê-lo. No entanto, isso não indica necessariamente, como é óbvio, que os temas tratados no último grupo de capítulos possuem superior dignidade.

A fim de assimilarmos o princípio que subjaz à disposição dos vários temas do *Guia*, devemos recordar-nos de seu objetivo original: repetir a Torá de acordo com a proporção oculta de seus temas. Uma vez que a Torá foi entregue aos homens pelas mãos de um profeta intermediário, talvez nos seja permitido substituí-la temporariamente pela profecia. Maimônides afirma que a ascensão do profeta ao conhecimento mais elevado é acompanhada de sua descida ao encontro do "povo da terra", isto é, de seu governo e instrução.[163] O profeta, portanto, não é apenas um homem que alcançou o conhecimento supremo – um grau de conhecimento que não é alcançado pelos meros filósofos –, mas também um homem capaz de desempenhar as funções políticas mais elevadas.[164] Uma combinação semelhante de excelência teórica e política se faz necessária à compreensão do ensinamento secreto dos profetas.[165] Uma vez que o *Guia* é dedicado à interpretação desse ensinamento secreto, Maimônides também terá imitado, de uma forma ou de outra, a maneira dos profetas. Sem dúvida, o profeta está apto a desempenhar a função política de governar o "povo da terra" e de instruí-lo pelo poder de sua imaginação, isto é, por sua capacidade de representar a verdade ao vulgo por intermédio de imagens ou palavras, como Maimônides claramente anuncia na definição

---

[163] I, 15 (22b; 28, 4-7). Ver Platão, *República*, VII, 519c8-520a4 (também 514a, 517d5).
[164] Que Maimônides concebia os profetas como estadistas também fica claro à luz da principal divisão dos preceitos afirmativos no S. M. (ou na enumeração dos 613 mandamentos inserida no início da M. T.). Ali, ele lista primeiro os preceitos que regulam as relações entre o homem e Deus e depois aqueles que ordenam as relações entre os homens. (Ver os comentários de Peritz em W. Bacher et alli., *Moses ben Maimon*. Leipzig, G. Fock, 1908, I, p. 445 ss). A segunda classe desses preceitos (n. 172-248) tem início com os mandamentos que tratam do profeta, do rei e da alta corte; o profeta é claramente o chefe da organização política. Ver II, 40 (85b-86a; 270, 24-27). A questão da relação entre o rei e o sacerdote é abordada em Ibidem, III, 45 (98b; 422, 9-13). O quanto Maimônides aceitava o ensinamento dos *falasifa*, segundo os quais a "cidade sacerdotal" era um dos regimes nocivos, é questão que deve permanecer em aberto. Ver Ibn Bajja, *Kitab Tadbir al-Mutawahhid*, capítulo 1, no extrato de Moses Narboni, editado por D. Herzog, p. 8; e Averroes, *Paraphrasis in Republ. Plat.*, tr. 3. In: *Opp. Aristotelis*. Veneza, 1550, III, 187c19-24.
[165] Ver p. 57 ss.

geral de profecia e no capítulo que lhe dá sequência.[166] O autor mesmo, porém, procura substituir as parábolas por outro método de representação da verdade. Não obstante, a semelhança fundamental entre o profeta, portador do ensinamento secreto, e o intérprete desse ensinamento permanece inalterada por essa mudança metodológica. Assim, temos desde o início o direito de esperar que a sequência de assuntos do *Guia* imite o modo dos profetas, isto é, a ascensão seguida pela descida. Essa expectativa é justificada por sua estrutura real. Maimônides – ou seu leitor – escala lentamente desde as profundezas da "imagem" até a *ma'aseh merkabah*, isto é, até o tema supremo, o qual só é tratado integralmente no Livro III, Capítulos 1-7. Ao final dessa exposição, Maimônides declara que nada mais será dito sobre o assunto, e desse modo inicia o capítulo seguinte com o título: "Todos os corpos que ganham existência e perecem". Por fim, desce mais um degrau, passando da "opinião" às "ações". O mesmo caminho profético de ascensão e descida foi usado como modelo da ordem de estudos a que ele remetia os homens não proféticos e à qual aludimos no nono argumento: (1) o conhecimento da verdade fundamentado apenas na tradição; (2) o mesmo conhecimento, mas fundamentado na demonstração; (3) a *fiqh*. Com efeito, o conhecimento demonstrativo da verdade é o grau mais alto capaz de ser alcançado pelos que não são profetas.[167]

Resumindo, segundo Maimônides a *Mishné Torá* se dedica à *fiqh*, cuja essência é lidar com ações, enquanto o *Guia* lida com os segredos da Torá, isto é, sobretudo com opiniões ou crenças, as quais são abordadas demonstrativamente – ou ao menos do modo mais demonstrativo possível. As opiniões ou crenças demonstradas possuem, de acordo com Maimônides, uma dignidade absolutamente superior às boas ações ou à sua determinação exata. Em outras palavras, o principal tema do *Guia* é a *ma'aseh merkabah* – uma "grande coisa" –, ao passo que o principal tema da *Mishné Torá* são os preceitos, que constituem uma "coisa pequena". Por conseguinte, segundo Maimônides o tema do *Guia* possui uma dignidade absolutamente superior à do tema da *Mishné Torá*. Uma vez que a dignidade de um livro corresponde, *caeteris paribus*, à dignidade de seu tema, e uma vez que Maimônides, como demonstra a comparação das observações introdutórias que ele antepõe aos dois livros, não escreveu o *Guia* com

---

[166] Ver também Falakera, op. cit., 1902, p. 30.
[167] III, 54 (132b; 467, 18-27). Cf. I, 33 (36b; 47, 25-26).

menos engenho e cuidado do que o código, devemos concluir que a seus olhos o *Guia* era absolutamente superior em dignidade.

Fundamentada no princípio geral que subjaz ao conjunto de sua obra – e que em parte alguma é contradito por seu autor –, a conclusão de que o conhecimento da verdade é absolutamente superior em dignidade a qualquer ação é reforçada por certas declarações ou pistas ulteriores. Partimos da distinção, que o próprio Maimônides traça no início do *Guia*, entre a verdadeira ciência da lei e a *fiqh*. A primeira lida sobretudo com os segredos da Bíblia – ou, de modo mais genérico, com as opiniões e crenças secretas e públicas;[168] em outras palavras, ela demonstra as crenças que a lei ensina. No último capítulo, Maimônides repete essa distinção de uma forma um pouco diferente. Ali, ele distingue três ciências: a ciência da Torá, a sabedoria e a *fiqh*.[169] A ciência da lei, ou ciência da Torá, não demonstra os princípios básicos que a lei ensina, uma vez que a própria lei não os demonstra.[170] A *fiqh*, que no início do *Guia* fora identificada com a ciência da lei, agora diferencia-se claramente dela ou da ciência da Torá, assim como da sabedoria.[171] A sabedoria é a demonstração das opiniões ensinadas pela lei. Ora, o *Guia* tem como objetivo essa demonstração mesma, e assim a verdadeira ciência da lei, mencionada no início como o tema da obra, é idêntica à sabedoria, que se distingue tanto da ciência da lei quanto da *fiqh*. Maimônides repete, portanto, a distinção entre a verdadeira ciência da lei e a ciência da lei; no entanto, ele não mais chama a primeira de ciência da lei, mas de sabedoria, e não mais identifica a ciência (comum) da lei (ou da Torá) com a *fiqh*. A relação entre sabedoria e *fiqh* é explicada por intermédio de uma comparação: tendo chegado ao divino palácio, os estudiosos da *fiqh* apenas caminham ao seu redor, e somente a especulação sobre as "raízes", isto é, a demonstração das verdades básicas ensinadas pela lei, pode conduzi-los à presença de Deus.[172]

Embora Maimônides só revele sua visão ao final da obra, ele não deixa de oferecer pistas sobre ela antes, quando conveniente. Ao contar a história do abandonado projeto de escrever dois livros sobre as parábolas dos profetas e

---

[168] Comparar, por exemplo, I, 1 (12a; 14, 14), 18 (24a; 30, 7), com I, 35.

[169] III, 54 (132b; 467, 18-20).

[170] III, 54 (132a-b; 467, 2-9, 13-14).

[171] III, 54 (132a-b; 467, 18-23 e 7 e 13-14). Ver Ibidem III, 41 (88b; 409, 15-16); M. T., *Talmud Torah*, 1, 11-12.

[172] III, 51 (123b-124a; 455, 21-28). Em seu comentário sobre esse capítulo, Shem Tov afirma que "muitos eruditos talmúdicos declararam que Maimônides não escrevera esse capítulo e que, se de fato o houvesse escrito, ele deveria ser suprimido – ou melhor, ser lançado ao fogo".

sobre os Midrashim, ele afirma que inicialmente esses livros seriam destinados ao vulgo, mas depois percebeu que uma explicação como aquela não seria adequada a este nem satisfaria uma necessidade sua. É por isso que Maimônides se limitou ao exame breve e alusivo das verdades básicas da lei que encontramos em seu código. No *Guia*, contudo, como ele logo afirma, Maimônides se volta para o homem que estudou filosofia e que, muito embora creia nos ensinamentos da lei, se sente perplexo diante deles.[173] Essas frases, enigmáticas e elusivas como são, demonstram claramente que o *Guia* não se destinava ao vulgo e que a *Mishné Torá* não se destinava ao perplexo. Deveríamos então acreditar que esta última foi escrita para os estudiosos da filosofia que não haviam se sentido perplexos com relação aos ensinamentos da lei? Dificilmente, uma vez que Maimônides não se cansa de repetir que o código se dedica à *fiqh* e, consequentemente, àqueles que a estudam, os quais podem ou não ter familiaridade com a filosofia. Disso também dá provas sua incapacidade de discutir na *Mishné Torá*, de acordo com sua intenção primeira e principal, as verdades básicas da lei, o que só é feito de maneira incidental ou casual, por assim dizer.[174] Evidentemente, a *Mishné Torá* foi escrita também para aqueles que não haviam estudado filosofia e, portanto, não se sentiam perplexos; em outras palavras, ela se destinava a "todos os homens".[175] É esse o claro sentido da seguinte passagem do *Guia*: "Já pude explicar a todos os homens as quatro diferenças pelas quais a profecia de nosso mestre Moisés se distingue da profecia dos outros profetas; também o demonstrei e esclareci no Comentário sobre a Mishná e na *Mishné Torá*". O sentido de "todos os homens" (*al-nas kaffa*) é explicado casualmente em relação a uma expressão sinônima (*gami' al-nas*): "todos os homens, isto é, o vulgo".[176] Naturalmente, essa alusão ao caráter exotérico do código e do comentário deve ser levada em consideração não somente na interpretação dessas duas obras, mas também quando se tem em vista o entendimento adequado de todos os trechos reproduzidos no *Guia*.

Concluímos: a *Mishné Torá* se destina em primeiro lugar aos homens em geral, enquanto o *Guia* tem como destinatário o pequeno grupo de pessoas que são capazes de compreender por si sós.

---

[173] I, Introd. (5b-6a; 5, 18-6, 11).
[174] I, Introd. (3a; 2, 13-16); 71 (97a; 125, 23-24).
[175] Cf. M. T., *Yesodei ha-Torah*, 4, 13.
[176] II, 35 início; III, 22 (45b; 353, 10). Ver também M. T., Introd., 4b, 4-19 (Hyamson), e *Kobes*, 2, 15b.

4

A lei da razão no *Cuzari*

חכמת לשונו הרכה
תפלטני מריבי צס.
– *Halevi sobre R. Baruch*

Todo aquele que estuda a história da filosofia pressupõe, tacitamente ou não, com razão ou de maneira equivocada, que sabe o que é a filosofia ou o filósofo. Ao tentar transformar a noção necessariamente confusa com que dá início a suas investigações numa noção clara de filosofia, cedo ou tarde ele se vê diante daquilo que parece ser a implicação mais séria da pergunta "O que um filósofo é?": a relação entre a filosofia e a vida social ou política. Essa relação é prefigurada pelo termo "direito natural", expressão tão indispensável quanto suscetível a graves objeções. Se seguirmos o conselho de nossos grandes mestres medievais e solicitarmos que "*o* filósofo" nos ofereça sua visão, descobriremos que há coisas que são "justas por natureza". Partindo de Aristóteles, portanto, a questão crucial diz respeito não à existência de um *ius naturale*,[1] e sim à maneira como ele existe: ele "é" no mesmo sentido em que os números e algarismos "são"? Ou "é" num sentido diferente? Antes de mais nada, a pergunta pode ser reduzida a uma forma mais comum: o *ius naturale* seria um ditame da reta razão, um conjunto de regras essencialmente racionais?

---

[1] Ver o comentário de Tomás de Aquino sobre a *Ética* de Aristóteles, V, lect. 12 início: "[...] juristae [...] idem [...] nominant jus, quod Aristoteles justum nominat".

O problema foi formulado com alto grau de clareza por Marsílio de Pádua. Segundo ele, Aristóteles encara o *ius naturale* como um conjunto de regras convencionais, mas regras convencionais que são aceitas em todos os países – "por todos os homens, por assim dizer". Dependentes como são da instituição humana, essas regras só podem ser chamadas de *iura naturalia* metaforicamente. "Não obstante", afirma ele, "há pessoas que chamam de *ius naturale* o ditame da reta razão a respeito dos objetos da ação". Opondo-se a isso, ele observa que a própria racionalidade dessa concepção de *ius naturale* impede que ele seja aceito universal ou genericamente – e assim, acrescentamos, impede que equivalha àquele φυσικὸν δίκαιον ou κοινὸς νομός que Aristóteles tinha em mente.[2] Ao rejeitar, em nome de Aristóteles, a visão de que o *ius naturale* é um conjunto de regras essencialmente racionais, Marsílio, um aristotélico cristão, se opõe de modo particular ao aristotélico cristão Tomás de Aquino, que havia dito que, segundo Aristóteles, o "justum naturale" é "rationi inditum" e que definira a "lex naturalis" como "participatio legis aeternae in rationali creatura".[3]

Retornando aos aristotélicos judeus, Maimônides não optou por empregar o termo "direito natural" em seu exame dessa questão basilar.[4] Qualquer

---

[2] Marsilius of Padua, *Defensor Pacis*, II, c. 12, sect. 7-8. Ver também ibidem, I, c. 19, sect. 13: "iure quodam *quasi* naturali". [Edição brasileira: Marsílio de Pádua, *O Defensor da Paz*. Trad. José Antônio Camargo Rodrigues de Souza. Petrópolis, Vozes, 1997.]. A questão da relação do φυσικὸν δίκαιον, tal qual examinado na *Eth. Nic.* 1134b 18ss, com o κοινὸς νομός, tal qual examinado na *Retórica*, I, 13, 2, deve ficar em aberto. Ver, neste capítulo, n. 5.

[3] Comentário sobre a *Ética*, VIII, lect. 13 (e ibidem V, lect. 15). *Summa Theologica*, 12, quaest. 91, art. 2. O promíscuo emprego de "lex naturalis" e "ius naturale" é irrepreensível nesse contexto, uma vez que parece ter sido comum no período em questão; ver Suarez, *Tr. de Legibus*, I, c. 3, §7: "[...] (subdivisionem) legis creatae in naturalem et positivam [...] omnes etiam Theologi agnoscunt, et est frequens apud Sanctos, sive sub nomine legis, sive sub nomine juris positivi, et naturalis". Ver também Chr. Wolff, *Jus Naturae*, p. 1, §3, em que o autor afirma que "vulgo jus naturae cum lege naturae confundi". Ver, sobretudo, o início do Capítulo 14 de Hobbes, *Leviatã*, entre outras passagens.

[4] Grócio parece ter dado como certa a existência de uma doutrina genuinamente judaica a respeito do direito natural; e, uma vez que define "jus naturale" como "dictatum rectae rationis", ele atribui a Maimônides em particular a crença num direito natural enquanto ditame da reta razão. Afirma ele: "Juris ita accepti optima partitio est, quae apud Aristotelem exstat, ut sit aliud jus naturale, aliud voluntarium [...]. Idem discrimen apud Hebraeos est, qui [...] jus naturale vocant מצות, jus constitutum [= voluntarium] חקים [...]" (Grotius, *De Jure Belli*, I, c. 1, §9.2-10.1). A única fonte judaica a que Grócio se refere é o *Guia* III, 26, em que Maimônides certamente não fala nem em direito natural, nem em leis racionais. (Ver I. Husik, "The Law of Nature, Hugo Grotius and the Bible". *Hebrew Union College Annual*, II, 1925, p. 399, n. 10. Husik afirma, ademais, que Grócio

que tenha sido seu motivo,[5] ele preferiu examinar a questão nesta forma: existiriam leis racionais em contraste com as leis reveladas? Esse exame e seu resultado estão implícitos em sua afirmação de que aqueles que falam em leis racionais padecem da doença dos *mutakallimun* (os estudiosos da *kalam*). Uma vez que o conteúdo das leis racionais em questão aparenta ser idêntico ao do direito natural, essa afirmação parece equivaler a uma negação do caráter racional do direito natural.[6] A afirmação sugere, ademais, que as leis denominadas "racionais" pelos *mutakallimun* são chamadas pelos filósofos, isto é, pelos seguidores de Aristóteles, de leis "comumente aceitas" (ἔνδοξα).[7] Por conseguinte, teríamos de descrever a interpretação que Marsílio dá ao *ius*

"cometeu um deslize. Maimônides usa משפטים para שכליות". Grócio, contudo, tece a seguinte observação numa nota à palavra מצות: "משפט נמצות. Sic Maimonides libro III., ductoris dubitantium cap. XXVI". A fonte daquilo que ele afirma no texto – a saber, que o *jus naturale* é denominado מצות pelos hebreus – pode muito bem ser os *Oito Capítulos*, VI, em que Maimônides afirma que as chamadas leis racionais eram pelos sábios denominadas מצוות.) As leis de Noé não podem ser equiparadas ao direito natural, ao menos não de acordo com Maimônides. Afinal, a proibição do incesto ou da violação da castidade – para não falarmos de אבר מן החי –, a qual ocupa posição central em sua enumeração das leis de Noé (*Mishné Torá*, H. Melakhim, IX, 1), pertence segundo ele às leis reveladas, e não às chamadas leis racionais (*Eight Chapters*, VI. Ver também Saadya, *Kitab al-Amanat*, III, ed. Landauer, p. 118). Para uma interpretação desse ponto de vista, ver Falakera, *Sefer ha-Mebakkesh*, Amsterdã, 1779, p. 31a, e Grotius, op. cit., II, c. 5, §12 e 13). Maimônides não contradiz isso ao dizer que a דעת inclina o homem a seis das sete leis de Noé (H. Melakhim, IX, 1), uma vez que דעת não necessariamente significa "razão" ou "inteligência". Quanto ao Decálogo, Maimônides deixa claro que apenas as primeiras duas proposições são "racionais", ao passo que as oito restantes pertencem à classe de opiniões tradicionais e comumente aceitas (*Guia*, II, 33, 75a Munk). Cf., abaixo, n. 109.

[5] O motivo talvez esteja no fato de Maimônides acreditar, tal qual Averróis e Marsílio, que o *ius naturale* só pode ser denominado "natural" metaforicamente. Ver Averróis sobre *Eth. Nic.* 1134b 18s, em que o autor interpreta δίκαιον φυσικὸν como "ius naturale legale" (יושר טבעי נימוסי) e δίκαιον νομικόν como "(ius) legale tantum, i.e. positivum" (נימוסי ר"ל הנחיי). (*Aristotelis Opera*, Veneza, 1560, III, 243a; ver M. Schwab, "Les Versions Hébraiques d'Aristote". *Gedenkbuch zur Erinnerung an David Kaufmann*, Breslávia, 1900, p. 122 ss) A melhor tradução da interpretação dada por Averróis a δίκαιον φυσικὸν seria "ius naturale conventionale"; afinal, נימוסי significa מפאת ההסכמה (ver Moritz Steinschneider, *Die Hebräischen Uebersetzungen des Mittelalters*. Berlin, 1893, p. 309, n. 310). Para o entendimento da interpretação de Averróis, faz-se necessário examinar *Magna Moralia*, 1195a 6-7.

[6] *Eight Chapters*, VI. Cf. *Guia*, III, 17 (35a-b Munk) e a nota de Munk a sua tradução dessa passagem no *Guia*, III, p. 127, n. 1.

[7] Ver *Millot ha-Higgayon*, c. 8, e Abraham ibn Daud, *Emunah Ramah*, Weil, p. 75. Ver também Ibn Tibbon, *Ruah Hen*, c. 6.

naturale como *a* visão filosófica, tratando a visão de Tomás como a visão da *kalam* ou, talvez, como *a* visão teológica.[8]

A impressão de que os filósofos rejeitavam a existência de leis racionais distintas das leis positivas (de modo particular, das leis reveladas), ou então de que negavam o caráter racional do direito natural, é aparentemente contradita pelo exame que Yehuda Halevi dá à questão. Distinguindo as leis racionais das leis reveladas, e empregando os termos "leis racionais" e "*nomoi* racionais" como sinônimos, ele declara que os filósofos estabeleceram *nomoi* racionais:[9] o filósofo que ele apresenta como personagem de sua obra dramática, o *Cuzari*, admite esses *nomoi* racionais naturalmente. Uma análise das observações de Halevi sobre o tema pode contribuir para uma melhor compreensão do ensinamento filosófico referente ao direito natural e à Lei da Razão.

I. O caráter literário do *Cuzari*

Não é seguro examinar qualquer assunto do *Cuzari* sem antes considerar o caráter literário da obra. Ela é dedicada à defesa da religião judaica contra seus adversários mais importantes, de modo particular os filósofos.[10] Por opor-se aos filósofos, aos muçulmanos, etc., é tão impossível chamá-lo de livro filosófico quanto de livro islâmico – exceto quando se está disposto a utilizar o termo "filosófico" em sentido totalmente estranho ao pensamento do autor, isto é, violando uma das regras mais elementares da exatidão histórica. E, uma vez que não se trata de um livro filosófico, não é possível lê-lo do modo como costumamos ler esse tipo de obra.

Por "filósofos" Halevi entende sobretudo – mas não exclusivamente – os aristotélicos de sua época. Segundo Farabi, o mais impressionante deles,[11] as

---

[8] Ver H. A. Wolfson, "The Kalam Arguments for Creation, etc.". *Saadya Memorial Volume*. New York, 1943, n. 126.

[9] O termo empregado por Halevi, אלנואמיס אלצקליה, significa literalmente "os *nomoi* intelectuais". Não sei ao certo se essa tradução literal é a mais adequada. Para justificar a tradução convencional, pode-se remeter a IV 3 (236, 16s) *inter alia*. Os números entre parênteses indicam as páginas e linhas da edição de Hirschfeld.

[10] O título do original é "Livro da Argumentação e Prova em Defesa da Religião Desprezada". Ver também o início da obra.

[11] Farabi era considerado a autoridade filosófica máxima do período por autoridades como Avicena (ver Paul Kraus, "Les *Controverses* de Fakhr Al-Din Razi". *Bulletin de l'Institut d'Égypte*, XIX,

análises contidas no *Cuzari* pertenceriam não à filosofia (ou, mais especificamente, à metafísica ou à teologia), e sim à "arte da *kalam*"; é esta arte, afinal, e não a filosofia, que tem como objetivo defender a religião – ou, dado existir uma série delas, "as religiões",[12] isto é, a religião a que por acaso pertença o erudito em questão. Essa visão da relação entre filosofia e *kalam* é também a visão de Halevi: enquanto o objetivo da filosofia é o conhecimento de todos os seres, o objetivo da *kalam* é "refutar o epicurista", isto é, estabelecer por meio da argumentação aquelas crenças que as almas privilegiadas sustentam sem argumentar.[13] Claro está que o objetivo explícito do *Cuzari* é o mesmo da *kalam*. É bem verdade que Halevi não define esta última a partir apenas de seu objetivo, mas também a partir de seu método e seus pressupostos. Na prática, ele identifica a *"kalam"* com um tipo especial de *kalam*, a *mu'tazilite kalam*, mostrando-se quase tão pouco satisfeito com essa *kalam* típica quanto se mostra com relação a qualquer escola filosófica: para dizer o mínimo, ele insiste muito mais do que a *kalam* típica em que qualquer raciocínio a favor da fé é inferior à fé propriamente dita.[14] Isso, contudo, não impede que seu livro se dedique quase exclusivamente a um raciocínio assim. Ademais, ele só se recusa a subscrever a uma das duas seções principais do ensinamento típico da *kalam*, a saber: à sua doutrina da unidade de Deus; quanto à outra seção principal, a qual se debruça sobre a doutrina da justiça divina e possui um caráter mais prático que a primeira, ele a apresenta não como o ensinamento de outras pessoas, e sim como um ensinamento seu.[15] Podemos dizer, portan-

---

1936-7, p. 203) e Maimônides (ver sua carta a Ibn Tibbon). Ver também S. Pines, "Études sur Abu'l Barakat". *Revue des Études Juives*, CIV, 1938-9, n. 308.

[12] *Ihsa al-Ulum*, cap. 5. Farabi apresenta a *kalam* como corolário da ciência política.

[13] Comparar Halevi, IV 13 e 19 com V 16 (330, 13 ss e 18-20).

[14] V 16.

[15] A doutrina da unidade de Deus é apresentada em V 18; da justiça divina, em V 20. Em V 19, fica claro que Halevi não se identifica com aquela doutrina e se identifica com esta. (Ver M. Ventura, *Le Kalam et le Péripatétisme d'après le Kuzari*. Paris, 1934, p. 10 ss). Tem-se a impressão, a partir de V 2 (296, 1-2), de que a questão da predestinação designada em V 19 como o tema de V 20 não pertence à "teologia" (ver ibidem 294, 18), isto é, à única disciplina teórica a que poderia pertencer. Essa questão é descrita em V 19 como uma "questão prática", caso aceitemos a leitura do original, ou como uma "questão científica", caso sigamos a tradução de Ibn Tibbon. Ambas as leituras são aceitáveis quando se tem em mente que essa descrição é feita não pelo porta-voz de Halevi, mas por um homem muito menos competente, o qual pode ter compreendido ou não o caráter da questão: trata-se na verdade de uma questão prática, tal como vemos declarado em V 2 (296, 1-2). Ver também, em V 21, o tipo de questões cujo tratamento é recomendado. A visão de que a questão

to, que o ensinamento de Halevi e o ensinamento da *kalam* típica pertencem ao mesmo gênero; a diferença entre ambos está em que aquele é muito mais antiteórico e muito mais favorável à simples fé do que este. De todo modo, embora seja impossível chamar Halevi de filósofo, não é nada enganoso atribuir ao autor do *Cuzari* o título de *mutakallim*.[16]

Halevi não apresenta sua defesa do judaísmo na forma de uma exposição coerente feita em seu próprio nome, mas na forma de uma conversação, ou melhor, de uma série de conversações. Nelas, ele mesmo não toma parte: o *Cuzari* é sobretudo um relato "imitativo", e não "narrativo",[17] de como um rei pagão (o cuzari) vai se convertendo ao judaísmo ao conversar primeiro com um filósofo, depois com um erudito cristão, em seguida com um erudito muçulmano e, por fim, com um erudito judeu. As conversas entre o rei e o erudito judeu constituem o grosso da obra (cerca de 172 páginas de um total de 180). Para que se compreenda o *Cuzari*, é preciso compreender não apenas o conteúdo, isto é, as declarações feitas de modo especial pelo erudito judeu, mas também a forma, o cenário conversacional em que se dão todas as declarações em geral e cada declaração em particular. Para que qualquer tese relevante da obra seja compreendida, é preciso que compreendamos as declarações dos personagens à luz das circunstâncias conversacionais em que elas aparecem: é preciso converter as declarações "relativas" dos personagens, isto é, as declarações feitas de acordo com as qualidades morais e intelectuais que lhes são próprias e de acordo com as intenções que possuem em determinado contexto conversacional – e possivelmente em função desse mesmo contexto –, em declarações "absolutas" do autor, ou seja, declarações que expressam diretamente sua visão.[18]

---

da justiça divina, tal como suas implicações, não pertence à "teologia" (ou à metafísica), e portanto ao conhecimento teórico como um todo, é partilhada por Maimônides. Disso dá testemunho o lugar em que o autor examina tais questões na *Mishné Torá* e no *Guia*: em ambas as obras, ele o faz após ter concluído sua abordagem da física e da metafísica. (Comparar H. Teshuvah, título e V ss, com H. Yesode ha-Torah, II, 11 e IV, 13; e *Guia*, III, 8-24, com II, 7 até o final e II, 30.)

[16] A respeito da relação entre *kalam* e dialética, ver V 1 e V 15-16 início.

[17] Ver Platão, *República*, 394 b9-c3.

[18] Não é possível identificar as visões de Halevi com as declarações de seu porta-voz, o erudito judeu. Halevi insinua, próximo ao começo de I 1 (3, 13), que nem todos os argumentos do erudito o convenceram. Por acaso deveria ele ter omitido de seu relato os argumentos do erudito com os quais não conseguia identificar-se? Decerto, ele não afirma que o tenha feito. Pelo contrário: diz ele que colocou por escrito o debate tal qual ele havia ocorrido (3, 14). No entanto, objetar-se-á, esse debate claramente jamais se deu da maneira como Halevi o descreve. Muito bem. No entanto, se

No caso de um autor do porte de Halevi, é seguro presumir que o vínculo entre o conteúdo e a forma de sua obra é extremamente necessário: ele deve ter escolhido[19] a forma singular do *Cuzari* por julgá-la ideal à defesa do judaísmo. Defender o judaísmo diante de um público judaico – mesmo diante de um público de judeus "perplexos", como no caso do *Guia* de Maimônides – é quase tão fácil quanto elogiar os atenienses diante de um público ateniense:[20] o judaísmo, por conseguinte, deve ser defendido diante de um gentio. Do mesmo modo, um gentio que seja cristão ou muçulmano reconhece a origem divina da religião judaica; assim, o judaísmo deve ser defendido diante de um pagão. Além disso, há pagãos em posição social semelhante à dos judeus, estando portanto aptos a simpatizarem pelas coisas judaicas: por conseguinte, o judaísmo, essa "religião desprezada", deve ser defendida diante de um pagão em posição mais elevada – diante de um rei. Por fim, podemos até mesmo conceber um rei pagão que nutra alguma simpatia pelo judaísmo e que, por essa razão mesma, é capaz de ser facilmente convencido de sua verdade: desse modo, o judaísmo deve ser defendido diante de um rei pagão que nutre preconceitos contra ele. O cuzari é um rei pagão assim.[21] Se é bastante fácil defender o judaísmo diante de um público judeu, defendê-lo diante de um rei pagão que nutre preconceitos contra ele... *hoc opus, hic labor est*. Ora, o erudito judeu que conversa com o cuzari é bem-sucedido não apenas em sua defesa

---

for precisamente esse o caso, Halevi assevera a verdade de algo que ele sabia não ser verdadeiro, e portanto temos de tomar suas declarações (ou as declarações do homem com quem ele se identifica) com um pé atrás; como consequência, devemos distinguir as declarações "relativas" das declarações "absolutas". Não é sem boas razões que ele conclui o proêmio com a admoestação: "E aquele que entende compreenderá". É impossível que essa observação se refira ao fato de as conversações serem fictícias, uma vez que isso é evidente mesmo àqueles que não entendem. Moscato, ad. loc., prefere que no manuscrito se leia נפשו e לדעתו em lugar de נפשי e לדעתי (3, 13), como hoje lê a maioria: segundo as primeiras leituras, Halevi diz apenas que alguns dos argumentos do erudito convenceram o rei, deixando em aberto, portanto, se, e em que medida, tais argumentos convenceram também o autor. A distinção entre declarações "relativas" e declarações "absolutas" se assemelha à distinção entre argumentos *ad hominem* e argumentos demonstrativos, tal qual vemos em H. A. Wolfson, "Hallevi and Maimonides on Design, Chance and Necessity". *Proceedings of the American Academy for Jewish Research*, XI, 1941, p. 160 ss.

[19] Deveríamos falar de escolha ainda que só houvesse uma versão da história da conversão dos cazares e ainda que Halevi a tivesse adotado sem fazer quaisquer mudanças. Não há, afinal, nenhuma razão convincente e imediatamente manifesta que obrigue uma defesa do judaísmo a se apresentar na forma de um relato de como o *Cuzari* acabou por converter-se ao judaísmo.

[20] Platão, *Menexeno*, 236a.

[21] I 4 (8, 21 ss) e 12. Ver também I 27 ss.

do judaísmo; ele também converte ao judaísmo o rei e, indiretamente, toda a sua nação. Essa conversão é o testemunho mais impressionante da força do argumento do erudito. Não obstante, uma conversão pode ser facilmente inventada por qualquer poeta, e uma conversão inventada ocorrida nos espaços vazios de nossos desejos é muito menos convincente do que uma conversão real, dada num mundo que lhe opõe resistência. Assim, Halevi escolhe a conversão real de um rei pagão e a conversa real, travada entre o rei e um erudito judeu, que nela culminara: ele assinala que retirou das histórias a narrativa da conversão e sublinha, a respeito dos argumentos propostos pelo erudito, que os havia escutado.[22] Caso acrescentemos aos pontos mencionados o fato de Halevi ter de demonstrar que o judaísmo era superior ao islamismo em particular, perceberemos que ele teve de escolher uma conversão ocorrida após a ascensão do islã, e assim descobrimos que a escolha da história do cuzari foi absolutamente racional e, portanto, perfeita.

O caráter necessário do vínculo entre a forma e o conteúdo da obra se torna ainda mais claro quando consideramos aquela que, à primeira vista, parece ser a mais forte objeção à tese de que o cenário do *Cuzari* é o cenário ideal para uma defesa do judaísmo. A defesa ideal do judaísmo seria uma defesa capaz de convencer o mais exigente dos adversários caso ele julgasse com equanimidade. O cuzari porventura é um adversário exigente? Por mais preconceitos que nutra contra o judaísmo, ele satisfaz duas condições que o convertem, se exagerarmos para fins de esclarecimento, em presa fácil para o conhecimento e para a técnica conversacional superiores do erudito judeu. Dois pontos importantes parecem certos ao rei antes de ele conhecer o erudito. Em primeiro lugar, ele sabe que a filosofia (sem falar em sua religião pagã) é incapaz de satisfazer suas necessidades e que uma religião revelada (isto é, a informação que Deus fornece diretamente aos seres humanos acerca do tipo de ação que Lhe é agradável) é desejável, ainda que suscetível a graves questionamentos.[23] Ora, para todos os fins práticos, só havia três religiões que poderiam reclamar para si o título de religião revelada verdadeira e definitiva: o cristianismo, o islamismo e o judaísmo. O segundo ponto com o qual o rei está de acordo antes de encontrar o erudito é o fato de as pretensões do cristianismo e do islamismo não terem fundamento. Ou seja: o rei quase não tem escolha além de adotar o

---

[22] I 1 (3, 4-6 e 15 ss) e II 1 início.
[23] I 2, 4 início e 10.

judaísmo; ele é um judeu em potencial antes mesmo de conhecer um judeu, ou ao menos antes de conversar com um judeu competente.

Para darmos o primeiro passo rumo à compreensão desse traço da obra, precisamos mencionar que, do ponto de vista de Halevi, o adversário por excelência do judaísmo não é o cristianismo ou o islamismo, e sim a filosofia.[24] Por conseguinte, é lícito afirmar que o *Cuzari* é sobretudo uma defesa do judaísmo contra a filosofia e questionar se o cenário das discussões convém a uma tal defesa. A filosofia é discutida duas vezes: uma entre o rei e um filósofo[25] e outra entre o rei e o judeu. Não há qualquer discussão sobre a filosofia – nem sobre qualquer outro tema, na verdade – entre o judeu e o filósofo:[26] o rei encontra o judeu muito depois de o filósofo ter saído. O filósofo está completamente familiarizado com a filosofia, e assim também o erudito. Não podemos dizer, porém, que o conhecimento que tem o rei é mais superficial.[27] Ou seja: não há exame da filosofia entre equivalentes intelectuais.[28] Toda a discussão se dá num plano decididamente inferior ao plano da discussão filosófica genuína. Para uma defesa do judaísmo contra a filosofia, portanto, o cenário do *Cuzari* parece singularmente insatisfatório. Essa observação se justifica ainda mais quando percebemos que o defeito mencionado é facilmente evitável. Nada teria sido mais fácil para o poeta Halevi do que organizar uma discussão entre

---

[24] Cinco posições mais ou menos hostis ao judaísmo (ortodoxo) são coerentemente examinadas no *Cuzari*: a filosofia, o cristianismo, o islamismo, o caraísmo e a *kalam*; a filosofia é a única que é assim examinada duas vezes (em I 1-3 e 2-14). Além disso, as referências polêmicas à filosofia são mais numerosas, e muito mais relevantes, do que as referências correspondentes a qualquer uma das outras posições mencionadas. Antes de mais nada, apenas o filósofo nega a revelação mosaica, ao passo que o cristão e o muçulmano a reconhecem.

[25] Quanto ao significado dos diálogos entre reis e filósofos, ver Platão, *Carta II*, 310 e 4-311b7.

[26] A relação subterrânea entre o erudito judeu e o filósofo é insinuada quando o autor observa que o rei questionara ambos acerca de suas "crenças", ao passo que ao cristão e ao muçulmano perguntara sobre seu "conhecimento e ação"; ver I 1 (2, 18), 4 (8, 23), 5 (12, 5 ss) e 10. O próprio erudito afirma que o rei lhe questionara sobre sua "fé": I 25 (18, 12).

[27] Ver I 72 ss e IV 25 até o final.

[28] Nesse aspecto importantíssimo, a forma do *Cuzari* está de acordo com a forma dos diálogos platônicos: todos os diálogos de Platão consistem em conversas entre um homem superior – geralmente Sócrates – e um ou mais homens inferiores. Em alguns desses diálogos, dois filósofos legítimos e maduros estão presentes, mas não debatem entre si: Sócrates observa silenciosamente como Timeu explica o universo ou como o estrangeiro de Eleia instrui Teeteto ou o jovem Sócrates. No *Parmênides*, vemo-nos diante da paradoxal situação em que Sócrates, ainda muito novo, se encontra em posição inferior a Parmênides e a Zenão. O fato de o *Cuzari* ser escrito "na forma de um diálogo platônico" foi observado por S. W. Baron, "Yehudah Halevi". *Jewish Social Studies*, 1941, p. 257.

o erudito e o filósofo diante do rei e sua corte, ou preferencialmente diante apenas do rei – uma discussão que culminaria não somente na conversão do monarca, mas sobretudo na conversão do próprio filósofo: maior triunfo para o erudito, para o autor, para o judaísmo e para religião seria inimaginável.[29] O poeta se recusou a tomar esse caminho fácil. Quais foram suas razões?

Halevi sabia muito bem que um filósofo genuíno jamais poderia se converter genuinamente ao judaísmo ou a qualquer religião revelada. Com efeito, segundo ele o filósofo genuíno é um homem tal qual Sócrates, alguém que possui a "sabedoria humana" mas é profundamente ignorante da "sabedoria divina".[30] É a impossibilidade de converter um filósofo ao judaísmo o que ele demonstra *ad oculos* quando omite uma disputa entre o erudito e o filósofo. Podemos dizer, para começar, que uma tal disputa é impossível: *contra negantem principia non est disputandum*. O filósofo nega como tais as premissas em que se baseia a demonstração de qualquer verdade de uma religião revelada. Podemos dizer que essa negação procede do fato de ele, enquanto filósofo, não ser tocado nem jamais experimentar aquela "coisa" ou "decreto" divino (*amr ilahi*) que se dá a conhecer pela experiência real tanto ao já crente, isto é, ao erudito judeu, quanto ao crente em potencial: o rei. Pois, ao contrário do filósofo, o rei era desde o

---

[29] Tanto na carta de Josef, o rei dos cazares, a Hasdai ibn Shaprut quanto no documento da Genizah publicado por Schechter (*Jewish Quarterly Review*, N. S., III, 1912-3, p. 204 ss), são mencionadas disputas entre os vários eruditos diante do rei. Em nenhum desses documentos há qualquer referência a um filósofo. O acréscimo de um filósofo e a omissão de uma disputa diante do rei são as diferenças mais notáveis entre a versão de Halevi e as outras duas versões da história.

[30] Na maioria das vezes, Halevi equipara "filósofo" a "aristotélico" e até mesmo ao próprio Aristóteles, visto ser este o filósofo por excelência. Como demonstra, porém, o fato de a escola aristotélica ser apenas uma entre uma série de escolas filosóficas – ver I 13; IV 25 até o final e V 14 (328, 24-26) –, "filosofia" não designa primeiramente um conjunto de dogmas, de modo particular os dos aristotélicos, e sim um método ou uma atitude. Essa atitude é descrita em IV 18 e em III 1 (140, 11-16). Seu representante clássico é Sócrates. Para definir qual é o significado primordial e exato que "filosofia" assume em Halevi, precisamos partir de IV 13, parágrafo bastante breve que opõe de maneira claríssima os "adeptos da lei" aos "adeptos da filosofia" e que apresenta a singular característica de utilizar cada um desses termos, os quais não aparecem com frequência no *Cuzari*, três vezes. (Para sermos exatos, מחשרצ aparece três vezes; מתפלמף, duas vezes; e תפלמף, apenas uma.) O centro desse parágrafo é uma máxima de Sócrates que lida precisamente com a problemática relação entre a filosofia e a lei (a lei de Deus) ou entre a sabedoria humana e a sabedoria divina. Essa máxima, cuja origem está na *Apologia de Sócrates* (20d6-e2), é citada mais uma vez, com algumas modificações, em V 14 (328, 13-18). A possibilidade, à qual se alude em IV 3 (242, 26), de "adeptos da filosofia serem contados entre os adeptos das religiões" é antes de mais nada uma possibilidade ininteligível, e não aquele truísmo que supostamente é nos dias de hoje.

início, por natureza, um homem piedoso: ele estivera observando a religião pagã de seu país com grande zelo e com todo o seu coração; ele fora tanto sacerdote quanto rei. Algo então lhe aconteceu que parece notavelmente semelhante, mas também notavelmente diferente, àquilo que acontecera com o filósofo Sócrates. Dizem que Sócrates foi impelido por um só oráculo, o qual a sacerdotisa do deus délfico havia pronunciado em resposta a um amigo seu; o rei despertou de seu tradicionalismo[31] depois de uma série de sonhos em que um anjo, que parecia responder a uma oração sua, dirigiu-se diretamente a ele. Sócrates descobriu o segredo do oráculo ao examinar representantes de vários tipos de conhecimento; o rei descobriu o segredo de seus sonhos ao examinar os representantes de várias crenças e, de modo mais direto, ao ser orientado pelo erudito judeu. A tentativa de Sócrates de verificar a veracidade do oráculo levou-o à vida filosófica; a tentativa do rei de obedecer ao anjo que lhe falara em sonho tornou-o imune à filosofia e, por fim, conduziu-o ao aprisco do judaísmo.[32] Ao assinalar os fatos que insinuam o caráter do rei, Halevi expõe os limites naturais de seus argumentos explícitos: esses argumentos só são convincentes, e têm o objetivo de sê-lo, às pessoas naturalmente piedosas que haviam experimentado um antegozo da revelação divina em virtude da revelação de um anjo ou, ao menos, de algum tipo de revelação rudimentar.[33]

Essa explicação, porém, não é completamente satisfatória. Afinal, não é verdade que o debate entre um crente e um filósofo seja impossível pela razão mencionada. Se essa razão fosse válida, o filósofo como tal teria de reconhecer sua completa incompetência naquele vasto reino de experiências específicas

---

[31] Ver I 5 (12, 4 ss).

[32] I 1 (3, 6-12 e 15-17), 2, 98; II 1 início. Ver Platão, *Apologia*, 21b3-4 e c1-2. Compare a transição de "como se um anjo estivesse falando com ele" para "o anjo foi ter com ele à noite e disse" (3, 10 ss) com a transição da pítia ao deus na *Apologia* (21a6 e b3); compare também a transição de "isso fez-lhe investigar" (3, 11s) para "ele ordenou-lhe no sonho que buscasse" (3, 16 ss) com a transição, na *Apologia* (21c1 e 23c1; cf. 37e6), da decisão do próprio Sócrates de examinar o oráculo para a visão de que esse exame era um ato de obediência ao deus. O que aponto são paralelos, e não necessariamente empréstimos. No que diz respeito à tradução arábica da *Apologia*, ver M. Steinschneider, *Die Arabischen Uebersetzungen aus dem Griechischen*. Leipzig, 1897, p. 22. O "como se" (3, 7), é claro, está ausente no paralelo, ou modelo, encontrado na carta do rei Josef a Hasdai ibn Shaprut. Ver I, 87 (38, 27 ss).

[33] Ver n. 48. A limitação do peso do argumento de Halevi pode ser comparada à limitação, sugerida por Aristóteles, do ensinamento ético: o ensinamento ético, distinto como é do ensinamento teórico, se destina não a todas as pessoas inteligentes, mas apenas às pessoas decentes, as únicas que podem aceitá-lo verdadeiramente. Ver *Eth. Nic.* 1095b4-6 e 1140b13-18.

que constitui o domínio da fé. Sendo a filosofia um tipo de conhecimento que se faz acessível ao homem enquanto homem, o crente que empregasse suas faculdades naturais da maneira adequada saberia tudo aquilo que o filósofo sabe e ainda mais; por conseguinte, o filósofo que admitisse sua incompetência no que toca às experiências próprias do crente também reconheceria, ao examinar a infinita importância de qualquer revelação genuína, que sua posição acerca do crente inteligente talvez não fosse apenas inequivocamente pior, mas também infinitamente pior do que a posição de um homem cego comparada à de um homem que vê. Uma atitude meramente defensiva por parte do filósofo é impossível: sua suposta ignorância é na verdade dúvida ou desconfiança.[34] De fato, os filósofos que Halevi conhecia chegavam ao ponto de negar a possibilidade mesma das experiências dos crentes tal qual eles as interpretavam ou, mais precisamente, a possibilidade mesma da revelação divina em seu sentido estrito.[35] Essa negação era por eles apresentada na forma daquilo que pretendia ser uma refutação demonstrativa. O defensor da religião tinha de refutar a refutação colocando a descoberto seu caráter falacioso. No plano da refutação e da refutação da refutação, isto é, no plano da "sabedoria humana", a disputa entre crente e filósofo não é apenas possível; trata-se, sem dúvida alguma, do fato mais importante de todo o passado.[36] Halevi chama enfaticamente a nossa atenção para a possibilidade de uma tal disputa quando, no diálogo real entre o rei e o erudito, insere, decerto no momento mais adequado, algo que quase se equipara a um diálogo fictício entre o erudito e o filósofo: o

---

[34] A afirmação de Sócrates mencionada duas vezes no *Cuzari* (ver n. 30) – a saber, a de que ele não capta a sabedoria divina das pessoas com quem está falando – é evidentemente uma expressão educada de seu repúdio a essa sabedoria. Àqueles que não acreditam que Halevi percebeu a ironia de Sócrates, pede-se que desprezem este parágrafo, o qual se baseia no pressuposto, em si só tão indemonstrável quanto os deles, de que Halevi de fato a percebera. À luz do contexto da primeira das duas citações, depreende-se que a atitude dos filósofos não se altera quando as pessoas do tempo de Sócrates são substituídas pelos adeptos da religião revelada.

[35] I 1 (2, 21 ss), 6, 8, 87, II 54 (114, 5-9), IV 3 (228, 18-23). Uma comparação de IV 3 até o final (244, 22 ss) com II 17 (168, 2-3), entre outras passagens, revela que o filósofo como tal é um "sindik", um "apikores".

[36] Ver 6-8. É impossível não se recordar com frequência da seguinte observação de Goethe (feita nas *Noten und Abhandlungen zum Besseren Verständnis der West-östlichen Divans*): "Das eigentliche, einzige und tiefste Thema der Welt- und Menschengeschichte, dem alle übrigen untergeordnet sind, bleibt der Konflikt des Unglaubens und Glaubens". [O verdadeiro tema, o único e o mais profundo de todos da história do mundo e dos homens, ao qual os outros estão subordinados, continua sendo o conflito entre a crença e a descrença.]

erudito refuta uma objeção dos filósofos dirigindo-se ao filósofo de maneira direta.[37] Naturalmente, o filósofo em questão não se encontra ali, e portanto não está em posição de respondê-lo. É então extremamente difícil dizer se, num diálogo real entre erudito e filósofo, o filósofo teria sido reduzido ao silêncio por uma refutação que claramente satisfaz o rei, mas talvez nem todos os leitores.[38] O que tem sido observado a respeito dessa refutação em particular exige uma generalização. Uma vez que no *Cuzari* não há nenhum filósofo que possa examinar o argumento do erudito, não temos como saber se, e em que medida, um filósofo teria se surpreendido com seu argumento. Se Halevi fosse um filósofo, a ausência de uma conversa real entre erudito e filósofo poderia ser explicada precisamente a partir da dúvida que acabamos de expressar. O objetivo desse traço da obra seria forçar o leitor a pensar constantemente no filósofo ausente, isto é, a descobrir, por meio de uma reflexão independente, aquilo que esse filósofo poderia dizer. Esse pensamento desconcertante e instigador impediria que o leitor adormecesse, que sua atenção crítica relaxasse por um instante sequer. Halevi, porém, é de tal maneira hostil à filosofia, de tal maneira desconfiado do espírito da reflexão independente, que somos obrigados a não dar tanta ênfase a essa linha de abordagem.

Retornando a um terreno mais seguro, partiremos do conhecido fato de que Halevi, a despeito de sua ferrenha oposição à filosofia, foi consideravelmente influenciado por ela. O que entender por influência? No caso de um homem superficial, ela significa que ele aceita esta ou aquela porção do ensinamento influente; que cede à força influenciadora nos pontos que, com base em suas noções prévias, lhe parecem fortes; e que resiste a ela, também com base em suas noções prévias, nos pontos que lhe parecem fracos. Em outras palavras, uma mente confusa ou dogmática não deixará que a força influente a convença a adotar uma distância crítica de suas noções prévias, a olhar para as coisas não de seu ponto de vista habitual, mas do ponto de vista do centro, claramente assimilado, do ensinamento influente, razão por que se torna incapaz de um debate sério, radical e incessante sobre esse ensinamento mesmo. No caso de um homem como Halevi, porém, a influência da filosofia consiste numa conversão à filosofia: durante certo período de tempo – preferimos achar

---

[37] II 6. O "Ó, filósofo" do erudito evoca a expressão quase idêntica com que o rei se despediu do filósofo real em I 4 (8, 19). (Nenhuma alocução desse gênero ocorre nas conversas do rei com o cristão e o muçulmano.) Em certo sentido, o filósofo está sempre presente no *Cuzari*.
[38] Ver as observações judiciosas de Wolfson, op. cit., p. 116 e 124 ss.

que se tratou de um tempo curtíssimo –, ele foi filósofo.³⁹ Após esse momento, um momento de inferno espiritual, ele retornou ao aprisco judaico. Todavia, depois de tudo o que passara, era-lhe impossível não interpretar o judaísmo de um modo que apenas um homem que fora filósofo seria capaz de fazê-lo. Naquele momento, afinal, ele havia experimentado a enorme tentação, o enorme perigo da filosofia.⁴⁰ O modo como ele defende o judaísmo contra a filosofia dá testemunho dessa experiência. Com efeito, se tivesse apresentado uma disputa entre o erudito judeu e o filósofo, isto é, um debate da questão crucial entre pessoas verdadeiramente competentes, ele teria sido forçado a formular com extrema clareza e com extremo vigor as justificativas em favor da filosofia, apresentando assim um ataque extremamente capaz e impiedoso, por parte do filósofo, à religião revelada. Não pode haver dúvidas, repetimos, de que os argumentos do filósofo poderiam ter sido refutados pelo erudito; é difícil dizer, porém, se um ou outro leitor não se sentiria mais impressionado pelo argumento daquele do que pela réplica deste. O *Cuzari*, portanto, teria se tornado então um instrumento de sedução, ou ao menos de confusão. Sobre a *kalam*, a defesa da religião por meio de argumentos, o erudito afirma com todas as letras, ao apresentá-la, que ela pode se tornar perigosa porque faz suscitar dúvidas ou as subentende.⁴¹ O que se aplica à *kalam*, é claro, se aplica ainda mais à filosofia. Nada é mais revelador do que o modo como Halevi demonstra, *ad oculos*, o perigo que ela representa. O rei fora convertido ao judaísmo, ou seja, sua resistência, fundamentada na influência da filosofia, fora vencida; ele fora instruído minuciosamente na fé judaica; os erros dos filósofos lhe haviam sido assinalados sempre que conveniente; ele começara até mesmo a julgar-se um judeu normal. Então, quase ao termo da conversa, uma questão levantada pelo rei obriga o erudito a traçar um esboço conciso e bastante convencional do ensinamento filosófico. As consequências dessa revelação contrariam todas as expectativas possíveis: apesar de tudo o que os homens e anjos haviam feito para protegê-lo, o rei se mostra profundamente impressionado por aquele esboço nada impressionante da filosofia – e isso de tal maneira que o erudito

---

³⁹ Ver Baron, op. cit., p. 259, n. 33.
⁴⁰ A sabedoria dos gregos ou não dava frutos, ou dava um fruto pernicioso – a saber, a doutrina da eternidade do mundo. Desse modo, ela é extremamente perigosa. No entanto, possui também flores (e flores claramente bonitas), e por isso é tentadora ao extremo. Ver Halevi, *Divan*, ed. Brody, II, p. 166. Quanto ao "fruto" inexistente da filosofia, ver V 14 (326, 6-8).
⁴¹ V 16. Ver Elia del Medigo, *Behinat ha-Dat*, ed. S. Reggio, p. 8.

precisa repetir sua refutação da filosofia desde o princípio.[42] Somente elaborando o argumento filosófico que Halevi – ou, antes, seus personagens – se limita a esboçar é que podemos desenterrar tanto sua objeção real e inexplícita a esse argumento quanto a refutação que ele lhe dirige.[43]

A explicação sugerida talvez pareça conferir a Halevi um grau de timidez que não convém a um grande homem. Todavia, a linha que separa a timidez da responsabilidade é traçada de modo diferente em épocas diferentes. Como a maioria de nós hoje logo admite, é preciso julgar um autor de acordo com os padrões que prevaleciam em seu tempo. Na época de Halevi, o direito, quiçá até o dever, de suprimir ensinamentos e livros prejudiciais à fé era reconhecido por todos. Os próprios filósofos haviam adotado a tradicional distinção entre ensinamento exotérico e ensinamento esotérico, afirmando assim que era perigoso, e portanto proibido, comunicar o ensinamento esotérico ao público geral.[44] Eles escreviam seus livros de acordo com essa perspectiva. As dificuldades inerentes à apresentação que Halevi faz da filosofia[45] podem muito bem refletir as dificuldades inerentes à apresentação da filosofia pelos próprios filósofos. Próximo ao início de seu *Hayy ibn Yukdhan*, Ibn Tufail descreve de maneira notável tanto as autocontradições de Farabi a respeito da vida após a morte quanto autocontradições semelhantes encontradas em Ghazali. Ele também menciona a diferença entre a doutrina aristotelizante de Avicena, formulada no *Kitab al-Shifa*, e sua verdadeira doutrina, formulada na *Filosofia Oriental*, informando-nos em seguida da distinção traçada por Avicena entre o significado exterior e o significado interior dos escritos de Aristóteles e de seu próprio *Kitab al-Shifa*. Por fim, ele menciona o modo enigmático e elíptico com que Ghazali escreve suas obras exotéricas, tal como o desaparecimento – ou a inacessibilidade prática – de seus trabalhos esotéricos.[46] O fato

---

[42] V 13-14 início.
[43] Ver n. 18.
[44] Ver Averroes, *Philosophie und Theologie*. Munich, M. J. Müller, 1859, p. 70 ss.
[45] Aos meus olhos, a mais flagrante de todas essas dificuldades é a descrição das várias seitas filosóficas (aquelas de Pitágoras, Empédocles, Platão, Aristóteles, etc.) como seitas de *mutakallimun*; ver V 14 (328, 23; ver 330, 5). Ver também V 1, em que, ao menos aparentemente (ver Ventura, loc. cit., p. 11, n. 6: "Il y est incontestablement question des philosophes"), a descrição do ensinamento filosófico é apresentada como uma descrição da *kalam*.
[46] Ibn Tufail, *Hayy ibn Yukdhan*. 2. ed. Beirute, L. Gauthier, 1936, p. 13-18. Ver Averroes, op. cit., p. 17 ss e 70 ss; e Maimonides, *Treatise on Ressurrection*. Finkel, p. 13. Ver também *Cuzari*, V 14 (328, 24-26), acerca dos dois tipos de aristotélicos. Quase não se faz necessário explicitar que

de informações como essa não serem hoje consideradas fundamentais para a compreensão da filosofia medieval não é prova de sua irrelevância.[47]

Para concluir: ao defender o judaísmo contra seus adversários em geral e contra os filósofos em particular, Halevi só se dirige a pessoas naturalmente piedosas, ainda que a um tipo específico delas. Um homem naturalmente piedoso, como sem dúvida é o cuzari, de modo algum precisa ser um homem naturalmente fiel, isto é, um homem que, por natureza, é tão imune às falsas crenças que não necessita de argumentos a fim de aderir à crença verdadeira, ao judaísmo: o cuzari, destinatário imediato e típico da defesa do judaísmo exposta no *Cuzari*, é um homem naturalmente piedoso que se encontra em estado de dúvida.[48] Halevi se privou de refutar o argumento dos filósofos em seu plano natural por uma questão de responsabilidade.[49] Isso, como podemos facilmente inferir, também explica por que sua defesa do judaísmo é dedicada sobretudo a um gentio que, como tal, tem dúvidas com relação ao judaísmo. Na época de Halevi, havia certamente judeus hesitantes,[50] aqueles homens "perplexos" a quem Maimônides dedicou o *Guia*. Um judeu hesitante, porém, não seria uma anomalia? O que é inescrutável na vida cotidiana se torna visível pelas mãos do poeta: o judeu hesitante a quem ele

---

mesmo os livros esotéricos não são esotéricos em sentido estrito, mas apenas mais esotéricos do que os livros exotéricos; considere-se Maimônides, *Guia*, I, Introd. (4a).

[47] O fenômeno em questão é hoje examinado sob o título de "misticismo". No entanto, esoterismo e misticismo estão longe de serem idênticos. Que Farabi nada tem em comum com o misticismo é declarado com extrema clareza por Paul Kraus, "Plotin chez les Arabes". *Bulletin de l'Institut d'Égypte*, XXIII, 1940-1, p. 269 ss.

[48] No que diz respeito aos homens naturalmente fiéis, ver V 2 (294, 15) e 16 (330, 26 ss). Quanto à relação entre a fé natural e a descendência judaica pura, deve-se examinar I 95 e 111 (64, 8-10) e V 23 (356, 19 ss). Em V 2 (294, 17), o erudito admite a possibilidade de o Cuzari ser fiel por natureza, e não um duvidador (piedoso). Isso significaria que o elemento crucial de sua conversão fora não o argumento, e sim as "pequenas insinuações" e os "dizeres" dos piedosos, os quais fizeram arder o fogo em seu coração. Uma vez que o erudito deixa em aberto se foi esse o caso, temos o direito de aderir, neste artigo, à impressão geral derivada do *Cuzari*, isto é, à impressão de que o rei foi convertido pelo argumento, não sendo, portanto, fiel por natureza.

[49] Sobre a influência desse motivo sobre o caráter literário do *Guia* de Maimônides, ver Isaak Heinemann, "Abravanels Lehre vom Niedergang der Menschheit". *Monatsschrift für Geschichte und Wissenschaft des Judentums*, LXXXII, 1938, p. 393.

[50] Halevi aparentemente nega esse fato em IV 23 (266, 10-13); no entanto, à parte outras considerações, supõe-se que o enunciado em questão foi formulado não em 1140, mas em 740, isto é, antes do surgimento da filosofia no mundo de língua árabe; ver I 1 (3, 5 ss) e 47. Ver também Baron, op. cit., p. 252 ss.

dedica quatro quintos de sua defesa do judaísmo claramente não descende das testemunhas da revelação sinaítica.

II. O filósofo e sua Lei da Razão

A Lei da Razão é mencionada pela primeira vez pelo filósofo, primeiro interlocutor do rei, porque este rei, um pagão, se volta primeiro a um descendente espiritual do pagão Aristóteles.[51] O filósofo se revela de duas formas: mediante aquilo que diz e mediante o modo como o faz. Pelo conteúdo de sua fala, pode revelar-se adepto de determinada seita filosófica, de determinado gênero de aristotelismo. A filosofia, porém, não é idêntica ao aristotelismo. Para reconhecer o filósofo no aristotélico, é preciso ouvir primeiro o modo como ele fala.

Enquanto o cristão e o judeu iniciam suas exposições com um "credo", o filósofo inicia cada um de seus dois discursos com um "non est". Sua primeira palavra (לים) expressa uma negação: a filosofia surge primeiro como a negação de algo ou – usando a interpretação dada por Hegel ao *signum reprobationis* que um adversário ortodoxo encontrara na fronte de Espinosa – como sua reprovação. Ao contrário do cristão e do judeu, o filósofo não parte de um "Eu" nem, como o muçulmano, de um "Nós".[52] Na verdade, salvo uma exceção que será mencionada em breve, ele jamais se expressa na primeira pessoa: refere-se sempre aos "filósofos", como se não pertencesse ao grupo. Se o autor e o rei não nos dissessem que se trata de um filósofo, seria impossível afirmá-lo com certeza. Ele se apresenta como intérprete, ou mensageiro, dos filósofos, e não como filósofo propriamente dito. A única exceção à regra vem dos três casos em que emprega a expressão, jamais usada pelo cristão e pelo muçulmano, "O que quero dizer";[53] ele parece acostumado a expressar-se de um modo que exige explicação; nos três casos, utiliza termos da religião num sentido muito diferente de seu sentido comum e religioso.

Em sonho, o anjo respondera ao rei que, embora Deus gostasse de sua "intenção", desgostava de sua "ação". O filósofo replica ao rei, que aparentemente lhe perguntara sobre os tipos de ação que agradam a Deus, que Deus não gosta ou desgosta de nada, que Ele não possui nenhum desejo ou vontade

---

[51] Ver I 63 e IV 3 (242, 23-26) com I 10 e V 20 (348, 25 ss e 350, 2 ss).
[52] I 1 (2, 18), 3, 4 (8, 23) e 11. Cf. I 5 (12, 6).
[53] אצני: I 1 (4, 23; 6, 24 e 25). Ver ibidem (4, 3 ss e 6, 9 ss). Ver IV 13 (252, 28 ss).

e que não tem qualquer conhecimento das coisas mutáveis, como seres humanos individuais, suas ações e intenções.[54] Como consequência, a informação que o rei recebera em sonho não era verdadeira. O filósofo alude a essa consequência quando esclarece que as profecias, os sonhos e as visões não estão na essência da perfeição suprema do homem.[55] Parece haver algum tipo de vínculo entre a forma da mensagem recebida pelo rei e seu conteúdo: entre a revelação e a ênfase na "ação", de um lado, e a negação da revelação pelo filósofo e sua implícita negação da relevância da "ação". Por "ação", tanto o anjo quanto o rei claramente entendiam a ação cerimonial: era a forma de culto do rei o que desagradava a Deus.[56] "Ação", porém, é palavra com mais de um sentido: esta pode designar a ação mais importante e venerável, isto é, a ação cerimonial, e pode designar, é claro, toda e qualquer ação, de modo particular a ação moral. O filósofo não nega apenas a relevância das ações cerimoniais, mas também a relevância de todas as ações; de modo particular, ele afirma a superioridade da contemplação: do ponto de vista do filósofo, a bondade de caráter e a bondade da ação não passam, em essência, de um meio que conduz à vida de contemplação ou de um subproduto dela.[57] O rei, que crê na revelação – que crê, em primeiro lugar, na revelação por anjos e, depois, na revelação divina –, crê pelo mesmo motivo na superioridade da ação em relação à contemplação. É somente com base no princípio de que a vida prática é superior à vida contemplativa que a necessidade da revelação em geral – e, por isso mesmo, da verdade de determinada revelação em particular – pode ser demonstrada;[58] e esse pressuposto é tido como certo pelo rei, que como tal é o representante natural da vida prática ou política.

A partir desses pressupostos teológicos, o filósofo é levado naturalmente à conclusão prática de que o homem que tornou-se filósofo escolheria uma

---

[54] I 1 (3, 1-21) e 2 (8, 1-2).
[55] I 1 até o final. Ver I 4 (8, 14-18) e 87 (38, 27).
[56] Ver o contexto de במצשים ההם em I 1 (3, 10). Ver Maimônides, *Guia*, III, 38, 52 (130b) e 54 (134b).
[57] I 1 (6, 10-17). Ver Farabi, *Al-Madina al-Fadila*. Leiden, Dieterici, s/d, 46, p. 16-19. Quanto a Maimônides, comparar o *Hilchot De'ot* como um todo com o *Guia*, III, 27 e I, 2. Ver também Julius Guttmann, "Zur Kritik der Offenbarungsreligion in der Islamischen und Jüdischen Philosophie". *Monatsschrift für Geschichte und Wissenschaft des Judentums*, LXXVIII, 1934, p. 459; e H. A. Wolfson, "Halevi and Maimonides on Prophecy". *Jewish Quarterly Review*, N. S., XXXII, 1942, p. 352.
[58] Ver I 98, II 46 e III 23 (176, 18-20), tal como o ataque do erudito à religião contemplativa em I 13. Ver n. 14 e 32.

dessas três alternativas: (1) ser indiferente à sua forma de prestar culto e a seu pertencimento a este ou aquele grupo religioso, étnico ou político; (2) inventar para si uma religião com o objetivo de regular suas ações de culto e aquelas de seu guia moral, assim como a orientação de sua família e cidade; e (3) assumir como religião os *nomoi* racionais elaborados pelos filósofos e fazer da pureza de alma seu propósito e objetivo. Com esse contexto em mente, torna-se claro que o filósofo dá ao rei o conselho condicional – condicionado, isto é, à conversão do rei em filósofo – de decidir a questão religiosa somente com base na conveniência: o rei pode desprezar por completo o seu sonho e permanecer em sua religião ancestral, pode escolher uma das outras religiões já existentes (o cristianismo ou o islamismo, por exemplo), pode inventar uma religião nova, ou pode adotar para si os *nomoi* racionais dos filósofos.[59] Esse conselho exige alguma atenção, pois contém o que pode ser considerada a única declaração autêntica, no *Cuzari*, das intenções dos filósofos; afinal, ela é realizada pelo filósofo em pessoa, e não pelo erudito judeu, que se opõe à filosofia, ou pelo rei, que possui dela somente um conhecimento superficial. A indiferença religiosa do filósofo não conhece limites: ele não opõe, aos "erros" das religiões positivas, a religião da razão; não exige que o filósofo, que como tal deixara de acreditar na religião de seus pais, revele a indiferença religiosa nascida de sua descrença mediante uma transgressão aberta das leis daquela religião. Ele de modo algum definiu o comportamento de Elisha ben Abuyah[60] ou Espinosa como o modelo de comportamento filosófico; para ele, é perfeitamente legítimo ao filósofo, que como tal nega a revelação divina, adotar por exemplo o islamismo, isto é, cumprir as exigências dessa religião tanto em atos quanto palavras e, assim, quando se lhe apresentar uma emergência, defender essa fé – a qual lhe é forçoso denominar verdadeira – não somente com a espada, mas também com argumentos dialéticos.[61] O filósofo certamente não diz, nem dá a entender, que o verdadeiro filósofo deve rejeitar abertamente toda religião ou lei em prol dos *nomoi* racionais ou da "religião dos filósofos", muito embora de fato admita que, sob certas circunstâncias, isso talvez seja conveniente.

---

[59] I 1 (6, 17-22). Ver II 49 e IV 13 (252, 24-26).
[60] Comparar III 65 (216, 2 ss) com as passagens indicadas na nota anterior.
[61] É preciso considerar essa possibilidade para a interpretação do comentário sobre "os estudiosos da filosofia entre os adeptos das religiões" encontrado em IV 3 (242, 23-26). Ver Bahya ibn Pakuda, *Al-Hidaya ila Fara'id al-Kulub*, III 4, Yahuda, p. 146. Ver notas 44 e 11.

O que devemos entender por esses *nomoi* racionais? Eles não podem ser idênticos à *lex naturalis* que vincula todos os homens e que se constitui da soma dos ditames da reta razão referentes aos objetos de ação. Afinal, como seria possível que tais ditames fossem substituídos por outra ordem de vida – pela religião dos cazares, por exemplo? Tampouco eles podem ser idênticos às "leis racionais", com suas regras elementares de conduta social que devem ser observadas igualmente por todas as comunidades, isto é, tanto pela comunidade mais nobre quanto por uma gangue de ladrões. Com efeito, os *nomoi* racionais que o filósofo tem em mente não são apenas o arcabouço de um código, e sim um código completo: eles são idênticos à "religião dos filósofos".[62] É evidente que o filósofo não considera os *nomoi* racionais, ou a religião dos filósofos, obrigatórios. Isso não significa que os julgue absolutamente arbitrários: os *nomoi* racionais não foram "inventados" para satisfazer a necessidade transitória de um homem ou de um grupo particular; por serem enfaticamente "racionais", eles foram definidos pelos filósofos em vista das necessidades imutáveis do homem enquanto homem. Trata-se de códigos que estabelecem as condições políticas mais favoráveis à suma perfeição do homem: na época de Halevi, as *Leis* de Platão eram conhecidas como os *nomoi* racionais de Platão.[63] Ora, se a suma perfeição do homem é de fato a filosofia e se uma vida dedicada à filosofia é essencialmente associal, os *nomoi* racionais seriam o *regimen solitarii*; com efeito, o filósofo não se refere a qualquer relação social ao falar dos *nomoi* racionais, mencionando-as porém quando trata da religião que o rei poderia vir a inventar.[64] A ambiguidade do termo "*nomoi* racionais", o qual pode designar tanto um código essencialmente político – como aquele sugerido pelas *Leis* de Platão, que contêm uma teologia política – quanto uma regra de conduta essencialmente apolítica, destinada à orientação do filósofo e tão somente dele, seria facilmente compreensível a partir do pensamento do próprio Platão:

---

[62] Comparar I 3 com I 1 (6, 21).

[63] Ver Moritz Steinschneider, *Die Arabischen Uebersetzungen aus dem Griechischen*. Leipzig, 1897, p. 18; *Die Hebräischen Uebersetzungen des Mittelalters*. Berlin, 1893, p. 848 ss. Ver também Alexander Marx, "Texts by and about Maimonides". *Jewish Quarterly Review*, N. S., XXV, 1934/5, p. 424. Considere-se a descrição que Farabi faz das *Leis* de Platão no tratado sobre a filosofia platônica (tradução hebraica em Falakera, op. cit., p. 77).

[64] Comparar I 1 (6, 22) com III 1 (140, 11-16) e IV 18. Ver Aristóteles, *Eth. Nic.* 1177a27-34 (e *Política*, 1267a10-12), tal como as observações dos autores medievais citados por I. Efros, "Some Textual Notes on Judah Halevi's Kusari". *Proceedings of the American Academy for Jewish Research*, 1930/1, p. 5. Ver n. 72.

assim como a cidade do filósofo não é necessariamente uma cidade terrena, isto é, uma comunidade política, a lei do filósofo não é necessariamente uma lei política.⁶⁵ Do ponto de vista do filósofo, o modo de vida do filósofo que pertence à mais excelente das comunidades políticas ou do filósofo que leva uma vida absolutamente privada é sem dúvida preferível a qualquer outra religião. No entanto, o fato de esses modos de vida serem preferíveis não os torna indispensáveis e, portanto, obrigatórios: Sócrates levou uma vida filosófica mesmo sendo membro ativo de uma comunidade política que julgava um tanto imperfeita.⁶⁶ Enunciando o fato na linguagem do filósofo medieval, é possível viver em solidão tanto isolando-se por completo do mundo quanto participando da comunidade política, isto é, da cidade, seja ela excelente ou falha.⁶⁷ É por isso que o filósofo do *Cuzari* afirma ser irrelevante se o filósofo adota os *nomoi* racionais elaborados pelos filósofos ou se adota qualquer outra religião.

O filósofo se despede do rei e dos leitores com seu segundo discurso, o qual consiste apenas numa breve frase. Ela afirma que "a religião dos filósofos" não aprova nem ordena a matança dos adeptos das outras religiões.⁶⁸ Nenhuma outra conclusão poderia ser obtida a partir da premissa de que a religião dos filósofos não é obrigatória aos próprios filósofos, quanto mais para os outros seres humanos; sendo este o caso, seria extremamente injusto impô-la à força aos que não a escolheram por livre e espontânea vontade. A afirmação serena e inequívoca com que o filósofo sai de cena não deixa de influenciar os acontecimentos posteriores do *Cuzari*, do que dão testemunho as conversas entre o rei e o erudito judeu em que guerras, matanças e inimigos são mencionados.

---

⁶⁵ Comparar *República*, IX até o final com *Leis*, 739b8 e d3.
⁶⁶ Ver o exame dos dois modos de vida – o apolítico e o político – que Sócrates adotou sucessivamente em Muhammad b. Zakariyya al-Razi, "Kitab al-Sirat al-Falsafiyya". *Orientalia, N. S.*, IV, Paul Kraus, 1935, p. 309 ss.
⁶⁷ Ver as observações que tece Narboni ao apresentar seus excertos de Ibn Bagga, *Kitab Tadbir al-Mutawahhid*, Herzog, p. 7 ss.
⁶⁸ I 3. É inaceitável a tradução de Ibn Tibbon, que verte הרינת אדם como האולאי מז ואחר קתל. האולאי remete a cristãos, a muçulmanos e às guerras travadas entre ambos, as quais haviam sido mencionadas pelo rei no discurso precedente. O filósofo não diz que a religião dos filósofos se opõe à morte de quaisquer seres humanos. A morte dos homens bestiais, dos homens do mais baixo nível de humanidade – ver I 1 (4, 14 ss) –, era considerada legítima pelos filósofos; ver Farabi, *Kitab al-Siyasat al-Madaniyya*. Hyderabad, 1346, p. 57 ss. A visão expressa pela tradução de Ibn Tibbon está de acordo com Platão, *Fédon*, 66 c5-d3; ver também a descrição que Razi faz da atitude do jovem Sócrates em *Kitab al-Sirat al-Falsafiyya*.

III. A Lei da Razão como código teológico-político

A Lei da Razão, a qual jamais é mencionada nas conversas do rei com o cristão e o muçulmano, aparece mais de uma vez em suas conversas com o erudito judeu.[69] À primeira vista, a atitude do erudito com relação à Lei da Razão parece ser autocontraditória: em certa passagem, ele se opõe aos *nomoi* racionais; em outras, dá-lhes aprovação.[70] Nós não resolvemos essa dificuldade afirmando que os *nomoi* racionais que ele aprova não são idênticos aos *nomoi* racionais que ele rejeita; isso, afinal, não explica por que ele emprega o mesmo termo para duas coisas tão distintas. Facilmente evitável, essa ambiguidade, a exemplo de todas as ambiguidades dos bons livros, não se deve ao acaso ou à imprudência, e sim a uma escolha deliberada, ao desejo do autor de assinalar uma questão séria. Em primeiro lugar, portanto, é prudente colocar à parte o termo ambíguo e compreender as diferentes atitudes do erudito quanto aos *nomoi* racionais à luz das diferentes circunstâncias conversacionais em que eles se expressam. A observação desfavorável aos *nomoi* racionais aparece na primeira *makala*, enquanto as observações que lhes são favoráveis são feitas nas *makalat* subsequentes. Ora, a primeira *makala* contém as conversas que precedem a conversão do rei, ao passo que as *makalat* posteriores contêm aquelas que lhe sucedem. Ou seja: se o erudito adota uma atitude negativa com relação aos *nomoi* racionais quando o rei está fora da comunidade judaica, quando é possível desconfiar de que ele duvida da verdade do judaísmo, sua atitude se torna positiva depois de as dúvidas fundamentais do monarca terem sido sanadas. Isso está de acordo com outro traço, mais visível, do *Cuzari*, a saber: com o fato de o erudito só esboçar o ensinamento filosófico quase ao final de sua conversa com o rei, bem depois de este passar a considerar-se um

---

[69] Ver n. 25 acima.

[70] Ele se lhes opõe em I 81 (ver o contexto: 79 ss) e os aprova em II 48, III 7 e V 14 (330, 7). Em IV 19 (262, 17), o original fala apenas em *nomoi*, e não, como na tradução de Ibn Tibbon, em *nomoi* racionais. Todavia, ainda que se opte pela interpretação da tradução, as declarações realizadas no texto não precisam ser materialmente modificadas, o que percebemos ao compararmos a passagem com as outras mencionadas: em I 81, ele se opõe aos *nomoi* racionais, ao passo que em II 48 e III 7 os aprova, sem mencionar os filósofos; o segmento IV 19, em que os *nomoi* – e talvez até os *nomoi* racionais – dos filósofos são mencionados com certa desaprovação, tem como objetivo preparar a aprovação derradeira (dada em V 14) dos *nomoi* racionais tais quais observados ou estabelecidos pelos filósofos. Ver n. 142. O rei faz alusão às "leis racionais" em III 60.

judeu normal.⁷¹ O erudito demonstra não apenas com seu "discurso", isto é, com suas declarações explícitas, mas também com "atos", com sua conduta, que somente com base na fé é possível fazer concessões à razão ou que é daninho, quiçá até fútil, fazer da razão a base da fé.⁷²

Imediatamente após ter início sua primeira conversa com o rei, o erudito ataca "a religião [...] a que a especulação conduz" em nome do tipo certo de religião ou lei. Na medida em que regula tanto as "ações" quanto as "crenças", essa "religião" especulativa é sem dúvida equivalente a uma "lei" ou a um "*nomos*". À luz de seu fundamento, ele denomina essa religião "silogística": esta se baseia em silogismos demonstrativos, retóricos, entre outros. À luz de seu objetivo, denomina-a "governamental":⁷³ está a serviço do governo, seja do governo político, seja do governo da razão individual sobre suas paixões. Ele dá a entender que a religião é obra dos filósofos. O erudito se opõe a ela porque ela conduz à dúvida e à anarquia: os filósofos não acedem a uma só ação ou a uma só crença. Ele remete essa deficiência ao fato de os argumentos que respaldam as afirmações dos filósofos só serem parcialmente demonstrativos.⁷⁴ É provavelmente com esse fato em mente que ele se recusa a chamar essa religião, ou *nomos*, de racional. Suas declarações nos levam a suspeitar de que cada filósofo, ou ao menos cada seita filosófica,⁷⁵ elaborava uma religião desse tipo. Ele não diz se os próprios filósofos tinham ciência do caráter retórico ou sofístico de alguns de seus argumentos, caráter que explica por que sua religião como um todo não era verdadeira ou, ao menos, fundamentada; no entanto, é difícil acreditar que o caráter dos silogismos em questão teria escapado àqueles mesmos homens que haviam ensinado à humanidade a diferença entre os

---

⁷¹ Ver as alusões a esse acontecimento crucial em IV 26 (282, 19: "*nós dizemos*") e em IV 22 até o final ("Ó, erudito judeu [...] os judeus"): a descrição do *Sefer Yesirah* feita pelo erudito é o que enfim produz no rei a plena certeza da veracidade da fé judaica. O fato de o erudito fornecer um esboço do pensamento filosófico na quinta *makala* exige explicação, uma vez que o rei não lhe pedira para esboçar o ensinamento da filosofia, e sim a *kalam*; ver V 1.
⁷² Ver II 26 até o final e V 16. Ver, acima, p. 104 ss e n. 48.
⁷³ *Siyasi*, derivado de *siyasa* (*governo* ou *regime*). *Siyasa* pode significar tanto πολιτεία (o título da *República* de Platão foi traduzido em árabe como "*siyasa*" ou "sobre a *siyasa*"; ver Farabi, *Ihsa al--Ulum*, cap. 5; e *Kitab Tahsil al-Sa'ada*, Hyderabad, 1345, p. 44) quanto o domínio da razão sobre a paixão (ver V 12 [318, 20s] e III 5 início). Por conseguinte, *siyasi* pode ser às vezes traduzido como "político", tal qual vemos em IV 13 (254, 12): צֹרוּרָה סִיאָסִיה ("necessidade política"). A tradução arábica de πολιτεία no sentido de πολίτευμα parece ser *riyasa*.
⁷⁴ I 13. Ver I 79 (34, 7 ss) e 103 (56, 12).
⁷⁵ IV 25 até o final.

silogismos que são demonstrativos e os silogismos que não são. Seja como for, o erudito deixa muitíssimo claro que a religião dos filósofos é governamental e que os argumentos em favor dessa religião são parcialmente retóricos.

Diante das observações do erudito a respeito da religião especulativa, é impossível não recordar as observações, feitas pelo próprio filósofo, acerca dos *nomoi* racionais elaborados pelos filósofos ou da religião destes. O próprio filósofo não considerava obrigatória essa religião, uma vez que lhe parecia legítimo substituí-la por qualquer outra e, assim, aderir, em discurso e ações, a uma religião não adotada em pensamento. Ora, o erudito nos diz quase explicitamente aquilo que o filósofo havia apenas insinuado – afinal, o adversário de uma tal visão pode revelar suas implicações com mais segurança do que aquele que a adota –, a saber: que a religião dos filósofos prescreve não somente ações, mas também crenças.[76] Uma vez que a religião dos filósofos, como o próprio filósofo admite, pode ser substituída por qualquer outra religião, as crenças contidas na religião dos filósofos não podem ser idênticas ao ensinamento filosófico propriamente dito, o qual, por ser verdadeiro, o filósofo – isto é, o amante da verdade – não pode trocar por um ensinamento que deve considerar falso (o de que Deus é um legislador, por exemplo). Parece de fato que a religião dos filósofos equivale ao – ou ao menos consiste parcialmente no – ensinamento exotérico dos filósofos.[77] No que diz respeito a esse ensinamento exotérico, descobrimos pelo erudito por que ele é exotérico e com que propósito se faz necessário. É exotérico em virtude do caráter retórico, dialético ou sofístico dos argumentos que lhe dão respaldo; trata-se, na melhor das hipóteses, de um relato verossímil. E a finalidade essencial de qualquer ensinamento exotérico é o "governo" do inferior pelo superior e, portanto, a orientação de comunidades políticas em particular.[78] É com base nisso

---

[76] O próprio filósofo assinala que a indiferença religiosa dos filósofos se estende não somente a ações mudas, mas também aos discursos; ver I 1 (6, 17-22). No entanto, ele distingue a "crença" invariável que sustentam os filósofos das "religiões" variáveis, uma das quais é aquela dos filósofos mesmos. O erudito nos dá a informação adicional de que as "crenças" são parte integrante da religião dos filósofos. Evidentemente, o filósofo e o erudito não usam "crença" no mesmo sentido. No que diz respeito à ambiguidade de "crença", cf. Maimônides, *Guia*, I, 50. Ver também, acima, n. 26.

[77] Ver, acima, p. 112-13.

[78] Assim como os "*nomoi* racionais" podem designar tanto códigos políticos quanto o *regimen solitarii*, o ensinamento exotérico incorporado a esses *nomoi* pode estar a serviço tanto do governo político – dirigindo-se, por conseguinte, aos cidadãos enquanto cidadãos – quanto do domínio (em sua forma mais elevada) da razão sobre as paixões, isto é, da vida filosófica, dirigindo-se assim a

que compreendemos por que o erudito fala *da* "religião a que a especulação conduz" apesar de aparentemente existirem tantas religiões desse tipo quanto seitas filosóficas: as diferenças entre os filósofos no que toca o ensinamento exotérico não subentendem uma diferença fundamental entre eles; na verdade, a admissão da possibilidade e da necessidade de um ensinamento exotérico pressupõe um acordo acerca do elemento mais fundamental.[79]

Antes de usar pela primeira vez a expressão "*nomoi* racionais", o erudito nos faz compreender em que sentido esses *nomoi* podem ser denominados racionais. É óbvio, afinal, que eles não são racionais *simpliciter*. Ao falar da faculdade racional do homem, ele declara que pelo exercício dessa faculdade nascem os "governos" e os "*nomoi* governamentais". O que o erudito chama de "razão" nesse contexto é evidentemente apenas a razão prática.[80] É em relação à sua origem na razão prática que as (boas) leis das comunidades políticas – as leis positivas (e justas) – e quaisquer outras regras de conduta sãs podem ser denominadas racionais.[81] Ora, o legislador pode complementar as leis puramente políticas, os "*nomoi* governamentais", com uma "religião governamental"[82] a fim de fortalecer a disposição das pessoas a obedecerem as leis puramente políticas; essa religião não seria nada racional do ponto de vista da razão teórica, visto que seus princípios estariam fundamentados em argumentos de validade duvidosa; não obstante, podemos denominá-la racional do ponto de vista da razão prática, uma vez que seus princípios têm utilidade evidente.

A primeira referência do erudito à Lei da Razão se dá muito depois de ele haver convencido o rei da verdade das proposições, ou implicações, mais impressionantes da fé judaica, solapando assim, em grande medida, suas dúvidas iniciais.[83] Nessa situação, o erudito contrasta primeiro o tratamento correto de Deus, baseado no "conhecimento divino [...] que de Deus vem",

---

filósofos em potencial. O exemplo mais impressionante desse último tipo de ensinamento filosófico pode ser encontrado no *Fédon* de Platão.

[79] Ver I 13 com 62.

[80] I 35. Ver V 12 (318, 20s). Na passagem anterior, em que ele fala em seu próprio nome, o erudito "esquece", isto é, desconsidera de maneira silenciosa, a razão teórica, identificando tacitamente a razão com a razão prática; na passagem posterior, na qual resume as visões dos filósofos, ele fala explicitamente da diferença entre razão teórica e razão prática. (Cf. n. 14 acima.)

[81] Ver Aristóteles, *Eth. Nic.* 1180a21s.

[82] Ver I 13 com o comentário de Maimônides sobre Avodah Zarah, IV, 7, Wiener, p. 27, e Falakera, *Sefer ha-Mebakkesh*, Amsterdã, 1779, p. 29b.

[83] Comparar I 48, 52 e 58 com as declarações precedentes do Cuzari; ver, ademais, I 76, 62 e 60.

com o equivocado tratamento por meio do "silogismo" e do "pensamento" adotado pelos astrólogos e pelos fabricantes de talismãs; ele deixa claro que o tratamento equivocado é a base dos "*nomoi* astrológicos e físicos" do período pré-mosaico, cuja variedade mesma dá provas de sua ilegitimidade. É nesse contexto que ele contrasta o *nomos* de origem divina com os "*nomoi* racionais" de origem humana.[84] Na medida em que "*nomos*" e "religião" são, nesse contexto, utilizados como sinônimos, é possível dizer que o erudito repete seu confronto inicial entre a religião silogística e a religião revelada. Essa repetição, contudo, não é uma reprodução idêntica: ele não mais atribui a religião silogística aos filósofos, e sim a astrólogos e a outros tipos de gente supersticiosa; além disso, seu caráter político não é mais mencionado. Podemos acrescentar, de passagem, que na observação inicial do erudito sobre a religião silogística essa religião não era denominada *nomos* ou lei, enquanto sua origem nos filósofos era apenas implícita. O que quer que isso signifique, o erudito parece admitir dois tipos de religião silogística ou de *nomoi* racionais: um deles, obra dos filósofos;[85] o outro, de pessoas supersticiosas. Na realidade, é tendo em vista este último, e não aquele, que o erudito emprega pela primeira vez o termo "*nomoi* racionais".[86]

Halevi – ou o erudito judeu – não foi o único autor medieval a sublinhar a afinidade existente entre obras como as *Leis*, de Platão, e livros que regulavam ou abordavam práticas supersticiosas: um volume que é por alguns chamado de "Os *nomoi* de Platão" e cujo tema é a bruxaria, a alquimia, etc. ainda sobrevive.[87] Do ponto de vista de Halevi ou de qualquer um que adote uma religião revelada, as *Leis* de Platão e os *nomoi* supersticiosos pertenceriam naturalmente ao mesmo gênero: o gênero dos *nomoi* de origem humana. Na medida em que os *nomoi* racionais não diferem da religião silogística, o gênero que abarca tanto obras como as *Leis* quanto os *nomoi* supersticiosos deve ser descrito, mais precisamente, como o gênero de códigos que pos-

---

[84] I 81 e 79 (32, 15-21 e 34, 6-8). Ver I 80, 97 (46, 24 ss e 50, 7-10), 98; II 16 (82, 11s) e 56 (116, 14-16).

[85] No início de I 97 e no final de I 99, em contextos semelhantes ao de I 81, referências explícitas são feitas aos filósofos.

[86] A partir de II 20 (88, 10-13), trecho que corresponde mais diretamente a I 81, temos a impressão de que os *nomoi* que o erudito contrasta com o verdadeiro *nomos* são aqueles dos persas, hindus e gregos. Ver também V 2 início.

[87] Ver M. Steinschneider, "Zur pseudepigraphischen Literatur des Mittelalters", *Wissenschaftliche Blätter*. Berlin, 1862, p. 51 ss; e *Die Arabischen Uebersetzungen aus dem Griechischen*, op. cit., p. 19.

suem origem humana e que consistem, em parte ou por inteiro, em regras que regulam crenças ou ações religiosas; precisamos distinguir, ademais, duas espécies nesse gênero: uma que se ocupa sobretudo das práticas cerimoniais ou mágicas (os *nomoi* supersticiosos) e outra que não dá tanta ênfase a elas (os *nomoi* elaborados pelos filósofos).[88] Ambos os tipos de código são ditos racionais porque são obras da razão prática. Dos supersticiosos "livros dos astrólogos", o erudito menciona um pelo nome: *A Agricultura Nabateia*, ao qual parece atribuir origem hindu. Sobre os hindus, ele afirma nesse contexto que trata-se de um povo que nega a revelação divina (a existência de um "livro vindo de Deus").[89] A afinidade, portanto, entre os *nomoi* filosóficos e ao menos alguns dos *nomoi* supersticiosos não se limita à origem humana e à intenção religiosa de ambos; as duas espécies de literatura também possuem em comum o fato de seus autores negarem explicitamente a revelação divina. Por fim, mas não menos importante, de modo algum se exclui a possibilidade de os criadores de algumas das práticas ou crenças supersticiosas, e talvez, portanto, os autores de alguns dos códigos supersticiosos, terem sido eles mesmos filósofos que se dirigiam à multidão.[90]

Para uma compreensão mais adequada da relação entre os *nomoi* racionais elaborados pelos filósofos e os *nomoi* racionais supersticiosos, torna-se necessário recorrer ao *Guia* de Maimônides. Segundo ele, a *Agricultura Nabateia* é o documento mais importante da literatura sabeia. Os sabeus eram um povo de extrema ignorância, afastados ao máximo da filosofia. Eram dados a todos os tipos de práticas supersticiosas (idolatria, talismãs, bruxaria). Existiam "*nomoi* dos sabeus" que estavam intimamente relacionados à sua "religião", e suas "loucuras delirantes" constituíam, tanto quanto os "*nomoi* dos gregos", formas de "orientação política".[91] Eles não hesitavam em afirmar a realidade de coisas assaz estranhas, "impossíveis por natureza". Desse modo, poderíamos nos sentir tentados a atribuir a eles uma credulidade excessiva a respeito

---

[88] Ver o índice de O. Apelt à sua tradução alemã das *Leis* de Platão, s. vv. *Delphi, Feste, Gebet, Gott, Grab, Opfer, Priester, Reinigung, Wahrsager*, etc. [Delfos, festival, prece, deus, enterro, vítima, sacerdote, purificação, vidente, etc.].

[89] I 79 (32, 19 ss) e 61. Quanto à influência da literatura hindu sobre Ibn Wahshiyya, autor da *Agricultura Nabateia*, ver Bettina Strauss, "Das Giftbuch des Sanaq". *Quellen und Studien zur Geschichte der Naturwissenschaften und der Medizin*, IV, Berlin, 1934, p. 116 ss. Ver n. 35.

[90] Ver I 90 início (46, 24-48, 4) e III 53 (204, 9-15). Ver Avicena, *De Anima...* Trad. Alpagus. Veneza, 1546, 60b-61a.

[91] *Guia*, III, 29 (63a e b, 64b, 66b). Ver II, 39 até o final.

dos milagres.[92] Porém, como Maimônides não deixa de assinalar, a prontidão com que eles afirmavam a realidade de coisas assaz estranhas e "impossíveis por natureza" é por si só assaz estranha; com efeito, eles criam na eternidade do mundo, ou seja, estavam de acordo com os filósofos acerca dessa questão crucial, opondo-se aos adeptos da revelação.[93] Os que seguem essa linha de raciocínio até sua necessária conclusão não se surpreendem ao ler no *Tratado sobre a Ressurreição*, de Maimônides, o comentário mais autêntico sobre o *Guia*, que os sabeus deduziam da eternidade do mundo a impossibilidade dos milagres e que, na verdade, eles estavam muito longe de acreditar nesses fenômenos: foi essa descrença radical nos milagres o que induziu Deus a adiar o anúncio do futuro milagre da ressurreição até muito depois da revelação no Sinai, isto é, até que a crença nos milagres houvesse se arraigado com firmeza na mente dos homens.[94] Nesse sentido, Maimônides indica, no *Guia*, que o autor da *Agricultura Nabateia* formulou sua tolice ridícula a fim de lançar dúvidas sobre os milagres bíblicos e que algumas das histórias contidas na obra têm como objetivo sugerir que os milagres bíblicos foram realizados por meio de truques.[95] Decerto não é difícil compreender por que um homem que nega os milagres deveria compilar informações sabeias sobre acontecimentos naturais mais maravilhosos do que os milagres bíblicos mais impressionantes. Talvez não seja absurdo questionar se livros como *A Agricultura Nabateia* foram escritos não por adeptos simplórios de credos e práticas supersticiosas, e sim por adeptos de filósofos.[96] Desse modo, é precipitado colocar de lado, sem qualquer exame ulterior, a suspeita de que ao menos alguns dos *nomoi* supersticiosos, assim como as interpretações aparentemente supersticiosas desses *nomoi*, são racionais não tanto do ponto de vista da razão prática, mas do ponto da razão teórica. O mesmo se aplicaria, *mutatis mutandis*, aos *nomoi* racionais elaborados pelos filósofos, na medida em que serviam para solapar

---

[92] Quanto aos milagres que são "impossíveis por natureza", ver Maimonides, *Treatise on Ressurection*, editado por Finkel, p. 34-36 e 27-30.

[93] III 29 (63a). Ver III 25 até o final.

[94] Maimonides, *Treatise on Ressurection*, op. cit., p. 31-33.

[95] III 29 (65a).

[96] Por conseguinte, ao menos parte da literatura "sabeia" seria comparável, no que diz respeito à sua tendência e a seu procedimento, à descrição que Ibn Ar-Rawandi faz dos brâmanes (ver Paul Kraus, "Beiträge zur Islamischen Ketzergeschichte", *Rivista degli Studi Orientali*, XIV, 1934, p. 341-57). Os sabeus e os brâmanes são mencionados juntos no *Cuzari* II 33; Ver I 61. Maimônides declara que os hindus são remanescentes dos sabeus: *Guia*, III, 29 (62b, 63a, 65a) e 46 (101b).

a crença na legislação divina propriamente dita.⁹⁷ Em todo caso, Maimônides inicia sua exposição do sabeanismo com a afirmação de que os sabeus identificavam Deus com as estrelas ou, para sermos mais precisos, com os céus.⁹⁸ Isso quer dizer que o princípio básico dos sabeus é idêntico àquele que os adeptos de Avicena declaravam ser o princípio básico do ensinamento esotérico de seu mestre: a identificação de Deus com os corpos celestes. O ensinamento esotérico de Avicena foi exposto em sua *Filosofia Oriental*, dita "oriental" por ser idêntica à visão do "povo do Oriente".⁹⁹

IV. A Lei da Razão como arcabouço de todo código

A primeira referência positiva do erudito à Lei da Razão aparece algum tempo depois de o rei ter ingressado na comunidade judaica e começado a estudar a Torá e os livros dos profetas. Ao responder às "questões hebraicas"¹⁰⁰ do monarca, ele lhe havia explicado a superioridade de Israel em relação às outras nações. No geral, o rei foi convencido; crê, porém, que precisamente por causa da superioridade de Israel deveria haver mais monges e ascetas entre os judeus do que entre os outros povos. É no contexto de uma crítica do ascetismo e do anacoretismo que aparecem a primeira e a segunda referências positivas do erudito à Lei da Razão.¹⁰¹ Essa crítica constitui a parte central da crítica da filosofia; diz respeito, afinal, não a este ou àquele conjunto de dogmas de determinada seita filosófica, e sim à vida filosófica em si, isto é, à vida de contemplação que é essencialmente associal e, portanto, anacorética.¹⁰²

O rei, em parte baseado em passagens bíblicas como Deuteronômio 10,12 e Miqueias 6,8, acreditava que a forma certa de se aproximar de Deus consistia na humildade, na automortificação e na justiça – ou, para darmos

---

⁹⁷ Compare o exame platônico da origem divina das leis de Minos e Licurgo no primeiro livro das *Leis*.
⁹⁸ *Guia*, III, 29 (62a-b). Note-se em particular, no final da p. 62b, a distinção entre "*todos* os sabeus" e "os filósofos" do período sabeu: apenas estes últimos identificavam Deus com o espírito da esfera celeste; a grande maioria claramente o identificava com o corpo da esfera celeste. Ver *Mishné Torá*, H. 'Avodah Zarah, I, 2 (ed. Hyamson, 66b 1-7). Sobre o "ateísmo" dos sabeus, ver também *Guia*, III, 45 (98b-99a).
⁹⁹ Averroes, *Tahafut al-Tahafut*. Beirute, M. Bouyges, 1930, X, p. 421.
¹⁰⁰ II 1 até o final. Ver II 81.
¹⁰¹ Comparar II 48 com 45 e 50 início, tal como III 7 com 1-17.
¹⁰² Ver n. 64.

pleno uso às passagens bíblicas a que ele alude, mas sem citá-las, que essa consistia em temer a Deus, em trilhar Seus caminhos, em amá-Lo e servi-Lo com todo o coração e toda a alma, em agir com justiça, em amar a misericórdia e caminhar humildemente com Deus.[103] A resposta do erudito é a seguinte: "Essas coisas e outras semelhantes são os *nomoi* racionais; constituem o preâmbulo e a introdução à lei divina, antecedem-lhe em natureza e no tempo, são indispensáveis para o governo de toda e qualquer comunidade humana; nem mesmo uma comunidade de ladrões pode isentar-se da obrigação da justiça em suas relações mútuas: caso contrário, sua associação não duraria". Desse modo, ele entende por *nomoi* racionais a soma das regras que descrevem o mínimo de moralidade que se faz indispensável à preservação de qualquer sociedade. Ele considera a relação desses *nomoi* com qualquer sociedade comparável à relação de "coisas naturais" como a comida, a bebida, o movimento, o descanso, o sono e o despertar com o indivíduo:[104] sentimo-nos tentados a dizer que para ele os *nomoi* racionais equivalem a *iura quase naturalia*.[105] Na segunda referência positiva aos *nomoi* racionais, feita algum tempo depois de concluído o exame das "questões hebraicas", ele acrescenta a observação de que os *nomoi* racionais são conhecidos independentemente da revelação no que tange a sua substância, mas não no que tange a sua medida: a especialização precisa dessas regras, indubitavelmente muito genéricas, está além das capacidades do homem.[106] Aproximando as duas observações, somos levados a achar que os *nomoi* racionais aprovados pelo erudito nada mais são do que o arcabouço de todo código, e não um código propriamente dito.

Em seu primeiro pronunciamento sobre a questão, o erudito também chama os *nomoi* racionais de "leis racionais e governamentais", de "leis que (até mesmo) a menor e mais baixa comunidade observa", de "lei governamental e racional", de "lei racional" e de "(leis) racionais". Nesse contexto, ele só emprega o termo "*nomoi*" uma vez, substituindo-o consistentemente por "leis" ou "lei" e, com isso, assinalando que está seguindo a *kalam* em vez de a filosofia. Com efeito, está de acordo com a tradição da *kalam* contrastar o que

---

[103] O rei cita apenas o seguinte: "O que o Senhor teu Deus exige de ti, senão temer ao Senhor teu Deus, etc." e "O que o Senhor exige de ti". Na tradução de Ibn Tibbon, são acrescidas as seguintes palavras de Miqueias: "senão agir com justiça e amar a misericórdia".
[104] II 48.
[105] Eles não são naturais precisamente por serem *nomoi*.
[106] III 7. Ver Saadya, *Kitab al-Amanat*, III, ed. Landauer, p. 119.

ele quase chama de "leis racionais" com aquilo que ele quase chama de "leis reveladas". Afastando-se dessa tradição, porém, ele não emprega esses termos sem qualificá-los.[107] Esse procedimento não surpreende, uma vez que ele é de fato um *mutakallim* – embora não um *mutakallim* típico[108] – e uma vez que não atribui o peculiar uso que dá ao termo nem aos *mutakallimun*, nem aos filósofos. Tampouco surpreende que, por ser um *mutakallim*, ele pareça incluir deveres para com Deus entre as "leis racionais". O que nos surpreende em primeiro lugar é o fato de ele parecer incluir as obrigações religiosas mais sublimes (temer a Deus, amá-Lo com toda a alma, caminhar humildemente com Ele) entre aquelas obrigações mínimas que até mesmo a sociedade mais ínfima e humilde cumpre de modo tão necessário ou quase tão necessário quanto um indivíduo cumpre ao comer, beber e dormir; em segundo lugar, surpreende-nos que, ao empregar como sinônimos os termos "*nomoi* racionais" e "leis racionais", ele pareça identificar os *nomoi* racionais ou a religião silogística, veementemente desaprovados antes da conversão do rei, com as leis ou os mandamentos racionais que formam o arcabouço do código bíblico e de qualquer outro código. A primeira dificuldade diz respeito ao conteúdo da Lei da Razão enquanto arcabouço de todo código; a segunda, à relação aparentemente próxima entre esse arcabouço de todo código e o código inteiro, elaborado pelos filósofos.

Porventura os deveres para com Deus pertencem ao mínimo moral exigido de toda e qualquer sociedade, por menor que ela seja?[109] Na primeira declaração sobre o assunto, o erudito toma como exemplos dos *nomoi* racionais, ou das leis racionais e governamentais, os seguintes pontos,

---

[107] Enquanto o termo habitual empregado pela *kalam* é "leis reveladas", o erudito fala primeiro de "leis divinas e reveladas", depois de "lei divina" e, por fim, de "leis" (II 48; ele não fala mais de "leis reveladas" nas duas declarações posteriores: III 7 e 11). Enquanto a terminologia da *kalam* dá a entender que a lei divina como um todo consiste em leis racionais e reveladas, o erudito trata as leis racionais como preparatórias, e portanto extrínsecas, à lei divina: ele insiste na independência daquelas com relação a esta. Ver a menção das "leis reveladas" em IV 13 até o final e a alusão a elas em III 60.

[108] Ver p. 99 ss.

[109] A resposta do erudito a essa pergunta não pode ser estabelecida com referência aos sete mandamentos de Noé; com efeito, como ele dá a entender em I 83 (36, 17-20), isto é, logo após mencionar pela primeira vez os *nomoi* racionais (em I 81), a seus olhos os mandamentos de Noé foram "herdados", não sendo portanto meramente racionais (ver I 65). Comparar também III 73, próximo ao começo, com II 48, III 7 e 11. O mesmo se aplica ao Decálogo, "mães e raízes das leis"; ver I 87 (38, 19 ss), II 28 e IV 11 início com II 48, III 7 e 11.

dispondo-os numa ordem esclarecedora que antecipa as explicações fornecidas adiante: "justiça, bondade e reconhecimento da graça de Deus", "justiça e reconhecimento da graça de Deus" e "agir com justiça e amar a misericórdia".[110] Quando fala explicitamente da comunidade de ladrões, o erudito só menciona a obrigação para com a justiça, enquanto ao referir-se à comunidade pequena e baixa alude à justiça, à bondade e ao reconhecimento da graça de Deus. Em sua segunda declaração, ele não menciona quaisquer deveres para com Deus entre "as ações governamentais e os *nomoi* racionais" ou os "(*nomoi* ou ações) governamentais e racionais", os quais se distinguem dos "(*nomoi* ou ações) divinos". Numa terceira declaração, em que somente alude aos *nomoi* ou às leis racionais, o erudito traça uma distinção entre leis divinas, leis governamentais e leis psíquicas; ele não menciona quaisquer deveres para com Deus entre as leis governamentais, ao passo que as leis divinas e psíquicas dizem respeito apenas a esses deveres.[111] A questão crucial que ficou em aberto na primeira declaração não é solucionada nas duas declarações posteriores, visto que nenhuma delas revela se "as ações governamentais e os *nomoi* racionais" ou "leis governamentais" – os quais não parecem incluir deveres para com Deus – esgotam o mínimo indispensável e imutável de moralidade exigido de qualquer sociedade.[112]

Dadas as circunstâncias, pouco nos resta senão examinar as alternativas. Todavia, mesmo esse exame não é algo muito fácil, uma vez que as declarações do erudito são estranhamente elusivas. Isso não se aplica somente à questão de se a religião pertence ao mínimo de moralidade exigido de qualquer sociedade ou aos *iura naturalia*, mas também à questão de se os *iura naturalia* podem ser ditos racionais. Com efeito, a opção de a religião não

---

[110] Ver também n. 132, adiante.

[111] II 48, III 7 e 11 (152, 9-154, 24). Nas páginas seguintes, nos referiremos a essas três passagens como a primeira, a segunda e a terceira (ou última) declaração, respectivamente. A distinção entre as leis divinas, governamentais e psíquicas se assemelha à distinção, feita por Bahya ibn Pakuda, entre os "deveres revelados dos membros", os "deveres racionais dos membros" e os "deveres do coração". As leis divinas são praticamente idênticas às leis cerimoniais; os exemplos mais importantes das leis psíquicas são os três primeiros mandamentos do Decálogo.

[112] No meio da primeira declaração, o erudito parece diferenciar a "lei racional", cujo objeto é a justiça e o reconhecimento da graça de Deus, da "lei governamental e racional", cujo objeto é a justiça, a bondade e o reconhecimento da graça divina; desse modo, o objeto próprio da lei governamental seria a "bondade". (No que diz respeito à íntima relação entre "bondade" e "cidade", ver III 2-3.) A segunda e a terceira declarações fazem uma leitura dessa implicação.

ser essencial à sociedade como tal está intimamente ligada, no raciocínio do erudito, à tese de que os *iura naturalia* não são racionais – e vice-versa.[113] O vínculo entre as duas questões é tão próximo quanto aquele entre a religião como tal e a moralidade como tal.

O embaraço do erudito pode ser explicado com facilidade. Negar que a religião seja essencial à sociedade é difícil para um homem piedoso como Halevi e, ousamos dizer, para qualquer pessoa que deposite alguma confiança na experiência acumulada da raça humana. Afirmá-lo nada mais seria do que conferir valor até mesmo à religião idólatra mais abominável, visto ser impossível supor que a proverbial gangue de ladrões ou a menor e mais baixa das comunidades adotariam a única religião verdadeira ou qualquer uma de suas imitações. De acordo com esse ponto de vista, creio ser impossível definir se a negação, não acompanhada da afirmação da existência de qualquer outra deidade – da existência, digamos, de Moloque –, é melhor ou pior do que uma fé viva em Moloque.[114] Esse embaraço nasce de o erudito ter levantado a questão filosófica referente à base de toda e qualquer sociedade. Isso, porém, dificilmente poderia ser evitado numa conversa com um rei que acabara de largar o paganismo. Ou, descartando por um momento o cenário conversacional, a defesa da religião por meio do argumento não deixa de oferecer riscos à fé pura, como bem indica o próprio Halevi.[115]

O próprio termo "leis governamentais" assinala que o grupo de leis por ele designado está mais diretamente vinculado ao governo – ao governo político, de modo particular – do que os outros grupos: por si sós, as leis governamentais parecem ser o mínimo moral indispensável a qualquer governo, ou ainda o arcabouço, evidentemente necessário e suficiente, sempre idêntico, dos muitos códigos elaborados pelos homens e do único código divino. A fim de compreendermos com mais clareza o propósito das leis governamentais – as quais, cabe dizer, ocupam posição central na última declaração[116] –, precisamos superar essa dificuldade. Justamente a última declaração, única a

---

[113] A tese de que a religião não é essencial à sociedade indica que os *iura naturalia* são idênticos às leis governamentais não reveladas; ora, é impossível para nós determinar o significado preciso das leis governamentais não reveladas sem presumirmos que estas não são idênticas aos *nomoi* racionais e, portanto, que não são leis racionais.
[114] Ver também o elusivo tratamento, em IV 12 ss, da questão de se é preferível o islã ou a filosofia.
[115] Ver, acima, p. 115-16 ss.
[116] A última declaração é apenas uma das três em que é mencionado um número ímpar de grupos de leis.

tratar inequivocamente das leis governamentais, não lida de modo inequívoco com seus elementos não revelados, uma vez que trata das leis governamentais tais quais contidas no código divino, sem distinguir seus elementos revelados de seus elementos não revelados. A segunda declaração, por sua vez, na qual o erudito distingue as leis conhecidas somente pela revelação das leis conhecidas independentemente da revelação, lida com "as ações governamentais e os *nomoi* racionais" sem distinguir as leis governamentais destes *nomoi*; na última declaração, por fim, a distinção entre leis governamentais e leis psíquicas nos leva a suspeitar de uma distinção correspondente, embora de modo algum idêntica, entre leis governamentais e *nomoi* racionais.[117] Para descobrirmos que leis inequivocamente governamentais o erudito julga serem conhecidas sem a revelação, precisamos comparar a segunda declaração com a terceira: as leis que figuram na segunda sob o título "ações governamentais e *nomoi* racionais", assim como na terceira sob o título "leis governamentais", são sem dúvida as leis governamentais conhecidas independentemente da revelação.

O erudito inclui, entre os *nomoi* governamentais e racionais que são conhecidos independentemente da razão, o dever de instruir a própria alma por meio do jejum e da humildade, mas não o menciona entre as leis governamentais do código divino; com isso, parece assinalar que o dever não pertence aos *iura naturalia*. Nada disso nos surpreende, visto ser assaz absurdo imaginar uma gangue de ladrões instruindo suas almas pelo jejum e pela humildade no intuito de garantir a preservação da gangue. Por outro lado, ele menciona, entre as leis governamentais do código divino, a proibição do assassinato, por exemplo, ao mesmo tempo que não a inclui entre os *nomoi* governamentais e racionais que são conhecidos independentemente da revelação. Também isso será facilmente compreensível se tivermos em mente que a Bíblia proíbe o assassinato de maneira absoluta, enquanto uma gangue de ladrões, por exemplo, teria apenas de proibir o assassinato de outros membros do grupo. Isso também explica por que o erudito menciona em ambas as

---

[117] As leis psíquicas não são leis racionais: elas orientam o homem a Deus enquanto legislador e juiz, e Deus enquanto legislador e juiz não é cognoscível pela razão humana desassistida; comparar III 11 (154, 5 ss) com IV 3 (228, 18 ss) e 16. Afirmar a racionalidade das leis psíquicas em virtude de II 47 ss seria afirmar que nem mesmo uma gangue de ladrões poderia deixar de crer, temer e amar o Deus de Abraão, Ele que é distinto do Deus de Aristóteles. Ibn Tibbon acrescenta a "leis psíquicas" o trecho "elas são as leis filosóficas". Ou esse acréscimo está baseado numa incompreensão completa das intenções do autor, ou deseja assinalar algo que fui incapaz de compreender.

enumerações a proibição do logro ou da mentira, uma vez que a própria Bíblia se limita a falar do próximo ao expressar seu veto.[118] O erudito menciona o dever de honrar os próprios pais nas duas declarações: "a família é a parte primordial da cidade".[119] Ora, se seguirmos a insinuação fornecida pela tradução de Ibn Tibbon, deveremos dizer – o que parece preferível – que ele inclui entre as leis governamentais da Bíblia o mandamento de honrar o próprio pai e a própria mãe e, entre as leis governamentais conhecidas independentemente da revelação, o dever de honrar "os pais" – expressão que se entende também no sentido metafórico de "conselheiro" ou "mestre".[120] Por conseguinte, o erudito assinalaria que nem mesmo uma gangue de ladrões pode perdurar sem que seus integrantes respeitem aqueles que em seu grupo são intelectualmente superiores. Resumindo: os *iura naturalia* na verdade nada mais são do que o mínimo indispensável e imutável de moralidade exigido para a mera existência de qualquer sociedade.[121]

As observações precedentes estão fundamentadas na distinção entre leis governamentais e *nomoi* racionais e, portanto, na suposição, à qual a linha de raciocínio nos obriga, de que as leis governamentais (não reveladas) não podem ser chamadas, em última instância, de leis racionais.[122] Essa suposição pode ser justificada por uma série de motivos. O termo "leis racionais" possui um significado claro na medida em que as leis racionais se opõem às leis divinamente reveladas ou suprarracionais. Todavia, essa clareza se esvai se a expressão for usada para identificar grupos de leis não reveladas tão distintos quanto, por exemplo, as leis naturais e as leis civis; afinal, todas as

---

[118] A proibição do logro ocupa posição central na enumeração de III 7, o que provavelmente também se aplica à enumeração das leis governamentais de III 11, contanto que encaremos cada item como uma lei em si ("honrar o pai" e "honrar a mãe" como duas leis distintas, por exemplo; ver, adiante, n. 120).

[119] Maimônides, *Guia,* III, 41 (90b), em exame de mandamentos bíblicos similares.

[120] "Honrar os pais é um dever" (III 7); "é um dever" não consta no original; além disso, Ibn Tibbon traduz אלואלדיו por האבות.

[121] Uma apresentação mais explícita dessa visão "baixa" do direito natural se encontra em Josef Albo, *'Ikkarim,* I 7. Ver as observações críticas que Julius Guttmann dirige a Saadya e outros homens por sua incapacidade de distinguir as "normas jurídicas de natureza puramente técnica" das "normas morais" (Julius Guttmann, *Die Philosophie des Judentums.* Munich, 1933, p. 80 ss).

[122] Maimônides (*Eight Chapters,* VI) só menciona, entre as leis que os *mutakallimun* equivocadamente dizem racionais e que deveriam ser chamadas de leis aceitas por todos, aquelas que Halevi denominaria governamentais. Ou seja: afastando-se de sua fonte talmúdica (b. Yoma, 67b), ele não inclui entre elas quaisquer deveres para com Deus. Ver também, adiante, a n. 139.

leis que merecem esse nome são obra da razão[123] e, portanto, racionais: uma lei que só soluciona com justiça um problema que existe em determinado país e em determinada época não é menos racional – em certo sentido, é ainda mais – do que uma lei válida em todos os países e em todas as épocas. Além disso, se a validade universal é tomada como sinal inequívoco de racionalidade, é óbvio que nenhuma das leis mais universais que o erudito inclui entre as leis governamentais não reveladas é de fato válida universalmente:[124] quase todos os homens admitem ser lícito enganar um assassino em potencial a respeito da localização de sua provável vítima. Por fim, não sabemos se é possível denominar racionais, em sentido enfático, aquelas leis que, como tais, não se destinam à perfeição do homem enquanto homem. Ora, as leis governamentais só se orientam ao seu bem-estar físico, calando-se quanto ao bem-estar de sua alma.[125]

Nós já deslindamos a seguinte visão dos *iura naturalia*: eles não abarcam quaisquer deveres para com Deus,[126] não fazem mais do que delimitar os elementos essenciais de qualquer "Binnenmoral"[127] e não podem ser denominados racionais. Chamaremos essa visão de visão filosófica.[128] Não se trata, decerto, da visão da *kalam*. E talvez se tenha a impressão de que basta enunciá-la de maneira explícita para provar que o erudito, esse *mutakallim* atípico, não poderia tê-la aceitado, muito embora seja esta uma interpretação alternativa de suas declarações. O que é possível dizer com certeza é que ele praticamente rejeita o primeiro dos motivos mencionados no parágrafo anterior. Isso, contudo, só nos leva a uma nova dificuldade.

---

[123] I 35. Ver *Eth. Nic.* 1180a12f.
[124] Ver IV 19.
[125] Ver Maimônides, *Guia*, II, 40 (86b), sobre os códigos governamentais.
[126] Ver Tomás de Aquino, *Summa Theologica*, I 2, q. 104, art. 1: "praeceptorum cujuscumque legis quaedam habent vim obligandi ex ipso dictamine rationis, [...] et hujusmodi praecepta dicuntur moralia [...] etiam in his quae ordinant ad Deum, quaedam sunt moralia, quae ipsa ratio *fide informata* dictat, sicut Deum esse amandum et colendum." ["certos preceitos de qualquer lei têm força obrigatória, em virtude de um ditame da razão. [...] E esses preceitos se chamam morais. [...] Mesmo em relação ao que se ordena para Deus, há certos preceitos morais, que a razão dita, informada pela fé. Assim, que devemos amar e adorar a Deus". Citado conforme edição da *Suma Teológica* traduzida por Alexandre Correia e disponível no site da editora Permanência. (N. E.)]
[127] Usado originalmente por Weber; *Binnenmoral* é a moral interna a um determinado grupo e, portanto, não universal. (N. T.)
[128] Ver, acima, p. 103 ss e notas 122 ss.

Na declaração central, o erudito deixa claro que só Deus pode completar de maneira adequada o esboço fornecido pelos *iura naturalia* conhecidos independentemente da revelação; desse modo, parece admitir que a distinção entre leis racionais e leis não racionais (e reveladas) é legítima. A referida observação dá a entender, porém, que mesmo um código meramente governamental, para ser bom para a comunidade, deve ser obra da revelação. Uma vez, contudo, que nenhuma sociedade, independentemente do quão baixa ou pequena, pode perdurar sem observar os *iura naturalia*, e uma vez que, para se tornarem boas para a comunidade, isto é, para que sejam sequer aplicáveis, essas regras devem ser determinadas com precisão pela revelação divina, somos levados a concluir que nenhuma sociedade que não seja governada por um código revelado pode perdurar ou que não basta a religião para que as sociedades sobrevivam: é necessária a religião revelada. Essa conclusão não é de todo surpreendente: de acordo com o erudito, apenas a nação judaica é eterna; todas as outras são perecíveis. As outras nações estão mortas; somente a judaica vive.[129]

Para encontrarmos o caminho de volta que nos leva de sua resposta derradeira até a explicação de como uma sociedade, humanamente falando, pode ser duradoura, devemos recordar o vínculo que há entre a afirmação de que os *iura naturalia* são racionais e a afirmação de que a religião pertence a eles: ao aceitar a primeira, ele deve ter aceitado, ainda que um pouco vacilante, também a segunda. Afirmaremos então que, segundo o erudito, os *iura naturalia* racionais não se esgotam nas leis governamentais não reveladas tais quais descritas anteriormente, mas incluem também o que pode ser chamado de exigências da piedade natural.[130] A razão desassistida é capaz de perceber que sociedade alguma pode perdurar sem as crenças e ações religiosas, mas não tem condições de determinar o tipo certo de ambas: a exemplo de todas as leis específicas, aquelas que dizem respeito às ações e crenças religiosas ou são suprarracionais e, portanto, boas, ou são irracionais e, por conseguinte, más. Ao perceber a necessidade da religião, a razão procura satisfazer essa necessidade desenvolvendo algum tipo de religião silogístico-governamental; desse modo, nascem os *nomoi* racionais descartados na primeira *makala*. Em contraposição a esses *nomoi* racionais que são códigos completos, os *nomoi* racionais que constituem apenas o arcabouço de todo e qualquer código, seja

---

[129] II 32-34; III 9-10; IV 3 (230, 12-20) e 23.
[130] O quão pouco definidas essas exigências são no que diz respeito ao objeto de culto pode ser percebido em IV 15 e IV 1-3.

ele fabricado pelo homem ou revelado, são legítimos. Embora essa interpretação se aproxime mais do que qualquer outra que me vem à mente da profissão de fé do erudito, ela continua sujeita às dificuldades que foram assinaladas.[131]

O que foi dito sobre o estreito vínculo que há, no argumento do erudito, entre a declaração de que a religião é essencial à sociedade e a declaração de que o mínimo moral da vida social pode ser denominado "leis racionais" não deve ser entendido como uma afirmação de que essas duas declarações são inseparáveis. Os filósofos não teriam acrescido religiões governamentais às leis governamentais caso não reconhecessem a necessidade social da religião. Por outro lado, nada do que o erudito tenha afirmado ou dado a entender justificaria nossa descrença na impressão inicial de que os filósofos negavam o caráter racional dos *iura naturalia*.

V. A Lei da Razão e o direito natural

O mesmo termo, "*nomoi* racionais", é utilizado pelo erudito para designar, primeiro, os códigos pagãos fabricados pelo homem – por ele desaprovados por completo – e, depois, as regras afins às "leis racionais", os "mandamentos racionais" no sentido da *kalam*, ou o arcabouço de todo código, ao que ele naturalmente dá sua aprovação. Nada lhe teria sido mais fácil do que usar dois termos diferentes para duas coisas tão distintas. Tendo em vista a gravidade do assunto, sua recusa a fazê-lo não pode resultar de negligência. Seu emprego estranho e desconcertante nos força a questionar como códigos completos, extremamente irreconciliáveis com o código divino, podem ser interpretados de modo a se tornarem idênticos ao arcabouço de todo código e, portanto, também do código de Deus. Uma vez que não pode advir de uma declaração explícita do erudito ou do autor, a resposta a essa questão será necessariamente hipotética. Para esclarecermos o problema, evitaremos ao máximo o ambíguo

---

[131] De acordo com as duas primeiras declarações (I 1 e 81), os *nomoi* racionais são códigos religiosos, quer se trate da religião dos filósofos, quer se trate dos códigos pagãos habituais. Segundo a terceira declaração (II 48), os *nomoi* racionais provavelmente abarcam deveres para com Deus. Segundo a quarta (III 7), certamente não os abarcam. De acordo com a quinta (III 11), as leis governamentais são claramente diferentes das leis divinas e psíquicas, isto é, das leis que regulam a religião. Segundo a sexta (IV 19), os *nomoi* dos filósofos são claramente distintos da religião (esotérica) dos filósofos, a qual consiste na "assimilação a Deus", isto é, ao Deus de Aristóteles. A declaração final (V 14) nada diz sobre o assunto.

termo "*nomoi* racionais": daremos aos códigos completos o nome de Lei da Razão e, ao arcabouço de todo código, direito natural.

É claramente impossível identificar a Lei da Razão, no sentido pleno do termo,[132] com o direito natural. O erudito, portanto, deve ter distinguido entre o núcleo religiosamente neutro da Lei da Razão e sua periferia pagã,[133] tal como identificado seu núcleo apenas com o direito natural. Partimos do princípio de que a Lei da Razão é, antes de mais nada, a soma das regras de conduta que o filósofo tem de observar para tornar-se – e ser – capaz da contemplação. Essas regras se destinam ao filósofo como tal, independentemente de sua época e lugar; por conseguinte, possuem um caráter bastante genérico: sua aplicação em determinadas circunstâncias cabe à discrição do filósofo individual; elas constituem, por assim dizer, o arcabouço de todos os códigos privados de todos os filósofos individuais. A forma como essas regras genéricas são aplicadas em cada caso individual depende consideravelmente do caráter da sociedade em que o filósofo vive: essa sociedade pode ser favorável ou desfavorável à filosofia e aos filósofos. Se determinada sociedade for hostil à filosofia, a Lei da Razão aconselha o filósofo ou a deixar essa sociedade e procurar outra, ou a tentar induzir seus concidadãos a assumirem aos poucos uma postura mais sensata[134] – a adaptar-se, enfim, às exigências daquela sociedade; o que à primeira vista parece ser uma rejeição da Lei da Razão em favor de uma norma de vida diferente se mostra, após uma investigação mais

---

[132] Ou seja: a apresentação "racional" (praticamente sábia) do ensinamento "racional" (teórico-demonstrativo) que constitui, segundo os filósofos que Halevi tem em mente, uma refutação do ensinamento das religiões reveladas.

[133] Quando menciona pela primeira vez os *nomoi* racionais estabelecidos pelos filósofos, o erudito alude à distinção entre a Lei da Razão propriamente dita e a religião filosófica; ele o faz pouco antes de apresentar sua concisa explicação da *Sefer Yesirah* (ver, neste capítulo, n. 71). Nesse contexto, o erudito afirma que cada um dos *nomoi* é tão somente uma espécie de "governo", isto é, de regra de conduta. Essa explicação dos "*nomoi*" é indispensável porque o termo poderia designar, e de fato designa em algumas passagens anteriores do *Cuzari*, essas regras de conduta acrescidas da religião de fabricação humana ou governamental, ou mesmo a religião governamental por si só. Comparar p. 128 ss acima com I, 1 e 79 (34, 8). Gersônides (*Milhamot Hasehm*, Introd., Leipzig, 1866, p. 7) afirma que "a Torá não é um *nomos* que nos força a crer em inverdades". Ver também Falakera, *Sefer ha-Mebakkesh*. Amsterdam, 1779, p. 29b e 38a-b, tal como o uso promíscuo de "lex", "lex divina" e "secta" em Marsílio de Pádua, *Defensor Pacis*, Dictio I, c. 5, §10s.

[134] Ver, em seu tratado sobre a filosofia platônica (tradução hebraica em Falakera, *Reshit Hokmah*, p. 76 ss), a descrição que Farabi faz da *República* de Platão, de um lado, e de suas *Cartas*, do outro.

cuidadosa, uma outra forma de observar essa Lei mesma.[135] A Lei da Razão, portanto, não está indissoluvelmente vinculada a qualquer forma particular de sociedade – àquela forma, por exemplo, que Platão esboça nas *Leis*, as leis racionais por excelência. Por questão de princípio, a contemplação exige um afastamento da sociedade. Desse modo, a Lei da Razão é, primordialmente, a soma das regras de conduta do eremita que filosofa, o *regimen solitarii*.[136] Ela é mais bem ilustrada pelo conselho de instruir a própria alma por meio do jejum e da humildade, e seu conteúdo, o qual se distingue de seu propósito, isto é, da assimilação a Deus ou da contemplação, pode ser reduzido à fórmula "pureza da alma": diferenciando-se de qualquer lei social ou política, ela não regula uma ação ou algo corpóreo, e sim a "alma", a "intenção", a atitude básica do filósofo.[137] Naturalmente, o caráter solitário da vida filosófica deve ser compreendido com inteligência, *cum grano salis*: Sócrates, modelo de vida filosófica, adorava a companhia de seus discípulos[138] e teve de viver em companhia de pessoas que não eram, nem poderiam vir a ser, um deles. Por conseguinte, a Lei da Razão deve ser complementada com – ou, melhor: ela abarca – regras de conduta social. É essa parte social, ou governamental, da Lei da Razão propriamente dita que o erudito chama de Lei da Razão e identifica com o direito natural: os *nomoi* racionais que ele aceita são puramente governamentais.[139] O erudito age como se estivesse cego à parte não

---

[135] Ver, acima, p. 121-22 ss e 125-26 ss.

[136] Ao tratar dos *nomoi* racionais, o filósofo não menciona nenhuma relação social (ver, neste livro, p. 122). Halevi insinua que uma vida guiada somente pelos *nomoi* racionais seria uma vida anacorética (ver p. 131). O erudito declara que os *nomoi* racionais não são por si sós suficientes para guiar de maneira correta a sociedade, e desse modo dá a entender que bastam para guiar corretamente o indivíduo; ver III 7 (150, 1-4). Considere-se também o duplo significado de *siyasa* ("governo"); ver, acima, n. 73.

[137] Ver III 7 início – "as ações governamentais e os *nomoi* racionais [intelectuais]" – com a distinção entre "practica" e "intellectualia" em III 65 (214, 28). Ver, neste capítulo, p. 136.

[138] III 1 (140, 13-16).

[139] II 48 início. Os filósofos não denominariam racional a parte governamental da Lei da Razão (cf. p. 138 acima), mas as regras em que essa parte consiste são leis racionais de acordo com os *mutakallimun*; como *mutakallim* atípico, o erudito identifica as leis racionais dos *mutakallimun* com aquilo que chama de Lei da Razão, a saber: sua parte governamental. A título de ilustração, pode-se observar que, em sua breve recomendação dos *nomoi* racionais de Platão (ver Alexander Marx, "Texts by and about Maimonides". *Jewish Quarterly Review*, N. S., XXV, 1934/5, p. 424), o rabino Sheshet ha-Nasi menciona exclusivamente as leis platônicas que seriam chamadas de leis governamentais pelo erudito. Não se sabe se o erudito chama de *nomoi* racionais aqueles *nomoi* dos filósofos que são tão somente regras de conduta (IV 19): o termo "racional" não aparece no original,

governamental da Lei da Razão ou ao objetivo a que está destinada a servir: ele descarta deliberadamente essa parte não governamental ou seu objetivo, que é a assimilação ao "Deus de Aristóteles".[140] Afinal, apenas sua porção governamental é "visível" – isto é, de interesse – àqueles que não são filósofos, inclusive aos que se opõem a eles. Todavia, ao identificar a parte governamental da Lei da Razão, ou o que poderíamos chamar, em poucas palavras, de moralidade social dos filósofos, com o direito natural, isto é, com a moralidade natural ou o arcabouço de todo código,[141] o erudito se torna capaz de lançar alguma luz sobre esse direito.

Quais são então os traços que caracterizam a parte social da Lei da Razão? Se a filosofia pressupõe a vida social (a divisão do trabalho), o filósofo não tem qualquer vínculo com a sociedade: sua alma está em outra parte. Por conseguinte, as regras de conduta social do filósofo não vão além das exigências morais mínimas da vida conjunta. Além disso, do ponto de vista do filósofo a observação dessas regras não é um fim em si, mas apenas um meio, sendo o fim último a contemplação. Mais precisamente, essas regras não são obrigatórias: não são válidas de maneira absoluta, mas apenas na grande maioria dos casos. Em casos extremos, casos de urgente necessidade, é possível descartá-las sem prejuízos;[142] trata-se de regras de "prudência", e não de regras de moralidade propriamente ditas. O direito natural, portanto, é uma regra de conduta

---

ao passo que figura na tradução de Ibn Tibbon. Ambas as leituras são justificáveis se acreditamos que, ao mencionar primeiro os *nomoi* dos filósofos, o erudito adotou a terminologia destes. Se os denominou racionais, compreendia por *nomoi* dos filósofos a Lei da Razão integral (isto é, o *regimen solitarii*, incluindo as regras de conduta social). Se não o fez, entendia por *nomoi* dos filósofos somente a parte governamental da Lei da Razão. A segunda alternativa é confirmada pelo contexto, no qual uma distinção é traçada entre os *nomoi*, de um lado, e o que parece ser a parte central da regra de conduta dos filósofos, isto é, a assimilação a Deus ou a moralidade propriamente dita, de outro.

[140] Pode-se dizer que o erudito substitui a parte não governamental da Lei da Razão, a qual regula a atitude do homem para com o Deus de Aristóteles, pelas leis psíquicas, isto é, pelas leis que regulam a atitude do homem para com o Deus de Abraão. Ver n. 113 acima.

[141] Compare com a tentativa de Abraham b. Hiyaa de interpretar o *regimen solitarii* como arcabouço do código divino: o Decálogo, que contém *in nuce* todos os mandamentos da Torá, é a regra de conduta suficiente para os פדושיּ, os santos solitários (*Hegyon ha-Nefesh*, Freimann, 35b-38a). Ver, acima, n. 109.

[142] IV 19. Ver, acima, p. 120 ss. O que descobrimos a partir de IV 19, primeira passagem em que o erudito menciona os *nomoi* dos filósofos, pode ser resumido da seguinte forma: os *nomoi* dos filósofos se distinguem da religião dos filósofos (ou dos *nomoi* racionais tais quais interpretados por eles); são tão somente uma regra de conduta. Além disso, tais regras regulam a conduta social e nada mais; não são obrigatórias e não são racionais. (Ver, acima, n. 130, 132 e 138.)

social que só é hipoteticamente válida e cujos destinatários são "individualistas austeros", homens sem qualquer vínculo interior com a sociedade, homens que não são... cidadãos: é em contraste com o filósofo essencialmente solitário que o homem verdadeiramente bom ou piedoso é denominado "o guardião de sua cidade", φύλαξ πόλεως.[143] Quase não se faz necessário acrescentar que é precisamente essa visão do caráter não categórico das regras de conduta social o que permite ao filósofo sustentar que o homem que tornou-se filósofo pode adotar, em atos e palavras, uma religião a que não adere em pensamento; é essa visão, digo, que subjaz ao exoterismo dos filósofos.

Ao chamar tanto a Lei da Razão quanto o direito natural de *nomoi* racionais e ao identificar com o direito natural, portanto, aquela parte da Lei da Razão que se faz relevante aos que não são filósofos, o erudito afirma tacitamente que o direito natural não é obrigatório[144] e não impõe, ou pressupõe, um vínculo interior com a sociedade. Ele aceita, ao menos dentro desses limites, aquela visão do direito natural que podemos chamar de visão dos filósofos. No entanto, é precisamente por ir tão longe com os filósofos que ele descobre a fraqueza fundamental da posição filosófica e a razão mais profunda a explicar por que a filosofia é tão perigosa. Com efeito, se os filósofos estão certos ao louvar a moralidade natural, a moralidade que não se baseia na revelação divina, a moralidade natural não é, estritamente falando, moralidade alguma: ela é quase indistinguível da moralidade essencial à preservação de uma gangue de ladrões. Sendo a moralidade natural o que é, apenas uma lei revelada pelo Deus onipotente e onisciente e sancionada pelo Deus onisciente e onipotente pode tornar possível a moralidade genuína, os "imperativos categóricos"; apenas a revelação é capaz de transformar o homem natural no "guardião

---

[143] Comparar III 2-3 com Avicenna, *Metafísica*, X 4 início, e Platão, *República*, 414a-b.

[144] Em II 48, o erudito declara que nem mesmo uma comunidade de ladrões pode prescindir da obrigação para com a justiça. Devemos acreditar, portanto, que os ladrões são mais morais do que os filósofos? Os filósofos não negariam que, na grande maioria dos casos, as regras da justiça são obrigatórias para todos os fins práticos; a questão crucial diz respeito aos casos cruciais, aos casos de extrema necessidade. Se até a Torá admite que em casos extremos todas as leis governamentais podem ser violadas, com exceção das proibições do assassinato e da violação da castidade, é seguro presumir que a comunidade de ladrões, assim como muitas outras comunidades, ignoraria essas duas exceções. (Ver IV 19 até o final e comparar III 11 com Maimônides, *Mishné Torá*, H. Yesode ha-Torah, V.) Os filósofos negariam, sobretudo, que as regras ditas obrigatórias pelas sociedades sejam obrigatórias em sentido estrito: a sociedade deve apresentar algumas regras como obrigatórias a fim de conferir a elas aquele grau de dignidade e santidade que forçará seus membros a obedecê-las tanto quanto possível.

de sua cidade" ou, para usarmos a linguagem da Bíblia, no guardião de seu irmão.[145] Não é preciso ser naturalmente piedoso; basta possuir um interesse apaixonado pela moralidade genuína para ansiar pela revelação com todo o coração: o homem moral é o virtual crente. Halevi pôde ver o quão necessária era a conexão entre moralidade e revelação no fato de os mesmos filósofos que negavam o legislador divino negarem também o caráter obrigatório daquilo que chamaríamos de lei moral. Ao defender contra os filósofos o judaísmo, segundo ele a única religião revelada verdadeira, o erudito estava ciente de que defendia a própria moralidade e, portanto, não apenas a causa do judaísmo, mas da humanidade como um todo. Sua objeção fundamental à filosofia, portanto, não era particularmente judaica, tampouco particularmente religiosa: tratava-se de uma objeção moral. Ele falou sobre o assunto com notável moderação; por não ser um fanático, não desejava fornecer aos inescrupulosos e fanáticos armas que eles certamente usariam de maneira equivocada. Essa moderação, contudo, não pode enganar o leitor quanto à sinceridade de seu objetivo primeiro e último.

---

[145] Ver, acima, p. 129 ss.

5

Como estudar o *Tratado Teológico-Político* de Espinosa

I

Antes de tentarmos responder a questão de como proceder numa investigação histórica específica, precisamos esclarecer as razões por que essa investigação é relevante. Na realidade, as razões que induzem alguém a estudar determinado objeto histórico definem imediatamente o caráter geral de seu modo de proceder. O motivo por que uma nova investigação do *Tratado Teológico-Político*[1] de Espinosa se faz necessária é óbvio. O principal objetivo do *Tratado* é refutar os argumentos levantados em prol da revelação ao longo dos séculos. E Espinosa teve sucesso nisso, ao menos na medida em que o livro se tornou *o* documento clássico do ataque "racionalista" ou "secularista" à crença na revelação. O estudo do *Tratado* só pode ter real importância se a questão nele examinada ainda estiver viva. Um breve exame do cenário atual basta para demonstrar que a questão,

---

[1] O *Tratado Teológico-Político* será mencionado como "o *Tratado*" no texto e como "*Tr.*" nas notas. Nestas, os algarismos romanos após "*Tr.*" assinalam os capítulos da obra e os algarismos arábicos que sucedem à vírgula e precedem os parênteses indicam as páginas da edição da *Opera Omnia* organizada por Gebhardt. Os algarismos arábicos entre parênteses indicam os parágrafos inseridos por Bruder em sua edição. [Edição brasileira: Baruch de Espinosa, *Tratado Teológico-Político*. São Paulo, Martins Fontes, 2009. (N. E.)]

que até pouco tempo atrás todos acreditavam resolvida pelos sucessores oitocentistas de Espinosa – e que portanto estaria obsoleta –, vem ocupando novamente o centro das atenções. No entanto, é impossível não notar que, em nossa época, o problema mais fundamental, o problema levantado pelas afirmações conflitantes da filosofia e da revelação, está sendo discutido num nível definitivamente inferior ao de épocas anteriores. É tendo em vista essas circunstâncias que abrimos o *Tratado* mais uma vez. Desse modo, ouviremos Espinosa com o máximo de atenção que pudermos lhe dar. Faremos todo o esforço possível para compreender com exatidão aquilo que ele quer dizer. De fato, caso sejamos incapazes de fazê-lo, provavelmente substituiremos sua sabedoria por nossa tolice.

Compreender as palavras de outro homem, esteja ele vivo ou morto, pode significar duas coisas diferentes, às quais por ora daremos o nome de interpretação e explicação. Por interpretação entendemos a tentativa de averiguar o que o falante afirmou e o modo como ele compreendia sua afirmação, pouco importando se tal compreensão foi expressa de maneira explícita ou não. Por explicação indicamos a tentativa de averiguar as consequências das afirmações do falante que ele negligenciava. Desse modo, a descoberta de que determinada declaração é irônica ou mentirosa pertence à sua interpretação, ao passo que cabe à explicação descobrir se uma declaração se baseia num erro ou constitui a expressão inconsciente de um desejo, de um interesse, de um viés ou de uma situação histórica. É óbvio que a interpretação deve preceder a explicação. Se a explicação não estiver fundamentada numa interpretação adequada, não será a explicação da declaração a ser esclarecida, e sim a explicação de uma fábula criada pela imaginação do historiador. É igualmente óbvio que, na interpretação, o entendimento do significado explícito de uma declaração deve preceder o entendimento daquilo que o autor sabia, mas não afirmou explicitamente: é impossível descobrir ou, em todo caso, provar que uma declaração é mentirosa sem antes entender a declaração em si.

O entendimento demonstravelmente verdadeiro das palavras ou pensamentos de outro homem deve se basear na intepretação exata de suas declarações explícitas. Exatidão, porém, pode significar coisas diferentes em casos diferentes. Em alguns, a interpretação exata exige que ponderemos cautelosamente cada palavra empregada pelo falante; esse exame cauteloso, contudo, seria um procedimento assaz inexato caso se tratasse de uma observação casual feita por um pensador ou falante relaxado.² Portanto, para descobrir que grau ou que tipo de exatidão se faz necessário ao entendimento de determinado escrito, é preciso conhecer primeiro os hábitos de escrita do autor. Porém, dado que esses hábitos só se dão a conhecer mediante o entendimento da obra, parece impossível não se deixar guiar por noções prévias acerca do caráter do escritor. O procedimento seria mais simples caso houvesse uma forma de averiguar o modo de escrever do autor antes de interpretar suas obras. Costuma-se dizer que as pessoas escrevem como leem. Em regra, autores atenciosos são leitores atenciosos, e vice-versa. Um autor atencioso deseja ser lido com atenção; e ele não sabe o que é ser lido com atenção sem ter ele mesmo feito uma leitura atenciosa. A leitura precede a escrita. Um homem aprende a escrever bem lendo bons livros, debruçando-se com maior cuidado sobre livros escritos com maior cuidado. Desse modo, podemos adquirir certo conhecimento prévio dos hábitos de escrita de determinado autor ao estudar também seus hábitos de leitura. A tarefa se torna mais simples se o autor em questão examina explicitamente a maneira correta de ler livros em geral ou alguma obra a que porventura dedicara grande atenção. Espinosa dedicou um capítulo inteiro de seu *Tratado* à questão de como ler a Bíblia, por ele lida e relida com enorme cuidado.³ Para determinarmos como devemos ler Espinosa, será proveitoso examinar brevemente suas regras para a leitura da Bíblia.

Espinosa defende que o método de interpretar a Bíblia é idêntico ao método de interpretar a natureza. A leitura do livro da natureza consiste em deduzir a definição dos elementos naturais a partir dos dados fornecidos pela "história natural". Do mesmo modo, a interpretação da Bíblia consiste em deduzir o pensamento de seus autores ou a definição dos temas bíblicos enquanto temas bíblicos a partir dos dados fornecidos pela "história da Bíblia". O conhecimento da natureza deve derivar apenas dos dados fornecidos pela natureza mesma, e não de todas as considerações acerca daquilo que é adequado, belo, perfeito ou razoável. Assim também, o conhecimento da Bíblia deve derivar somente dos dados fornecidos pela própria Bíblia, e não de

---

² Considere-se a seguinte declaração de Espinosa (*ep.* 15): "[...] ubi pag. 4. lectorem mones, qua occasione primam partem composuerim, vellem ut simul ibi, aut ubi placuerit, etiam moneres me eam intra duas hebdomadas composuisse. hoc enim praemonito nemo putabit, haec adeo clare proponi, ut quae clarius explicari non possent, adeoque verbulo uno, aut alteri, quod forte hic illic ofendent [sic], non haerebunt."

³ *Tr.* IX, p. 135 (§31).

considerações acerca do que é razoável. Com efeito, nós não temos o direito de achar que as visões dos autores bíblicos estão de acordo com o que dita a razão humana. Em outras palavras, é preciso manter separados a compreensão do ensinamento bíblico e o julgamento de sua razoabilidade. Tampouco podemos identificar o pensamento dos autores bíblicos com sua interpretação tradicional, exceto se demonstrarmos primeiro que tal interpretação remete às expressões orais dos autores da Bíblia. Ademais, visto haver uma série de autores bíblicos, precisamos compreender cada um por si só; antes da investigação, não temos o direito de achar que todos concordam entre si. A Bíblia deve ser entendida por si só, ou nada pode ser aceito como ensinamento bíblico caso não venha a ser confirmado claramente pela Bíblia mesma, ou todo o conhecimento da Bíblia deve derivar exclusivamente da própria Bíblia.[4]

Tal qual concebida por Espinosa, "a história bíblica" consiste em três partes: (a) no conhecimento profundo da linguagem da Bíblia; (b) na compilação e na lúcida disposição das declarações de seus livros acerca de cada tema relevante; e (c) no conhecimento da vida de todos os autores bíblicos, de seu caráter, sua disposição mental e seus interesses, no conhecimento da ocasião e época da composição dos livros, de seus destinatários, de seu destino, etc. Compreendidos à luz da gramática, da paleografia, da história, etc., esses dados – ou, mais especificamente, as declarações bíblicas compiladas e dispostas de maneira adequada – formam a base da interpretação propriamente dita, a qual consiste em deduzir, por meio de um raciocínio legítimo e a partir dos dados mencionados, o pensamento dos autores bíblicos. Aqui, é preciso seguir mais uma vez o modelo da ciência natural. É preciso averiguar, primeiro, o elemento mais universal ou mais fundamental do pensamento bíblico, isto é, aquilo que todos os autores apresentam, de maneira clara e explícita, como ensinamento destinado a todas as épocas e todos os homens; em seguida, deve-se passar a temas derivados ou não tão universais, como o ensinamento bíblico referente a temas menos genéricos e os ensinamentos próprios de cada autor em particular.[5]

A formulação feita por Espinosa de seu princípio hermenêutico ("todo o conhecimento da Bíblia deve derivar exclusivamente da própria Bíblia") não expressa com precisão o que o autor de fato exige. Em primeiro lugar,

---

[4] *Tr.* VII, p. 98-101, 104-05, 108-09, 114-15 (§§6, 7, 9-14, 16-19, 22, 35, 37-39, 52-55, 56, 77 ss, 84); XV, p. 181-82 (§8); XVI, p. 190-91 (§§10-11); praef., p. 9-10 (§§20, 25).
[5] *Tr.* VII, p. 98-104, 106-07, 112 (§§7, 13, 15-17, 23-24, 26-29, 36, 44-47, 70); V, p. 77 (§39).

o conhecimento da linguagem da Bíblia não deve derivar primordialmente, como ele sustenta, da própria Bíblia, mas de certa tradição.[6] Além disso, no que diz respeito ao conhecimento da vida e de outros traços dos autores, tal como ao destino de seus livros, pode não ser impossível obtê-lo em parte da própria Bíblia, mas decerto não há por que buscá-lo exclusivamente nela; o próprio Espinosa acolheu todas as informações extrínsecas confiáveis que lançavam luz sobre questões desse gênero.[7] Além disso, ele em momento algum afirma que as declarações bíblicas referentes a vários temas relevantes devem ser dispostas segundo princípios fornecidos pela Bíblia mesma; há motivos para crer que a disposição que ele próprio dá aos temas bíblicos não possui qualquer fundamento bíblico, correspondendo, antes, àquilo que para ele era a ordem natural dos temas em questão.[8] Antes de mais nada, a interpretação propriamente dita, tal qual ele a concebe, consiste em averiguar as definições dos temas tratados pela Bíblia, porém tais definições não são fornecidas por ela; com efeito, enquanto definições elas transcendem o horizonte bíblico, e desse modo sua interpretação consiste não na compreensão dos autores bíblicos tais quais eles compreendiam a si mesmos, e sim numa compreensão ainda mais adequada. Podemos dizer que a formulação que Espinosa faz de seu princípio hermenêutico não passa de uma impressão exagerada e, portanto, inexata do ponto de vista segundo o qual o único sentido de qualquer passagem bíblica é seu sentido literal, exceto quando razões obtidas a partir do uso indubitável da linguagem da Bíblia exijam a compreensão metafórica do trecho; decerto, a diferença entre a declaração de determinado autor bíblico e o ensinamento da razão, da piedade, da tradição ou mesmo de outro autor bíblico não justifica o abandono do sentido literal. O exagero de Espinosa é suficientemente justificado pelo poder da postura que ele contesta: Espinosa tinha de se fazer ouvir em meio ao clamor levantado pelas miríades de seus oponentes.

Há certa conformidade entre o princípio hermenêutico de Espinosa ("a Bíblia deve ser entendida por si só") e o princípio que adotamos ("a Bíblia deve ser entendida exatamente como era entendida por seus autores ou compiladores"). A exigência de que permaneçam separados a interpretação do ensinamento bíblico e o juízo da verdade ou do valor desse ensinamento

---

[6] *Tr.* VII, p. 105 (§40).
[7] Compare, por exemplo, *Tr.* IV, p. 140 (§58).
[8] Compare, por exemplo, a distinção entre histórias, revelações e ensinamentos morais em, *Tr.* VII, p. 98-99 (§§9-11).

concorda em parte com o que temos em mente ao distinguir a interpretação da explicação. Não obstante, como já pudemos indicar, a diferença entre os dois princípios é fundamental. Segundo o nosso, as primeiras perguntas a serem dirigidas a um livro seriam perguntas como: qual é seu tema, isto é, como seu tema é designado ou compreendido pelo autor? Qual é a intenção do autor ao lidar com ele? Que questões o autor levanta com relação ao tema, ou a que aspecto do tema se volta todo, ou ao menos grande parte, de seu interesse? Apenas quando em posse das respostas para essas e outras perguntas semelhantes é que pensaríamos em compilar e dispor as declarações do autor acerca dos vários tópicos examinados ou mencionados em sua obra; com efeito, somente após termos respondido perguntas como as que indicamos é que nos seria possível declarar quais temas assinalados em seu livro são relevantes ou até mesmo centrais. Caso seguíssemos a regra de Espinosa, começaríamos por compilar e dispor declarações bíblicas referentes a todos os tipos de tema sem termos, porém, qualquer orientação fornecida pela própria Bíblia a respeito dos temas que lhe são centrais ou relevantes e a respeito da disposição que estaria de acordo com seu pensamento. Se seguíssemos Espinosa, ademais, buscaríamos o ensinamento mais universal ou fundamental da Bíblia enquanto ensinamento apresentado claramente em todas as suas partes. No entanto, seria de fato necessário – ou até mesmo provável – que o ensinamento mais fundamental de um livro fosse repetido sem cessar? Em outras palavras, seria de fato necessário que o ensinamento mais universal ou mais fundamental de determinada obra fosse seu ensinamento mais claro?[9] Em todo caso, não precisamos nos debruçar sobre aquelas que nos parecem ser as deficiências da hermenêutica bíblica de Espinosa. Afinal, toda objeção que podemos levantar contra essa hermenêutica se baseia na premissa de que a Bíblia é substancialmente inteligível, e isso é algo que Espinosa nega. Segundo ele, a Bíblia é essencialmente ininteligível, uma vez que grande parte dela se dedica a questões ininteligíveis, e acidentalmente ininteligível, dado que apenas parte dos dados capazes de lançar luz sobre seu significado encontra-se de fato disponível. É a ininteligibilidade essencial da Bíblia – o fato de que se trata de um livro "hieroglífico" – o que explica por que um procedimento especial se faz necessário à sua interpretação: o objetivo desse procedimento é dar acesso indireto a um livro que não pode ser acessado diretamente, isto é, por

---

[9] *Tr.* VII, p. 100, 102-04, 112 (§§16, 27-29, 36, 70).

intermédio de seu tema. Isso dá a entender que somente os livros hieroglíficos exigem um método de interpretação fundamentalmente igual àquele exigido para a decodificação do livro da natureza. Espinosa está interessado sobretudo naquilo que a Bíblia ensina claramente em todas as suas partes, uma vez que apenas um ensinamento ubíquo poderia fornecer pistas para cada passagem hieroglífica encontrável na Bíblia. É em virtude de sua ininteligibilidade essencial que a Bíblia só deve ser compreendida por si mesma: a maior parte dela se refere a questões a que não temos acesso senão pela própria Bíblia.[10] Pela mesma razão, é impossível apenas procurar entender os autores bíblicos como eles compreendiam a si mesmos; toda tentativa de compreender a Bíblia é necessariamente uma tentativa de compreender seus autores melhor do que eles mesmos se compreendiam.

Talvez não haja necessidade de demonstrar que Espinosa considerava seus próprios livros, de modo particular o *Tratado*, como livros inteligíveis, e não hieroglíficos. Os temas hieroglíficos, assinala ele, são objeto de curiosidade; eles não têm utilidade alguma. Os temas do *Tratado*, por sua vez, são eminentemente úteis.[11] Para descobrirmos como ele queria que seus livros fossem lidos, portanto, devemos passar de sua hermenêutica bíblica a suas regras para a leitura de livros inteligíveis.

Espinosa não acredita que possa haver qualquer dificuldade capaz de impedir seriamente o entendimento de livros dedicados a temas inteligíveis, e por isso não julga necessário desenvolver procedimentos elaborados que conduzam à sua compreensão. Para compreendermos um livro desse tipo, não se faz necessário um conhecimento perfeito, mas no máximo "um conhecimento bastante comum e infantil, por assim dizer", da linguagem do original; com efeito, a leitura de uma tradução bastaria perfeitamente. Tampouco é preciso conhecer a vida, os interesses e o caráter do autor, os destinatários de seu livro, seu destino, as leituras variantes, etc. Os livros inteligíveis são autoexplicativos. Ao contrário do que Espinosa parece dizer, não são os livros hieroglíficos,

---

[10] Compare-se, de modo especial, *Tr.* VII, adnot. 8 (§66 n.), com VII, p. 98-99, 105 (§§9-10, 37); e VII, p. 109-11 (§§58-68), com p. 101 (§23). Ver também *ep.* 21 (34§3): "plane et sine ambagibus profiteor me sacram scripturam non intelligere." Ver *Tr.* VII, p. 98-99, 114 (§§6-10, 78). A distinção entre o que chamamos de ininteligibilidade essencial da Bíblia, cuja existência se deve a seu tema (ou sua origem), e a ininteligibilidade acidental, ocasionada pela condição do texto, etc., também subjaz à crítica bíblica de Isaac de la Peyrère. Ver seu *Systema Theologicum, ex Praeadamitarum Hypothesi. Pars Prima*, IV 1, 1655.

[11] *Tr.* praef., p. 12 (§33); VII, p. 111-12 (§69).

cujos temas a experiência ou a percepção são incapazes de alcançar, que podem e devem ser compreendidos por si sós, e sim os livros inteligíveis, a cujo entendimento o leitor naturalmente contribui quando, "durante o processo", recorre à própria experiência ou à própria percepção. Com efeito, enquanto o significado dos livros hieroglíficos deve ser deduzido de modo indireto a partir dos dados que não são necessariamente fornecidos pelo livro em si (a vida do autor, o destino da obra, etc.), o significado de livros inteligíveis pode e deve ser averiguado diretamente por meio do exame de seu tema e da intenção do autor, isto é, das coisas que só se tornam verdadeiramente conhecidas por intermédio do próprio livro.[12] Se aplicarmos, como devemos, essa informação aos livros do próprio Espinosa, perceberemos que segundo ele toda a "história" de suas obras, todo o procedimento histórico tal qual empregado pelos estudiosos modernos de seus livros, é supérfluo e, portanto, mais um impedimento do que um auxílio à compreensão de seus livros.

Acrescentemos algumas palavras a título de explicação. Espinosa afirma que, para a compreensão de livros inteligíveis, o conhecimento das leituras variantes é supérfluo. Todavia, ele também afirma que jamais existiu livro que não possuísse leituras deficientes. Espinosa deve ter achado que os erros que se imiscuíram em livros ou trechos dedicados a questões inteligíveis serão identificados e corrigidos facilmente, "durante o processo", pelo leitor inteligente.[13] Espinosa declara que, para a compreensão de livros inteligíveis, o conhecimento do caráter ou da disposição mental do autor é supérfluo. No entanto, ao examinar a intenção do *Príncipe* de Maquiavel, livro que não poderia considerar hieroglífico, ele só chega a uma conclusão depois de considerar a "sabedoria" ou a "prudência" do autor, assim como seu amor pela liberdade política.[14] Espinosa provavelmente responderia afirmando que não baseou sua resposta em qualquer conhecimento prévio ou extrínseco da vida e do caráter de Maquiavel, e sim naquilo que todo leitor inteligente do *Príncipe*

---

[12] *Tr.* VII, p. 98-99, 109-11 (§§9-10, 59-60, 67-68).

[13] *Tr.* IX, p. 135 (§32); X, p. 149 (§42); XII, p. 165-66 (§§34-35, 37). Carl Gebhardt (Spinoza, *Opera*, vol. II, p. 317) afirma: "Dieses Fehlen der Controlle (des Drucks durch den Autor) macht sich namentlich bei der *Ethica* bemerkbar. Zum Teil gehen die dadurch verschuldeten textkritischen Zweifel so tief, dass selbst die Interpretation spinozanischer Lehren von ihrer Entscheidung abhängt". [Essa falta de controle (do autor sobre o texto impresso) se faz perceptível sobretudo na *Ética*. Na maior parte das vezes, causa tantas dúvidas relativas ao texto que a própria interpretação dos ensinamentos espinosianos depende do que se decidirá a respeito dessas dúvidas.]

[14] *Tr. Pol.* V 7. Ver *Tr.* VII, p. 102, 111 (§§24, 67, 68); *Ep.* 43 (49§2).

ou dos *Discursos sobre Tito Lívio* perceberia. Espinosa declara que até mesmo apresentações obscuras de questões inteligíveis são inteligíveis. Contudo, ele certamente sabia que um número considerável de autores dedicados a questões inteligíveis se contradiz. É provável que ele respondesse que, se um autor contradiz a si mesmo, o leitor age bem ao suspender seu juízo acerca do que o autor pensava sobre o tema e ao empregar suas capacidades para descobrir por si só qual das duas declarações contraditórias é verdadeira. Examinar se o uso linguístico do autor permite a interpretação metafórica de uma das declarações contraditórias decerto não é algo que se aplique ao caso de livros inteligíveis, uma vez que, para sua compreensão, sequer é necessário saber em que língua eles foram originalmente escritos.[15]

Nosso estudo das regras de Espinosa referentes à leitura parece chegar a um impasse. Nós não podemos ler seus livros do mesmo modo como lemos a Bíblia, uma vez que seus livros certamente não são hieroglíficos. Tampouco podemos lê-los como ele lia Euclides e outras obras inteligíveis, dado que suas obras não são tão facilmente inteligíveis, para nós, como os livros não hieroglíficos eram para ele. Se um autor da inteligência de Espinosa, que fala com tanta segurança sobre os temas bíblicos mais importantes, confessa que não compreende a Bíblia, devemos confessar, de nossa parte, que não pode ser fácil compreendê-lo. Suas regras de leitura têm pouca ou nenhuma utilidade para a compreensão de livros que não são nem hieroglíficos, nem facilmente acessíveis, como um manual moderno de geometria euclidiana. Poderíamos dizer, é claro, que ao estabelecer regras para esses dois casos extremos Espinosa nos possibilitou entender como livros de dificuldade moderada devem ser lidos: sem "história", livros assim não são nem absolutamente inteligíveis, nem absolutamente ininteligíveis; a "história" é necessária para a compreensão de um livro na medida em que o livro não é autoexplicativo. Todavia, caso não desejemos suprimir por completo o espírito das declarações de Espinosa, precisamos acrescentar, de modo assaz

---

[15] *Tr.* VII, p. 101, 111 (§21, 66-68). Espinosa dá a entender que, no caso dos livros inteligíveis, não é preciso saber de que modo e em que ocasião eles foram escritos. Ver *Tr.* VII, p. 102, 111 (§§23, 67); compare, porém, o que ele diz sobre seu *Renati Des Cartes Principia Philosophiae* (ver n. 2 acima). Quando Espinosa indica, em *Tr.* XVII, adnot. 38 (§55 n.), que precisamos ter em mente os diferentes "estados" dos hebreus em cada época, a fim de não atribuirmos a Moisés, por exemplo, instituições que tiveram origem muito tempo depois, ele não contradiz formalmente o que traz implícito em *Tr.* VII adnot. 8 (§65 n.), a saber: que o entendimento de instituições não exige "história". Com efeito, na passagem anterior ele está falando apenas das instituições registradas na Bíblia, isto é, num livro que é completamente ininteligível sem "história".

enfático, que segundo ele a contribuição da "história" para o entendimento dos livros verdadeiramente úteis só pode ser trivial.

O intérprete moderno de Espinosa, por sua vez, considera bastante útil, e até mesmo necessário, compreender os livros do autor, estando convicto ao mesmo tempo de que a "história" oferece uma contribuição importantíssima para esse entendimento. Desse modo, ele contradiz Espinosa num ponto que, à primeira vista, possui considerável importância: o intérprete afirma que seus livros não podem ser compreendidos com base nos princípios hermenêuticos do próprio autor. Por conseguinte, torna-se inevitável questionar se é possível entender Espinosa rejeitando esses princípios. Nossa resposta dependerá da importância atribuída à questão controversa. Se é verdade que o problema da "história", entendido em sua totalidade, é idêntico ao problema da natureza da própria filosofia, o intérprete moderno se distancia de Espinosa por uma diferença fundamental de orientação. O intérprete moderno dá como certo que, para adequar-se à sua tarefa, a filosofia deve ser "histórica", e portanto a história da filosofia seria uma disciplina filosófica. Ele pressupõe desde o início, então, e em virtude do fato de ser um historiador filosófico da filosofia, e não um mero antiquário, que a posição de Espinosa tal qual apresentada e compreendida pelo autor é insustentável, uma vez que é manifestamente a--"histórica". Ele carece, portanto, daquele que é o mais forte incentivo para tentar compreender o ensinamento de Espinosa tal qual este o compreendia: a suspeita de que esse ensinamento é *o* ensinamento verdadeiro. Sem esse incentivo, nenhum homem sensato dedicaria todas as suas energias à compreensão de Espinosa, e sem essa dedicação os livros de Espinosa jamais revelarão seu significado verdadeiro.

Temos a impressão, assim, de que não conseguimos compreender Espinosa nem quando aceitamos seus princípios hermenêuticos, nem quando os rejeitamos. Para sairmos dessa situação, devemos primeiro entender por que Espinosa se deu por satisfeito com suas insatisfatórias observações sobre o modo como os livros sérios devem ser lidos. Não basta dizer que ele só estava interessado *na* verdade, na verdade sobre o todo, e não naquilo que as outras pessoas ensinavam sobre ela. Com efeito, ele sabia bem demais o quanto sua compreensão daquilo que julgava ser *a* verdade se devia a alguns livros escritos por outros homens. O real motivo está em seu desprezo por aquele pensamento do passado que só pode tornar-se acessível mediante a leitura de livros bastante difíceis. Estando em pé de igualdade os outros fatores, é preciso mais "história" para a compreensão de livros do passado do que para a compreensão de livros contemporâneos. Se determinado homem acredita que os livros mais úteis ou importantes são livros contemporâneos, ele dificilmente experimentará a necessidade da interpretação histórica. Foi isso o que aconteceu com Espinosa. O único livro que ele publicou sob seu nome é dedicado à filosofia de Descartes. Os únicos livros (além da Bíblia) sobre os quais escreveu exaustivamente eram livros escritos por Descartes e Boyle, isto é, por contemporâneos. A autoridade de Sócrates, Platão e Aristóteles, sem falar de seus pupilos, não tinha para ele grande peso; Espinosa admirava muito mais Epicuro, Demócrito, Lucrécio e seus seguidores.[16] Não obstante, quase não há evidências inequívocas de que ele tenha estudado suas obras, ou resquícios de suas obras, com alguma assiduidade: Espinosa tinha fácil acesso a seus ensinamentos por meio dos escritos de Gassendi, um contemporâneo. No que diz respeito à filosofia política, ele declara categoricamente que toda filosofia política anterior à sua é inútil.[17] Espinosa confessa que deve muito a certos "homens espetaculares, que escreveram diversas coisas excelentes sobre o modo correto de vida e que deram conselhos repletos de sabedoria aos mortais";[18] ele provavelmente tem em mente autores como Sêneca e Cícero. No entanto, as doutrinas a que se refere são facilmente compreensíveis por natureza. Tratando de um ensinamento muito mais difícil e fundamental, a saber, da tese de que Deus é a causa imanente de todas as coisas, ele suspeita de que está dizendo o mesmo que "todos os filósofos antigos, ainda que de maneira diferente", e "todos os hebreus antigos, na medida em que é possível conjecturar a partir de algumas tradições, as quais porém foram adulteradas de diversas maneiras". Essa não é a forma como alguém se referiria a fontes literárias definidas. Além disso, é provável que ele seja mais sincero ao assinalar que sua doutrina de Deus se afasta radicalmente de todos os outros ensinamentos que conhecia.[19] Ele havia

---

[16] *Ep.*, 56 (60 §13). Ver *Tr.* praef., p. 9 (§§18-19); I, p. 19 (§19).

[17] *Tr. Pol.* I 1. In: Gebhardt, op. cit.

[18] *Ethica* III praef. In: op. cit. [Edição brasileira: Baruch de Espinosa, *Ética*. Belo Horizonte, Autêntica, 2014.]. Ver *Tr.* VII, p. 111 (§68).

[19] *Ep.* 73 (21 §2). Ver *Ethica* II 7, schol. Ver *Ep.* 6 até o final: "dico quod multa attributa quae ab iis (*sc.* concinnatoribus) et *ab omnibus mihi saltem notis* deo tribuuntur; ego tanquam creaturas considero, et contra alia, propter praejudicia ab iis tanquam creaturas considerata, ego attributa dei esse [...] contendo. et etiam quod Deum a natura non ita separem ut *omnes, quorum apud me est notitia,* fecerunt". Ver também a polêmica de Espinosa contra "tudo" o que ensinam sobre o infinito, em *Ep.* 12 (29§2). Quanto à referência a "todos os hebreus antigos", ver *Tr.* III, p. 48 (§18), e XI, p. 158 (§24).

lido, é claro, um número considerável de livros antigos, de modo especial em sua juventude; no entanto, a questão é que importância o Espinosa maduro atribuía a eles e a seu estudo. Sua atitude não surpreende: a convicção de que se estava indo além de toda a filosofia ou ciência anteriores, num progresso que condenava a um merecido esquecimento todos os esforços precedentes, era bastante comum entre os homens responsáveis pelo surgimento da filosofia ou da ciência modernas.

Espinosa, porém, autor que escrevia para a posteridade, e não para seus contemporâneos, deve ter percebido que chegaria o dia em que seus próprios livros seriam livros antigos. Ainda assim, se apenas contivessem *a* descrição verdadeira do todo, isto é, sua descrição clara, não haveria motivos, caso sobrevivessem, para que não fossem inteligíveis em todas as épocas. Essa mesma resposta, contudo, parece demonstrar de uma vez por todas que Espinosa não levava em consideração uma possibilidade crucial que nos parece óbvia: a possibilidade de a orientação de determinado período abrir caminho para uma orientação radicalmente diferente e de ser impossível, após uma tal mudança, religar o pensamento da época posterior ao da época precedente sem o emprego da interpretação histórica. Do ponto de vista de Espinosa, seria preciso replicar que ele não negava a possibilidade de uma tal mudança ocorrer após a emergência de sua doutrina, e sim a legitimidade dessa mudança. O abandono de sua abordagem em favor de uma abordagem radicalmente diferente teria sido, a seus olhos, um erro crasso e manifesto; não passaria de mais um exemplo do retorno, frequentemente experimentado, do pensamento humano à servidão da superstição.

As regras de leitura de Espinosa derivam de sua crença no caráter definitivo de sua filosofia como *a* descrição clara e distinta – e, por conseguinte, *a* descrição verdadeira – da totalidade. Se rejeitarmos a crença de Espinosa *a limine*, jamais seremos capazes de compreendê-lo, uma vez que careceremos do incentivo necessário para tentar entendê-lo da maneira adequada. Por outro lado, se abrirmos a nossa mente, se levarmos a sério a possibilidade de que ele estava certo, a compreensão de seu pensamento será possível. À parte o fato de que teríamos o incentivo que se faz indispensável, estaríamos também em posição de corrigir suas regras insuficientes de leitura sem o receio de que, ao fazê-lo, estaremos desviando radicalmente de seus princípios fundamentais. Com efeito, se esses princípios são sensatos, questões hermenêuticas não podem ser questões centrais. Mais precisamente, a necessidade de corrigir a hermenêutica de Espinosa nasce diretamente do pressuposto de que seu ensinamento é *o* ensinamento verdadeiro. Com base nessa suposição, só podemos acessar *o* ensinamento verdadeiro por meio de alguns livros antigos. A leitura de livros antigos se nos torna extremamente importante pela mesma razão por que ela se fazia extremamente importante para Espinosa. Necessitaremos com grande urgência de uma hermenêutica elaborada pela mesma razão por que Espinosa não necessitava de hermenêutica alguma. Permanecemos em plena sintonia com o modo de pensar de Espinosa na medida em que encaramos o desenvolvimento de um método histórico mais refinado como um remédio desesperado para uma situação desesperada, e não como sintoma de uma "cultura" saudável e próspera.

Ao nosso raciocínio subjaz a sugestão de que, hoje, *a* verdade só se faz acessível por meio de alguns livros antigos. Cabe-nos ainda demonstrar que essa sugestão é compatível com os princípios de Espinosa. Espinosa sabia que o poder dos obstáculos naturais à filosofia – os quais são os mesmos em todas as épocas – pode aumentar quando são cometidos alguns deslizes específicos.[20] Os ataques naturais e esporádicos à filosofia podem ser substituídos por sua supressão deliberada e incessante. A superstição, inimiga natural da filosofia, pode tomar para si as armas da filosofia e, assim, transformar a si mesma em pseudofilosofia. Há uma quantidade indefinidamente grande de pseudofilosofias, uma vez que todo pseudofilósofo subsequente pode tentar aprimorar as conquistas ou evitar alguns erros de seus predecessores. É portanto impossível, até mesmo para o homem mais visionário, prever quais pseudofilosofias surgirão e controlarão a mente dos homens no futuro. Ora, não tanto a filosofia propriamente dita, mas a forma como a introdução a ela deve ser feita, muda necessariamente quando mudam os obstáculos artificiais ou acidentais à filosofia. Os obstáculos artificiais podem ser tão fortes em determinada época que uma introdução "artificial" elaboradíssima deve ser concluída antes de a introdução "natural" ter início. É concebível que surja uma pseudofilosofia específica cujo poder não pode ser interrompido senão pela leitura intensa de livros antigos. Na medida em que essa pseudofilosofia prevalece, talvez se façam necessários estudos históricos elaborados que seriam supérfluos – e, portanto, daninhos – em tempos mais afortunados.

Antes de examinarmos se, do ponto de vista de Espinosa, o pensamento dominante da época atual teria de ser considerado uma pseudofilosofia desse

---

[20] *Tr.* XI até o final e praef., p. 7 (§9). Compare Maimônides, *Guia dos Perplexos*, I, 31 (34 b Munk).

tipo, ousaremos expressar nossa sugestão nos termos da descrição clássica dos obstáculos naturais à filosofia. As pessoas podem temer de tal maneira ascender à luz do sol, e podem desejar de tal maneira que tal ascensão seja impossível a qualquer um de seus descendentes, que acabam por cavar sob a caverna em que nasceram uma funda cova, onde vão refugiar-se. Se um dos descendentes desejasse ascender à luz do sol, precisaria alcançar, primeiro, o plano da caverna natural, e para tanto lhe seria necessário inventar instrumentos novos e artificiais, desconhecidos e inúteis aos que habitavam a caverna natural. Ele seria um tolo, ele jamais veria a luz solar, ele perderia o último vestígio da memória do sol, caso perversamente achasse que, ao inventar seus novos instrumentos, teria ido além dos cavernícolas ancestrais.

Segundo Espinosa, o obstáculo natural à filosofia é a vida imaginativa e apaixonada do homem, a qual tenta proteger-se da própria ruína gerando aquilo que Espinosa denomina superstição. A escolha com que o homem se depara por natureza, portanto, é aquela entre a descrição supersticiosa do todo e sua descrição filosófica. Apesar de seu antagonismo radical, a superstição e a filosofia têm isto em comum: ambas tentam fornecer uma descrição definitiva do todo e consideram essa descrição indispensável à orientação da vida humana. A filosofia se encontra em sua situação natural na medida em que sua descrição do todo só é contestada por descrições supersticiosas, e não ainda por pseudofilosofias. Ora, é óbvio que essa situação não existe em nossa época. O caráter simples e direto dos dois antagonistas originais, os quais travavam sua batalha secular pela orientação da humanidade no plano único da verdade, deu lugar a uma atitude mais "sofisticada" ou "pragmática". A própria ideia de uma descrição definitiva do todo – de uma descrição que necessariamente culmina ou se inicia no conhecimento da primeira ou das primeiras causas de todas as coisas – tem sido abandonada por um número cada vez maior de pessoas, as quais a consideram não apenas impossível de ser realizada, mas também insignificante ou absurda. As autoridades a que essas pessoas se submetem são as gêmeas chamadas Ciência e História. A ciência, tal qual a compreendem, não é mais a busca da verdade ou a descrição definitiva do todo; assim, elas se acostumaram a distinguir a ciência da filosofia ou o cientista do filósofo.[21] Por conseguinte, essas pessoas admitem tacitamente, e às vezes até

---

[21] Quanto ao emprego sinônimo que Espinosa dá a "filosofia" e "ciência", ver, por exemplo, *Tr.* II, p. 35-36 (§§26-27); IV, p. 60 (§11); XIII, p. 167-68, 172 (§§4, 7, 27); XIV, p. 174 (§§5, 7); XV, p. 187 (§38); XIX, p. 237-38 (§§54, 62).

de modo claro, que é possível existir uma ciência não filosófica e uma filosofia não científica. Dessas duas iniciativas, a ciência desfruta naturalmente de prestígio maior: é comum vermos contrastados o progresso firme da ciência com o fracasso da filosofia. A filosofia que ainda é legítima com base nessa perspectiva não seria mais do que a serva da ciência denominada metodologia, mas pelo seguinte motivo. Ao rejeitar a ideia de uma descrição definitiva do todo, a ciência concebe a si mesma, em essência, como progressiva; ela se vê como algo que resulta de um progresso do pensamento humano que supera o encontrado em todos os outros períodos e como algo capaz de progredir ainda mais no futuro. No entanto, existirá uma aterradora discrepância entre a exatidão da ciência propriamente dita e a qualidade do conhecimento de seu caráter progressivo na medida em que a ciência não vier acompanhada da tentativa, ao menos voltada à exatidão, de provar verdadeiramente a realidade do progresso, de compreender suas condições e, a partir daí, garantir também a possibilidade de um progresso futuro. Ciência, portanto, no sentido que nossa época dá ao termo, vem necessariamente acompanhada da história do pensamento humano – seja numa forma assaz elementar, como em seus primórdios, seja na forma muito mais elaborada que assumiu hoje. É a história do pensamento humano o que agora ocupa o lugar outrora ocupado pela filosofia; em outras palavras, a filosofia se transforma na história do pensamento humano. A distinção fundamental entre filosofia e história, implícita no sentido original de filosofia, dá lugar à fusão de ambas. Se estudarmos a história do pensamento humano no espírito da ciência moderna, chegaremos à conclusão de que todo pensamento humano é "historicamente condicionado" ou de que a tentativa de libertar nossos pensamentos de nossa "situação histórica" é quixotesca. Tendo isso se convertido numa convicção sólida e constantemente reforçada por um número cada vez maior de novas observações, a ideia de uma descrição definitiva do todo, de uma descrição que, como tal, não estaria "historicamente condicionada", parece insustentável por razões que podem se tornar manifestas a qualquer criança. Doravante, não há mais um acesso direto ao significado original de filosofia enquanto busca da descrição verdadeira e definitiva do todo. Uma vez alcançado esse estado, o significado original de filosofia só pode se torna acessível mediante a recordação daquilo que ela significava no passado, isto é, mediante a leitura de livros antigos.

Na medida em que predominava a crença na possibilidade e na necessidade de uma descrição definitiva do todo, a história em geral e a história do pensamento humano em particular não constituíam parte integrante da iniciativa filosófica, por mais que os filósofos tenham valorizado informações sobre o pensamento precedente em sua função absolutamente ancilar. Porém, depois da perda desse poder ou da completa ruptura com a premissa fundamental de todo o pensamento filosófico anterior, o interesse pelas várias fases do pensamento precedente se torna parte integrante da filosofia. O estudo do pensamento anterior, se realizado com inteligência e assiduidade, conduz a uma revitalização das formas antigas de pensamento. O historiador que parte da convicção de que o verdadeiro entendimento do pensamento humano é o entendimento de cada ensinamento nos termos de sua época ou enquanto expressão dela necessariamente se familiariza com a visão, a todo momento imposta pelo seu tema, de que sua convicção inicial é insensata. E mais: ele é forçado a perceber que é impossível compreender o pensamento do passado na medida em que se é conduzido por aquela convicção inicial. Essa autodestruição do historicismo não é um resultado de todo inesperado. O interesse pelo pensamento do passado se intensificou, e cresceu em seriedade, graças à crítica que o final do século XVIII e o início do século XIX teceram contra a abordagem moderna, contra a ciência natural moderna e contra as doutrinas morais e políticas que acompanhavam esta ciência. A compreensão histórica, a revitalização das formas anteriores de pensamento, era originalmente tida como um corretivo para os defeitos próprios do espírito moderno. Esse impulso, porém, esteve desde o princípio viciado pela crença que o acompanhava, segundo a qual o pensamento moderno (distinto da vida e do sentimento modernos) era superior ao pensamento do passado. Desse modo, o que no início era entendido como um corretivo para o espírito do homem foi facilmente transformado em confirmação do dogma da superioridade do pensamento moderno sobre todo o pensamento anterior. O entendimento histórico perdeu sua força libertadora ao tornar-se historicismo, o que nada mais é do que a forma petrificada e autocomplacente da autocrítica do espírito moderno.

Nós já vimos como é necessário julgar o pensamento dominante de hoje à luz dos princípios de Espinosa ou como é possível ampliar, em estrita adesão a seus princípios, sua visão acerca dos obstáculos à filosofia e à compreensão de suas próprias obras. Ao lermos seus livros, portanto, conquistamos o direito de desviar de suas próprias regras de leitura. Percebemos, ao mesmo tempo, que não é possível simplesmente substituir tais regras por aquelas seguidas por inúmeros historiadores modernos. É bem verdade que o que hoje é frequentemente tido como o entendimento histórico do pensamento de Espinosa, a saber, o entendimento de seu pensamento nos termos de sua época, poderia ser descrito como uma forma mais elaborada daquilo que ele mesmo teria chamado de a "história" de seus livros. Entretanto, é também verdade que ele limitou a necessidade da "história" ao entendimento dos livros hieroglíficos. Simplesmente não temos o direito de descartar sua visão que diz que livros como os seus podem e devem ser compreendidos por si sós. Precisamos tão somente acrescentar que isso deve ser feito dentro dos limites do possível. Devemos nos manter fiéis ao espírito de sua injunção. Ao contrário do que ele dá a entender, para compreendermos seus livros nós necessitamos de informações que não são fornecidas por ele e que não são de fácil acesso a todo leitor razoável, independentemente de seu tempo ou lugar. Ao mesmo tempo, não devemos jamais perder de vista o fato de que esse tipo de informação só pode ter uma função estritamente subordinada ou de que ela deve ser integrada a um arcabouço fornecido de maneira autêntica ou explícita pelo próprio Espinosa. Isso se aplica a todo conhecimento que ele não forneceu diretamente e que, portanto, não era a seus olhos relevante para o entendimento de seus livros: informações sobre sua vida, seu caráter e seus interesses, sobre a ocasião e a época da composição dos livros, sobre seus destinatários, sobre o destino de seu ensinamento e, não menos importante, sobre suas fontes. Não podemos permitir que esse conhecimento extrínseco seja a chave de seu ensinamento, exceto quando foi comprovado, para além de qualquer dúvida razoável, que é impossível compreender seu ensinamento tal qual Espinosa o apresenta. Esse princípio cria, desde o início, uma saudável suspeita com relação às tentativas, tão diferentes entre si, de compreender o ensinamento de Espinosa como uma modificação da Kabbalah ou do platonismo, como expressão do espírito barroco ou como o ponto mais alto da escolástica medieval. Todo desvio desse princípio nos expõe ao perigo de tentar compreender Espinosa melhor do que ele compreendia a si mesmo antes de o termos compreendido tal qual ele se compreendia; isso nos sujeita a compreender não Espinosa, e sim uma fábula de nossa imaginação.

O entendimento histórico, tal qual é frequentemente praticado, tenta-nos a ver o autor estudado sobretudo como um contemporâneo entre seus contemporâneos, ou então a ler seus livros como se fossem dirigidos aos que viviam em sua época. Todavia, as obras de homens como o Espinosa maduro, as quais pretendem ser patrimônio de todas as épocas, se destinam principalmente à posteridade. Por conseguinte, ele as escreveu de modo que sua compreensão não exigisse o conhecimento prévio de fatos que, até onde ele sabia, só poderiam ser relevantes e facilmente acessíveis a seus contemporâneos. O voo rumo à imortalidade exige uma discrição radical na escolha da bagagem. Um livro que, para ser compreendido, exige o uso – e, mais ainda, a preservação – de todas as bibliotecas e arquivos que contenham informações que foram úteis a seu autor dificilmente merece ser escrito e lido, e decerto esse autor não merece sobreviver. De modo particular, deve ter havido fatos e ensinamentos que foram muito importantes para Espinosa em seus anos de formação, quando, como é natural, ele era menos capaz do que na maturidade de distinguir aquilo que era meramente contemporâneo – o que, de seu ponto de vista, provavelmente incluía muito do que ele conhecia da filosofia medieval –, daquilo que merecia ser preservado. Informações sobre seu "desenvolvimento" podem ser justamente consideradas irrelevantes até que se tenha demonstrado que o ensinamento final de Espinosa continua sendo misterioso sem elas. Dado que seu ensinamento se dedica sobretudo à posteridade, o intérprete deve sempre ter em mente a diferença entre o peso específico das obras da maturidade de Espinosa e o peso específico de suas cartas. As cartas não têm como principal destinatário a posteridade, e sim alguns contemporâneos. Assim como podemos presumir que as obras de sua maturidade se destinam sobretudo ao melhor tipo de leitor, a grande maioria de suas cartas é obviamente destinada a homens bastante medíocres.

A necessidade de informações extrínsecas resulta do fato de ser necessariamente limitada a presciência humana daquilo que poderia ser inteligível à posteridade. Mencionando apenas o exemplo mais impressionante e importante: Espinosa não poderia ter previsto – ou ao menos não poderia precaver-se como deveria – que a terminologia filosófica tradicional, a qual ele empregava ao mesmo tempo que a modificava, se tornaria obsoleta. Desse modo, o leitor atual de Espinosa precisa aprender os rudimentos de uma linguagem que era familiar aos seus contemporâneos. Generalizando, o intérprete de Espinosa precisa reconstruir aquele "pano de fundo" que, do ponto de vista do autor, era indispensável à compreensão de seus livros, mas que não poderia ser razoavelmente apresentado por meio deles porque ninguém pode dizer tudo sem tornar-se tedioso para todos. Isso significa que, em sua obra de reconstrução, o intérprete deve seguir primeiro as sinalizações estabelecidas pelo próprio

Espinosa e, depois, as indicações que Espinosa deixou acidentalmente em seus escritos. Ele deve partir de um ponto de vista claro, fundamentado em declarações explícitas, acerca dos predecessores do autor tais quais ele os via. Deve dedicar grande atenção a esse ramo da "tradição filosófica" que o próprio Espinosa julgava mais importante ou admirava em sumo grau. Por exemplo, ele não pode ignorar impunemente aquilo que Espinosa diz sobre Platão e Aristóteles, de um lado, e sobre Demócrito e Epicuro, de outro. Ele deve proteger-se da tola presunção, alimentada por uma erudição nada ilustrada, de que pode conhecer mais do que Espinosa o que era importante para Espinosa, ou ainda da presunção de que Espinosa não sabia do que estava falando. Ele deve estar disposto a conferir maior peso aos manuais medíocres citados por Espinosa do que a clássicos que talvez o autor jamais tenha conhecido. Ao tentar interpretar Espinosa, o intérprete deve procurar ao máximo permanecer nas fronteiras traçadas pela terminologia do autor e seus contemporâneos; empregando a terminologia moderna para exprimir pensamento de Espinosa, ou até mesmo para descrever seu caráter, ele provavelmente introduzirá um mundo estranho naquilo que afirma ser uma interpretação exata de seu pensamento. Apenas depois de termos concluído a interpretação do pensamento de Espinosa, no momento em que é preciso emitir um juízo sobre ele, é que temos a liberdade, e até mesmo a obrigação, de deixar de lado as indicações do próprio Espinosa. Espinosa afirma ter refutado o ensinamento filosófico e teológico que ocupava posição central no passado. Para julgar essa afirmação ou a força dos argumentos que lhe dão respaldo, é natural que examinemos os clássicos da tradição mesmo que Espinosa não os tenha conhecido ou estudado. Todavia, o entendimento do silêncio de Espinosa acerca de um fato ou de um ensinamento que ele deve ter conhecido, e cuja menção ou discussão teria sido essencial a seu raciocínio, pertence à intepretação propriamente dita. Com efeito, a supressão de algo é uma ação deliberada.

II

Segundo Espinosa, as regras que ele estabelece para a leitura da Bíblia não são aplicáveis ao estudo de seus próprios escritos, uma vez que a Bíblia se dirige ao vulgo e os seus escritos, aos filósofos. No prefácio ao *Tratado*, ele instiga explicitamente o vulgo a deixar o livro de lado, ao mesmo tempo que o recomenda de maneira expressa ao "leitor filosófico" ou aos "filósofos".[22] Livros destinados ao vulgo tornam-se adequadamente inteligíveis quando lidos do modo como o vulgo está acostumado a ler; ou seja: sua substância deve revelar-se à leitura desatenta e descuidada. Em outras palavras: nos livros vulgares escritos para comunicar o ensinamento mais fundamental, esse ensinamento deve ser redigido na íntegra em cada página ou deve ser o ensinamento mais claro, mas isso não se aplica aos livros filosóficos.

Espinosa afirmava que os livros inteligíveis podem ser plenamente entendidos sem que o leitor saiba a quem eles são destinados. Ao sublinhar o fato de que o *Tratado* se dirige a um grupo de homens específico, ele nos fornece a primeira dica para solucionar a dificuldade específica da obra. Espinosa diz que ela se destina especialmente àqueles "que filosofariam com maior liberdade se não estivesse em seu caminho a crença em que a razão deve servir como serva da teologia". Aqueles que acreditam que a razão, a filosofia ou a ciência devem estar subordinadas à teologia são por ele tratados como céticos ou homens que negam a certeza da razão, e o verdadeiro filósofo não pode ser um cético.[23] Desse modo, o *Tratado* se dirige não a filósofos reais, mas a filósofos em potencial. Ele se destina "ao tipo mais prudente" ou àqueles que não são ludibriados com facilidade,[24] isto é, a uma classe de homens que é claramente mais abrangente do que a classe de filósofos reais e, portanto, não é idêntica a ela.

Os filósofos em potencial a que o *Tratado* se destina acreditam na autoridade da teologia, isto é, da Bíblia. Por Bíblia Espinosa entende o Antigo e o Novo Testamentos.[25] Desse modo, o *Tratado* se destina aos filósofos em potencial que se encontram entre os cristãos. Segundo afirma explicitamente o autor, foi o contraste entre a crença e a prática cristãs o que o fez escrever a

---

[22] *Tr.* praef., p. 12 (§§33-34); V, p. 77-79 (§§37-46); XIV, p. 173-74 (§§1-2, 10); XV, p. 180 (§§2-3).
[23] *Tr.* praef., p. 12 (§34); XV, p. 180 (§§1-3); XX, p. 243 (§26). *Tr. de Intellectus Emendatione*, p. 18, 29-30 (§§47-48, 78-80). Espinosa muitas vezes usa "filosofia" e "razão" com o mesmo sentido, dando a entender, é claro, que a filosofia é a perfeição da capacidade natural do homem de compreender; *Tr.* VII, p. 117 (§94) com XV, p. 180, 182-84, 187 (§§1-3, 12, 21, 38); XIV, p. 179 (§38); praef., p. 10 (§27). Ver *Tr.* IV, p. 59 (§10). Que Espinosa entende por "filósofo" o homem que não tem suas investigações limitadas por qualquer consideração pela teologia é indicado em passagens como: *Tr.* VI, p. 88, 95 (§§34, 37, 67-68); XII, p. 166 (§40); XIII, p. 167 (§5); XV, p. 188 (§42); *Ep.* 23 (36§2).
[24] *Ep.* 30. Ver *Tr.* XVII, p. 205, 219 (§§24, 103); XVIII, p. 223 (§11); X, adnot. 21, 25 (§§1 n., 43 n.).
[25] *Tr.* XII, p. 163 (§24); XIV, p. 174 (§6); XV, p. 180, 184-85 (§§1-3, 24).

obra.²⁶ Se pudéssemos confiar nas várias declarações explícitas de Espinosa, o fato de ele se dirigir a filósofos cristãos em potencial teria de ser explicado da seguinte maneira: o cristianismo, e não o judaísmo, se fundamenta na revelação divina mais perfeita. Tanto seu caráter universalista quanto seu caráter espiritual, os quais contrastam com o caráter particularista e carnal do judaísmo em particular, explicam por que a ascensão à filosofia é mais fácil ou mais natural para o cristão do que para o judeu, que como tal "despreza" a filosofia. Além disso, o objetivo de Espinosa é libertar a filosofia do domínio teológico que culmina na perseguição dos filósofos pelos teólogos e seus discípulos. Se o cristianismo é a religião do amor por excelência, e se o Antigo Testamento diz "amarás teu próximo e odiarás teu inimigo", o pedido de tolerância feito por Espinosa se dirige mais naturalmente aos cristãos do que aos judeus.²⁷

Apesar disso, o tema do *Tratado* é obviamente mais judaico do que cristão. Espinosa não apenas fala com mais profundidade do Antigo do que do Novo Testamento; em inúmeros casos, seja de maneira controversa ou aprobativa, ele também se refere a comentadores judeus no sentido mais amplo do termo, quase não aludindo, se é que de fato o faz, a comentadores cristãos. Além disso, as interpretações de Espinosa devem muito mais a fontes judaicas do que a fontes do cristianismo. Ele indica que é tão versado na doutrina judaica que pode confiar seguramente em sua memória ao falar de temas judaicos ou daquilo que, "há muito tempo", averiguara sobre eles. Talvez o exemplo mais impressionante do pano de fundo judaico do *Tratado* seja o fato de Espinosa, ao ilustrar as duas visões opostas da relação entre Bíblia e filosofia, só se referir aos dois homens que ele considerava os líderes de ambos os grupos no judaísmo. Ele explica que deixou de examinar filologicamente o Novo Testamento em virtude de seu conhecimento insuficiente de grego.²⁸ Generalizando com base nessa observação, podemos explicar a preponderância do tema judaico no *Tratado* a partir do fato de Espinosa ser muito mais versado na tradição judaica do que na tradição cristã. Podemos ainda dar um passo adiante nessa mesma direção e supor que ele incorporou

---

²⁶ *Tr.* praef., p. 7-8 (§§13-14). Cf. XIX, p. 234-35 (§§38-39).
²⁷ *Tr.* I, p. 21 (§§23, 25); comparar II, p. 43 (§§56-57) e XI, p. 158 (§23) com II, p. 42-43 (§§52-55); III, p. 48 e adnot. 5 (§§21, 21 n., 22); IV, p. 64-65 (§§30-34); V, p. 70, 77 (§§8, 38); XI, p. 152, 158 (§§4, 24); XII, p. 158-59, 163 (§§3, 24); XVII, p. 214-15, 221 (§§77-82, 115); XVIII, p. 221 (§2); XIX, p. 233-34 (§§29-30, 38). ver *Ep.* 73 (21§§4, 7) e *Ep.* 19 (32§10).
²⁸ *Tr.* I, p. 18 (§13); IX, p. 135-36 (§§30-31, 36); X, p. 150 (§48); XV, p. 180-81 (§§1-5).

àquela obra uma quantidade considerável de materiais que havia utilizado originalmente para justificar sua deserção do judaísmo. Certas incongruências que chamam a atenção do leitor do *Tratado* não parecem admitir qualquer outra explicação. Para o que temos em mente, basta mencionar os dois exemplos mais notáveis. Espinosa diz que o tema do terceiro capítulo (a eleição dos judeus) não é exigido pelo objetivo que pauta a obra, e podemos cogitar a aplicação desse comentário também ao quarto e quinto capítulos, os quais culminam na crítica à lei cerimonial judaica. Os Capítulos III, IV e V, portanto, parecem não passar de relíquias de uma obra dedicada primeiramente aos judeus. Além disso, o *Tratado* se sustenta ou sucumbe em função do princípio de que o verdadeiro significado de toda passagem bíblica deve ser definido exclusivamente a partir da própria Bíblia, e não com referência à verdade filosófica ou científica. No entanto, ao examinar a questão dos milagres, Espinosa declara, em impressionante contradição com esse princípio, que o ensinamento bíblico está de pleno acordo com o ensinamento filosófico e que toda passagem bíblica que contradiz o ensinamento filosófico deve ser tratada como um acréscimo sacrílego às Sagradas Escrituras. Esse método de resolver o conflito entre filosofia e Bíblia fora utilizado com particular vigor por Uriel da Costa, contemporâneo judeu mais velho. Parece que o ocasional emprego desse método por parte de Espinosa é outra relíquia de suas reflexões juvenis e intrajudaicas, por assim dizer.

A afirmação de que Espinosa incorporou ao *Tratado* partes da apologia juvenil em que defendia sua deserção do judaísmo é, na melhor das hipóteses, uma suposição plausível. Além disso, autor algum que seja digno desse nome incorporará a um livro partes de um escrito anterior que não façam sentido no livro novo. Toda preocupação com o problema das partes do *Tratado* que poderiam ter sido retiradas da antiga apologia de Espinosa tenta o intérprete a fugir do simples dever que é compreender o livro tal qual Espinosa o redigiu e publicou e a procurar os prazeres questionáveis da alta crítica. Embora só se possa conjecturar quais partes do *Tratado*, caso de fato haja alguma, foram retiradas de um escrito anterior de Espinosa, é possível saber que papel essas partes desempenham na obra mesma. Examinemos, a partir desse ponto de vista, as duas dificuldades a que nos referimos.

Espinosa afirma que o principal objetivo do *Tratado* é desvincular a filosofia da teologia e que tal propósito exige que sejam examinados "os profetas e a profecia", mas não se o dom profético era peculiar aos judeus nem qual seria o significado da eleição desse povo.²⁹ Isso está perfeitamente correto no que diz respeito à superfície do argumento do *Tratado*, mas o argumento mais profundo exige, além da afirmação, a prova de que a profecia é um fenômeno natural. A prova oferecida nos dois primeiros capítulos do *Tratado* continua sendo insatisfatória na medida em que não foi demonstrado que a profecia é um fenômeno universal, isto é, que ela não existe só entre os judeus. Isso, por sua vez, não pode ser provado sem o exame prévio do tipo de fenômenos que poderiam ser peculiares a uma nação, ou então sem o exame dos privilégios para os quais determinada nação pode ser eleita enquanto nação. Não é somente o terceiro capítulo, porém, que se faz indispensável para a compreensão plena do argumento do *Tratado*, mas também o quarto e o quinto. Na realidade, a maior parte da obra se dedica mais diretamente à investigação do Antigo do que do Novo Testamento. Em seu exame do Antigo Testamento ou do judaísmo em geral, Espinosa segue com grande naturalidade uma disposição judaica tradicional do tema. Segundo essa tradição (a qual remete à *kalam* islâmica), o que podemos chamar de "teologia" se divide em duas partes: a doutrina da unidade de Deus e a doutrina de Sua justiça. A doutrina da justiça divina lida especialmente com a profecia, a lei e a providência. Essa ordem se faz necessária porque a providência, ou a recompensa e punição divinas, pressupõe a existência de uma lei de Deus, a qual, por sua vez, pressupõe a revelação ou a profecia. É essa ordem que subjaz ao plano dos primeiros seis capítulos do *Tratado*, o que logo percebemos quando examinamos o vínculo, indicado com clareza por Espinosa, entre "milagres" e "providência".³⁰

A partir do contexto do *Tratado*, é igualmente possível compreender por que Espinosa, ao examinar os milagres, deixa de lado o princípio de sua hermenêutica bíblica. Por motivos que exporemos adiante, ele tenta apresentar suas visões sobre temas teológicos de maneira um tanto comedida. Há um

---

²⁹ Comparar *Tr.* II, p. 44 (§58), com o título e plano de III. Ver *Tr.* XIV, p. 180 (§40).

³⁰ *Tr.* I-III: profecia; IV-V: lei; VI: milagres. Quanto ao vínculo entre milagres e providência, ver *Tr.* VI, p. 82, 88-89 (§6, 34, 37, 39). Espinosa pode ter-se familiarizado com a ordem que adotou, a ordem dos três temas cardinais, em parte por causa dos planos do exame de Maimônides, em parte por causa das declarações explícitas dessa mesma autoridade; ver *Guia*, III, 17 (34b-35a Munk) e 45 (98b-99a). À luz da tradição em questão, a parte teológica por excelência do *Tratado* se dedica ao tema da justiça divina, a qual se distingue do tema de Sua unidade. Que essa inferência se justifica fica claro a partir de uma comparação de *Tr.* I-VI com *Ethica* I apêndice. Seria exagerado, mas não errôneo, dizer que o tema do *Tratado* como um todo é a justiça divina e a justiça humana; considere-se *Tr.* XIX, p. 229-32 (§§5-20).

ponto fundamental, porém, acerca do qual Espinosa se recusa a fazer concessões inequívocas, e esse ponto é precisamente a possibilidade de os milagres serem fenômenos supranaturais. Enquanto fala sem hesitar em ensinamentos suprarracionais, ele rejeita a todo momento a possiblidade dos milagres propriamente ditos. Se tivesse sempre rejeitado a possibilidade dos ensinamentos suprarracionais, Espinosa não teria escolha senão identificar o ensinamento bíblico com o ensinamento racional – o que seria fatal para a separação entre filosofia e teologia – ou negar toda verdade a todos os ensinamentos bíblicos enquanto ensinamentos revelados. O máximo a que ele podia se atrever não era negar sempre o fato da revelação suprarracional, mas negar sempre seu caráter supranatural ou miraculoso, e ser-lhe-ia impossível fazer isso de maneira consistente ou conveniente sem negar a possibilidade dos milagres propriamente ditos. A fim de não romper com a Bíblia no ponto crucial, ele tinha de afirmar que a possibilidade dos milagres propriamente ditos é negada pela Bíblia mesma. Para sustentar essa afirmação diante dos relatos da ressurreição de Jesus apresentados pelo Novo Testamento – relatos que Espinosa reconhecia incompatíveis com sua interpretação espiritualista do cristianismo –, ele não teve escolha senão sugerir que todo e qualquer relato bíblico que traga milagres propriamente ditos não são de fato bíblicos, e sim acréscimos sacrílegos às Sagradas Escrituras.[31]

Não temos razões válidas para desconfiarmos de que o *Tratado* e cada uma de suas partes não se destinam a cristãos. Como consequência, não basta, para explicarmos a preponderância do tema judaico no *Tratado*, referirmo-nos ao fato de que Espinosa conhecia mais a tradição judaica do que a tradição cristã. Com efeito, esse mesmo fato o impediria de falar com autoridade para

---

[31] Comparar *Tr.* VI, p. 91 (§51), com *Ep.* 75 e 78 (23 §§5-7 e 25 §6). Ver *Tr.* XV, p. 185 (§27). A negação explícita da ressurreição de Jesus nas cartas mencionadas é confirmada pela implicação de *Tr.* XII, p. 163, 166 (§§24, 39). O que afirmamos no texto ilumina outra dificuldade apresentada pelo exame dos milagres por Espinosa. Em sua análise temática do ensinamento bíblico, ele afirma que a Bíblia só ensina de maneira indireta que não há milagres propriamente ditos, mas ainda assim acrescenta que qualquer passagem bíblica contraditória deve ser tratada como acréscimo sacrílego. Na seção final do capítulo sobre os milagres, porém, Espinosa declara que a Bíblia ensina de maneira direta que não há milagres propriamente ditos, e ainda assim acresce que esse ensinamento bíblico explícito não é de modo algum obrigatório. Ou isso quer dizer que o ensinamento bíblico é apenas implícito e ao mesmo tempo sagrado, ou quer dizer que ele é explícito e ao mesmo tempo indiferente do ponto de vista religioso; certamente não é explícito e ao mesmo tempo obrigatório. Comparar *Tr.* VI, p. 89-91 (§§39-51) com ibidem, p. 95-96 (§§66-71).

os cristãos sobre o tema central do cristianismo. O caráter peculiarmente "judaico" da obra deve ser compreendido à luz da intenção que guiava Espinosa. Se presumirmos que ele acreditava na superioridade do cristianismo em relação ao judaísmo, não poderemos deixar de sugerir que ele desejava dar aos cristãos o seguinte conselho: deveriam eles abandonar aquelas relíquias carnais do judaísmo que haviam desfigurado o cristianismo desde o princípio e retornar ao ensinamento puramente espiritual das origens cristãs. Se o principal objetivo do *Tratado* é libertar o cristianismo de sua herança judaica, os temas judaicos estarão naturalmente no primeiro plano do debate, e assim a qualificação do autor como instrutor de coisas cristãs a cristãos crescerá, e não diminuirá, em virtude de ele ser muito mais versado na tradição judaica do que na tradição cristã.

O historiador moderno se sente inclinado a interpretar o objetivo do *Tratado* – e com isso responder à questão referente a seus destinatários – segundo as circunstâncias particulares da vida ou da época de Espinosa. Há inclusive declarações do autor que parecem respaldar essa abordagem. Todavia, tais enunciados serão necessariamente incompreendidos se não forem agrupados ao redor do fato de o *Tratado* não se destinar, de modo especial, aos contemporâneos do autor. A obra se dirige a filósofos em potencial que são cristãos. Homens desse tipo – e, com isto, tanto o problema de Espinosa quanto sua solução – são coetâneos do cristianismo, e não casos peculiares à época do autor. Isso não exclui o fato de que, segundo a afirmação explícita de Espinosa, não foram somente a filosofia e o tema em si que exigiram dele as investigações apresentadas no *Tratado*, mas também o "tempo".[32] Precisamos investigar como isso se harmoniza com aquilo que poderíamos chamar de caráter atemporal do objetivo e da tese do trabalho.

Espinosa parte do contraste entre o anúncio cristão do amor universal e a prática cristã da perseguição, de modo especial a dos filósofos. Esse contraste existiu em todas as épocas, exceto nos primórdios do cristianismo. Com efeito, o declínio do cristianismo teve início muito cedo, e sua principal causa não foi nenhuma ação culposa. Uma vez que o Evangelho era desconhecido por seus contemporâneos, para apresentá-lo os apóstolos se viram forçados a recorrer a visões que à época eram bastante conhecidas e aceitas. Assim, acabam por preparar o terreno para aquela fusão entre fé e filosofia que contradiz a

---

[32] *Tr.* II, p. 29 (§2).

intenção original do Evangelho e justifica a perseguição da filosofia em nome da religião. Dado que o poder dos erros aumenta à medida que eles permanecem incontestados, as coisas foram piorando com o passar do tempo – e, com exceção de alguns fatos que serão mencionados em breve, a situação é ainda pior na época de Espinosa do que em qualquer outra. Todavia, temos motivos para achar que exatamente em "nossa era" a sociedade cristã voltará pela primeira vez ao ensinamento puro do Evangelho. Essa esperança está fundamentada em fatos como: a existência, hoje, de repúblicas ou democracias cristãs, isto é, de sociedades que exigem por natureza a livre discussão pública; o desaparecimento de profetas cujo comportamento autoritário se mostra incompatível com a urbanidade; e a dissolução do sistema eclesiástico unitário do cristianismo.[33] Tudo isso, porém, quer dizer tão somente que as chances de a sociedade cristã como um todo aceitar o ensinamento cristão puro são maiores na época de Espinosa do que em qualquer outra. Está longe de significar que aquele ensinamento não fora igualmente acessível aos espíritos livres de todas as épocas desde os primórdios do cristianismo.

III

A parte teológica do *Tratado* começa e termina afirmando implicitamente a possibilidade da revelação ou da profecia enquanto conhecimento certo de verdades que ultrapassam a capacidade da razão humana. Essa afirmação é repetida ainda, de maneira explícita ou não, num número considerável de passagens da obra.[34] Não obstante, há também trechos em que a possibilidade de qualquer conhecimento suprarracional é negada por completo.[35] Espinosa contradiz a si mesmo, portanto, acerca do que talvez pos-

---

[33] *Tr.* praef., p. 7-9 (§§12, 14-20); I, p. 16 (§7); VII, p. 97-98, 105, 112 (§§1-5, 38-39, 70); VIII, p. 118 (§§2-3); XI, p. 153, 157-58 (§§8, 21-24); XII, p. 159 (§4); XIV, p. 173, 180 (§§2, 4, 40); XVIII, p. 225-26 (§§24-25); XIX, p. 235-37 (§§43, 50, 52-53); XX, p. 245-46 (§§39-40).

[34] *Tr.* I, p. 15-16, 20-21, 28 (§§1-4, 6-7, 22-23, 45); XV, p. 184-85, 188 (§§22, 26-27, 44). Ver, por exemplo, VI, p. 95 (§65); VII, p. 98-99, 114 (§§8-10, 78); XI, p. 155-56 (§§14-15); XII, p. 162-63 (§§21-22); XIII, p. 168, 170 (§§6-8, 20); XVI, p. 198-200 (§§53-56, 61, 64). Ver *Ep.* 21 (34 §§3, 23).

[35] *Tr.* V, p. 80 (§49); XIII, p. 170 (§17); XIV, p. 179 (§38); XV, p. 184, 188 (§§21, 23, 42). IV, p. 62 (§20); VII, p. 112 (§72); e também o prefácio de L. Meyer a *Renati Des Cartes Principiorum etc.*, até o final.

samos considerar o tema central de seu livro. Suspender nosso juízo sobre o que ele pensava quanto a isso seria o mesmo que jogar fora o *Tratado* por se tratar de um livro completamente ininteligível. Ora, aquele que crê com sinceridade nos ensinamentos revelados e suprarracionais não tem por que declarar que o homem não possui acesso a nenhuma verdade senão mediante a percepção sensorial e o raciocínio; que apenas a razão ou a filosofia, distintas como são da revelação ou da teologia, possuem e reivindicam para si a esfera da verdade; que a crença nas coisas invisíveis que não podem ser demonstradas pela razão é simplesmente absurda; ou que aquilo que julgamos ser ensinamentos "acima da razão" não passam de sonhos ou ficções que se encontram "muito abaixo" dela. Essa observação resolve por si só a dificuldade: Espinosa não admitia a possibilidade de quaisquer ensinamentos suprarracionais. Ainda assim, não podemos prescindir de um exame mais detalhado das autocontradições de Espinosa. Afinal, encontramos no *Tratado* um número considerável delas, das quais algumas não podem ser descartadas com tanta facilidade quanto aquela que acabamos de mencionar. Necessitamos de uma regra precisa e universal que nos permita definir com certeza, em todos os casos, qual das duas declarações contraditórias de Espinosa expressa sua perspectiva séria.

Elencaremos, primeiro, alguns outros exemplos de contradições importantes. Espinosa declara que, uma vez que a filosofia e a teologia (ou a razão e a fé) estejam radicalmente separadas, ou então restritas a suas esferas particulares, não haverá conflito entre ambas. A filosofia, e não a teologia, almeja a verdade; a teologia, e não a filosofia, almeja a obediência. Ora, a teologia se fundamenta no dogma de que a mera obediência, prescindindo do conhecimento da verdade, basta para a salvação, e esse dogma deve ser verdadeiro ou ser falso. Espinosa declara que essa é uma verdade suprarracional. No entanto, ele também afirma que as verdades suprarracionais são impossíveis. Se a segunda afirmação for aceita, o próprio fundamento da teologia é uma inverdade.[36] Por conseguinte, filosofia e teologia, longe de estarem em perfeita harmonia entre si, acabam se contradizendo. Outra forma da mesma contra-

---

[36] Essa conclusão é confirmada pelo fato de a obediência (a Deus) pressupor que Deus é um legislador ou governante e pelo fato de a razão refutar esse pressuposto; ver *Tr.* IV, p. 62-65 (§22-37), e XVI adnot. 34 (§53 n.). De acordo com a conclusão que formulamos no texto, Espinosa afirma que a fé exige menos dogmas verdadeiros do que dogmas piedosos, "muito embora possa haver, entre eles, muitos que não possuem sequer uma sombra de verdade"; ver XIV, p. 176 (§20), e XIII,

dição se apresenta nas afirmações de que a teologia (ou a Bíblia, ou a profecia) não tem autoridade a respeito de questões meramente especulativas e de que a teologia tem autoridade a respeito de algumas questões especulativas.[37] Espinosa declara que o ensinamento bíblico a respeito da providência é idêntico ao ensinamento filosófico. Por outro lado, afirma que apenas a filosofia (e, portanto, não a Bíblia) ensina a verdade sobre a providência; com efeito, somente a filosofia pode ensinar que Deus se preocupa igualmente com todos os homens, isto é, que um único destino se aplica tanto ao justo quanto ao injusto;[38] em outras palavras, apenas ela ensina que não há providência alguma. Isso está de acordo com a implícita tese de que existe um antagonismo fundamental entre razão e fé. Espinosa emprega "profecia" e "Bíblia" como termos praticamente sinônimos, afirmando que a única fonte que temos para conhecer o fenômeno da profecia é a Bíblia. No entanto, ele também declara que os áugures dos pagãos eram profetas reais,[39] e assim dá a entender que o primeiro livro do *De Divinatione* de Cícero, por exemplo, seria uma fonte tão boa quanto a Bíblia para o estudo da profecia.

As contradições acerca do cristianismo, ou do Novo Testamento, exigem uma abordagem um pouco mais extensa. Espinosa declara, primeiro, que ninguém além de Jesus (a quem ele regularmente chama de Cristo) alcançou a excelência sobre-humana que se faz necessária para receber, sem o auxílio da imaginação, as revelações de conteúdo suprarracional, ou então que apenas ele, em contraste sobretudo com os profetas do Antigo Testamento, compreendeu de maneira real e adequada o que lhe foi revelado. Desse modo, o autor se vê em condições de dizer que a sabedoria de Deus assumiu a natureza humana em Cristo e que Cristo é o caminho da salvação.[40] Tais comentários devem ser entendidos, isto é, corrigidos, à luz de sua rejeição dos fenômenos supranaturais. Dado que as leis da natureza em geral

---

p. 172 (§29). Comparar XV, p. 182, 187, 188 (§§11-12, 38, 43); XII, p. 159 (§6); *Ep.* 21 (34 §§3, 23), de um lado, com XV, p. 185 (§§26-27), e as passagens mencionadas na nota anterior, de outro.
[37] Comparar *Tr.* XV, p. 188 (§42), e II, p. 35 (§24), com V, p. 77 (§38), XIII, p. 168 (§6) e XX, p. 243 (§22).
[38] Comparar *Tr.* VI, p. 82, 95-96 (§6, 66-71), com VI, p. 87-88 (§§37, 32-34, 36); XIX, p. 229, 231-32 (§§8, 20); XIV, p. 177-78 (§27); *Ethica* I app.
[39] Comparar *Tr.* III, p. 53 (§39), com I, p. 15, 16 (§§1, 7); VI, p. 95 (§63); VII, p. 98 (§6); XII, p. 163 (§27); XIV, p. 179 (§38); XV, p. 188 (§44). Ver também a contradição entre XVII, p. 219 (§§105-106), e XI, p. 152 (§§5-6).
[40] *Tr.* I, p. 20-21 (§§22-25); IV, p. 64-65 (§§30-32). Ver *Ep.* 73 (21 §4) e 75 (23 §9).

e da natureza humana em particular são sempre as mesmas, e dado que jamais há algo de radicalmente "novo", a mente de Jesus, que possuiu corpo de homem, não pode ter sido sobre-humana.[41] Em outras palavras, uma vez que o homem não possui faculdade maior que a razão, ou uma vez que não pode haver verdades suprarracionais, Jesus não pode ter sido mais do que o maior filósofo que já existiu. O segundo dos dois tratamentos sistemáticos de Jesus no *Tratado* confirma por inteiro essa conclusão. Se Espinosa afirma, "com Paulo", que todas as coisas são e se movem em Deus, podemos presumir que para ele sua doutrina de Deus enquanto causa imanente de todas as coisas remete ao próprio Jesus. Ele chega até a demonstrar que o conhecimento de Jesus devia ser puramente racional, uma vez que Ele fora enviado para instruir toda a raça humana e, portanto, tinha de conformar-se com as opiniões que lhe eram comuns, isto é, aos princípios fundamentais da razão; os profetas do Antigo Testamento, por sua vez, tiveram de conformar-se tão somente com as opiniões dos judeus, ou seja, com um conjunto particular de preconceitos.[42] Ou, para sermos mais precisos: enquanto os profetas do Antigo Testamento encontravam-se sob o efeito de preconceitos populares, Jesus e os apóstolos só adaptaram livremente a expressão de seus pensamentos racionais a tais preconceitos.[43] Na verdade, não é o ensinamento exotérico do Novo Testamento que é genuinamente filosófico, e sim seu ensinamento esotérico. Essa conclusão, porém, está em claro desacordo com o objetivo principal do *Tratado*. A separação radical de filosofia e Bíblia seria uma exigência absurda caso o ensinamento esotérico do Novo Testamento fosse o ponto alto da sabedoria filosófica. Além disso, quando Espinosa afirma "com Paulo" que todas as coisas são e se movem em Deus, ele acrescenta que a mesma visão talvez fosse sustentada por todos os filósofos e por todos os hebreus antigos. Ele fala com grande respeito do ensinamento de Salomão sobre Deus e chama-o apenas de "o filósofo". Não obstante, a filosofia, tal qual Espinosa a concebe, pressupõe o conhecimento da matemática, da qual Salomão praticamente nada conhecia; além disso, as pessoas aceitavam os ditos de Salomão tão religiosamente quanto aceitavam os ditos dos

---

[41] *Tr.* I, p. 16 (§3). Considere-se o uso do *modus irrealis* em I, p. 20-21 (§22), e I adnot. 3 (§40 n.). Ver III, p. 47 (§12); VI, p. 95 (§§66-67); XII, p. 159-60 (§7); *Ethica* III praef.
[42] *Tr.* IV, p. 64-65 (§§30-36). Ver XI, p. 154 (§11). Ver também o prefácio à *Ética* nas *Opera Posthuma*.
[43] *Tr.* II, p. 42-43 (§§52-57); V, p. 77-78 (§§37-40); XI, p. 158 (§23). Ver o raciocínio de XI como um todo.

profetas, ao passo que ridicularizavam os filósofos que reivindicavam para si qualquer autoridade em assuntos religiosos. Por conseguinte, seria mais adequado atribuir a Salomão não a filosofia, mas a sabedoria popular, e aplicar a mesma descrição ao ensinamento de Jesus.[44] Isso está de acordo com o fato de, segundo Espinosa, a doutrina "das Escrituras", isto é, de ambos os Testamentos, "não conter elementos filosóficos, mas apenas os elementos mais simples", e com o fato de que ele provavelmente via seu ensinamento sobre Deus, o verdadeiro ensinamento filosófico, como um ensinamento que se opunha a todos os ensinamentos anteriores.[45] O ensinamento racional que Espinosa de fato parece ter atribuído a Jesus quase não se diferenciava da moralidade racional. No entanto, Espinosa não afirma consistentemente que Jesus descobriu ou pregou pela primeira vez o verdadeiro ensinamento moral. À parte o fato de que ele pode ser encontrado naturalmente por todos os seres humanos e em todas as épocas, esse ensinamento decerto foi conhecido e pregado pelos profetas e sábios do Antigo Testamento.[46] O ensinamento que é característico de Jesus, ou do Novo Testamento em geral, não é a moralidade racional propriamente dita, e sim sua combinação com uma "história" que lhe permitia ser pregado à gente comum de todas as nações. Em outras palavras, a substância do ensinamento dos dois Testamentos é idêntica, havendo apenas a seguinte diferença: os profetas do Antigo Testamento pregavam esse ensinamento em virtude da aliança mosaica e, por conseguinte, destinavam-no somente aos judeus, enquanto os apóstolos o pregavam em virtude da paixão de Jesus e o destinavam a todos os homens.[47] Ora, a combinação da moralidade racional com qualquer uma dessas "bases" históricas dá a entender que ela é apresentada na forma de uma ordem divina, e assim Deus é apresentado na condição de legislador. Por conseguinte, o Novo Testamento exige obediência a Deus tanto quanto o Antigo, e assim ambos se opõem de igual maneira ao ensinamento filosófico que afirma que Deus não pode ser concebido enquanto legislador. "Conhecer a Deus segundo o espírito" significa acreditar que Deus é misericordioso, mas

---

[44] *Tr.* II, p. 36, 41 (§§29, 48); IV, p. 66 (§40); VI, p. 95 (§67); VII, p. 114 (§79); XI, p. 156 (§15). *Ep.* 73 (21 §2).
[45] *Tr.* XIII, p. 167 (§4); XIV, p. 174 (§8); XV, p. 180 (§2). Ver, acima, p. 168-69.
[46] *Tr.* IV, p. 66-68 (§§40-46, 48); V, p. 71-72 (§§10-13); VII, p. 99 (§11); XII, p. 162 (§19); XIX, p. 231 (§16).
[47] *Tr.* XII, p. 163, 165-66 (§§24, 37); XIX, p. 231 (§16).

a filosofia ensina que não faz sentido atribuir misericórdia a Deus.[48] Em suma, o Novo Testamento não é mais racional que o Antigo; portanto, não há razões que expliquem por que os apóstolos, por exemplo, deveriam ser mais emancipados dos preconceitos de sua época do que os profetas do Antigo Testamento. Ao defender o *Tratado* em uma de suas cartas, Espinosa admite que todos os apóstolos acreditavam na ressurreição corporal de Jesus e, assim, estavam sob o efeito de preconceitos populares.[49] Pode haver mais raciocínio no Novo Testamento do que no Antigo, e o maior profeta deste último talvez jamais tenha produzido um único raciocínio legítimo; obviamente, porém, isso não significa que não haja raciocínios ilegítimos no Novo Testamento.[50] As declarações filosóficas figuram especialmente nas Epístolas de Paulo, mas não mais do que nos escritos atribuídos a Salomão. As articulações filosóficas de Paulo poderiam remeter a seu desejo de ser grego com os gregos ou de tornar o Evangelho aceitável a uma multidão maculada pela filosofia; desse modo, as formulações mais filosóficas do Novo Testamento parecem não passar de meros empréstimos da filosofia grega. Além disso, visto que foram feitas em deliberada adaptação aos preconceitos de seus destinatários, tais declarações não necessariamente estão de acordo com as visões do próprio Paulo. Antes de mais nada, o uso pedagógico que Paulo dá à filosofia parece alicerçar a fusão fatal entre filosofia e teologia contra a qual o *Tratado* se destina. Decerto, o ensinamento paulino da justificação "pela fé" contradiz o que Espinosa julga ser o ensinamento central e mais útil da Bíblia.[51] Poderíamos achar, por um momento, que ao insistir no caráter universalista do Novo Testamento – distinto como é do caráter particularista do Antigo –, Espinosa nega a identidade, afirmada alhures, do ensinamento moral de ambos os Testamentos. Todavia, ele cita a frase "amarás teu próximo e odiarás teu inimigo" a fim de demonstrar não a diferença, mas a identidade fundamental do ensinamento do Sermão da Montanha e do sermão de Moisés. A diferença entre as ordens "odiarás teu inimigo" (isto é, o estrangeiro) e "amarás teu próximo" se deve exclusivamente à mudança das circunstâncias políticas do povo judeu: Moisés podia pensar no

---

[48] *Tr.* IV, p. 64 (§30); XIII, p. 171-72 (§26); XIV, p. 174, 178 (§§6-8, 28).
[49] *Ep.* 75 (23, §5) e 78 (25 §6).
[50] *Tr.* XI, p. 152-53 (§§5-7); XIV, p. 175-76 (§§17-18). Ver *Ep.* 75 (23 §7).
[51] *Tr.* XI, p. 156-58 (§§15, 21, 23-24); XII, p. 166 (§40); XIII, p. 167 (§3); XIV, p. 175-76 (§§14-19); III, p. 54 (§46). Ver a crítica implícita a Paulo em I, p. 21, 28-29 (§§25, 46).

estabelecimento de um bom regime, ao passo que Jesus (tal qual Jeremias antes dele) se dirigia a pessoas que haviam perdido sua independência política.[52] Espinosa não admite sempre que aquilo que o Novo Testamento ensina a respeito da moralidade privada é superior ao ensinamento do Antigo Testamento. Mesmo que o fizesse, porém, em sua opinião isso teria menos importância que o fato de o cristianismo, graças às circunstâncias de suas origens, oferecer muito mais apoio ao dualismo entre poder espiritual e temporal, e com isso à discórdia civil perpétua, do que o ensinamento do Antigo Testamento, originado em Moisés, rei de fato, se não de nome. Com efeito, a segurança da comunidade é a lei suprema.[53] Para resumir: a identificação spinoziana do ensinamento – ou do ensinamento esotérico – do Novo Testamento com o ensinamento verdadeiro é contradito em copiosas passagens do *Tratado*.

Nosso último exemplo será uma contradição que temos sido forçados a imitar em nossa apresentação e que tem a vantagem de ser solucionada quando recorremos à explicação que o próprio Espinosa dá a uma dificuldade semelhante. Num grupo de passagens do *Tratado*, Espinosa sugere que a Bíblia é hieroglífica, isto é, que ela é ininteligível em virtude de seu tema. Em harmonia com esse ponto de vista, ele declara de maneira explícita, em uma de suas cartas, que simplesmente não compreende a Bíblia. Essa visão o expõe ao risco de ter de admitir que a Bíblia é rica em mistérios e que sua compreensão necessita de uma iluminação suprarracional;[54] trata-se, de todo modo, de algo incompatível com todo o significado e objetivo do *Tratado*. Há outro conjunto de passagens em que Espinosa afirma, com igual veemência, que a Bíblia é facilmente compreensível em virtude de seu tema; que todas as dificuldades que impedem seu entendimento se devem a nosso conhecimento imperfeito da linguagem, à pobre condição do texto e a causas semelhantes;[55] e que quase todas essas dificuldades podem ser superadas com o uso do método certo: não há necessidade nem de uma iluminação suprarracional, nem de uma tradição autorizada. O que então ele quer dizer quando afirma que não compreende a Bíblia? Ao mencionar, no *Tratado*, a cristologia de "certas Igrejas", Espinosa declara que

---

[52] *Tr.* XIX, p. 233 (§§29-30); XII, p. 165-66 (§37); VII, p. 103-04 (§§30-33).
[53] *Tr.* XVIII, p. 225-26 (§25); XIX, p. 232, 236-38 (§§22-24, 50-59). Ver V, p. 70-72 (§§8-9, 13-14).
[54] *Tr.* VII, p. 98, 112 (§9, 23); XII, p. 159 (§4); II, p. 35, 36 (§§25, 29).
[55] *Tr.* V, p. 76-77 (§§35-39); VII, p. 112 (§§70, 73); XIII, p. 167 (§§3-4). Ver XIV, p. 174 (§§6-8), e II, p. 34 (§21).

não fala sobre essas coisas nem as nega, "pois de bom grado confesso que não as compreendo". Naquele que é o autêntico comentário sobre essa passagem, ele primeiro repete a declaração de que não compreende a cristologia de "certas Igrejas", mas então acresce que, "para dizer a verdade", considera as doutrinas em questão absurdas ou evidentemente autocontraditórias.[56] Por conseguinte, afirma que não compreende a Bíblia porque não deseja "dizer a verdade", isto é, que considera o ensinamento bíblico um ensinamento autocontraditório. Sua visão a respeito da inteligibilidade da Bíblia deve, portanto, ser formulada da seguinte maneira: uma vez que só é possível perceber que o ensinamento de um livro é absurdo depois de compreendido esse ensinamento, a Bíblia é certamente inteligível. Todavia, é mais fácil compreender um livro cujo ensinamento é lúcido do que um livro cujo ensinamento é autocontraditório. É muito difícil averiguar o significado de um livro que consiste numa quantidade considerável de afirmações autocontraditórias, em resquícios de preconceitos ou superstições primitivos e em emanações de uma imaginação descontrolada.[57] É ainda mais difícil compreender um livro assim quando, para piorar, ele foi compilado e preservado de maneira pobre. Não obstante, muitas dessas dificuldades podem ser superadas pelo uso do método correto.

Espinosa, para quem a Bíblia era um livro rico em contradições, indicou seu ponto de vista num trabalho que por si só abunda em contradições. Cabe-nos ver se o tratamento que ele dá às contradições bíblicas não nos é de alguma forma útil para a compreensão de sua própria obra. Devemos nos limitar ao que o autor tem a dizer sobre as contradições entre os trechos não metafóricos do mesmo falante. Sua regra afirma que, nesses casos, é preciso suspender o juízo referente àquilo que o falante pensava acerca do tema em questão, exceto quando é possível demonstrar que a contradição ocorre porque eram diferentes a ocasião ou os destinatários das duas declarações.[58] Ele aplica essa regra à contradição (real ou alegada) entre algumas visões de Jesus e Paulo: enquanto uma das visões se destina à gente comum, a outra se destina aos sábios. Espinosa, contudo, vai além. O simples fato de Paulo afirmar, em algumas ocasiões, que fala "à maneira do homem" leva Espinosa

---

[56] *Tr.* I, p. 21 (§24); *Ep.* 73 (21 §5).
[57] *Tr.* XV, p. 180, 184 (§§3, 20); VI, p. 81-82, 88 (§§1-5, 36). Ver, de modo especial, o explícito acréscimo ao ensinamento do *Tratado* em *Ep.* 73 (21 §3). Este acréscimo esclarece o sentido de "superstição".
[58] *Tr.* VII, p. 101, 103-04 (§§21, 29-33).

a tratar como meras adaptações todas as observações que estão de acordo com o que ele julga ser a visão vulgar e a declarar que essas observações são ditas "à maneira do homem".[59] Quando reduzimos esse procedimento a seu princípio, chegamos à seguinte regra: se um autor que admite, mesmo ocasionalmente, que fala "à maneira do homem" tece comentários contraditórios sobre determinado tema, a declaração que contradiz a visão vulgar deve ser tomada como sua visão séria; e mais: toda declaração desse autor que esteja de acordo com visões consideradas sagradas ou autorizadas pela perspectiva vulgar deve ser tratada como irrelevante ou, ao menos, como suspeita, muito embora o autor jamais a contradiga.[60]

O próprio Espinosa é um autor desse gênero. A primeira de suas três "regras de vida", formuladas no *Tratado da Reforma do Entendimento*, é assim enunciada: "Falar tendo em vista a capacidade do vulgo e praticar todas aquelas coisas que não podem nos impedir de conquistar o que almejamos (a saber, o sumo bem). Com efeito, somos capazes de obter considerável vantagem do vulgo, contanto que façamos todas as concessões possíveis à sua capacidade. A isso, acrescente-se que assim eles terão os ouvidos atentos à verdade",[61] isto é, ver-se-ão forçados a aceitar as verdades que o filósofo lhes deseja comunicar e não se ofenderão com suas ocasionais heresias. De todo modo, Espinosa não quer dizer apenas que sua forma de culto externo ou de afiliação religiosa seja para o filósofo questão de mera conveniência; ele diz, sobretudo, que adaptará a expressão de seu pensamento às opiniões aceitas por todos, professando-as, na medida do possível ou do necessário, muito embora as tenha como falsas ou absurdas. Que essa é a interpretação correta da expressão "*ad captum vulgi loqui*" se torna claro à luz do que Espinosa diz sobre o tema no *Tratado*. Ali, ele ensina que, ao falar a homens que sustentavam opiniões vulgares, Deus, tal qual Jesus e Paulo, adaptou-se à capacidade de seus destinatários, professando – ou pelo menos não questionando – tais opiniões. Mesmo no caso de Moisés, Espinosa sugere que ele pode ter ensinado coisas em que não cria ("Moisés acreditava, ou ao menos desejava ensinar [...]").[62] Esse tipo de comunicação

---

[59] *Tr.* IV, p. 65 (§§33-36); II, p. 42 (§51); XVI, adnot. 34 (§53 n.).
[60] Para uma formulação um pouco diferente do mesmo princípio, ver E. E. Powell, *Spinoza and Religion*. Boston, 1941, p. 65.
[61] *Tractatus de Intellectus Emendatione*, p. 9 (§17). Ver *Tr. Pol.* III 10.
[62] *Tr.* VII, p. 101 (§22). Essa afirmação é preparada por uma alusão em II, p. 38-39 (§§36, 38). Ver IV, p. 45, 53 (§§6, 41).

ele chama de falar "ad captum vulgi" ou, com maior frequência, "ad captum alicuius". Com efeito, falar tendo em vista a capacidade do vulgo significa necessariamente argumentar *ad hominem* ou adaptar-se aos preconceitos específicos do grupo ou indivíduo vulgares com que se está falando.[63] O autor ou autores da Bíblia falam "ad captum vulgi" quando comunicam um ensinamento salutar ou piedoso não apenas sem questionar, mas até mesmo professando e, com isso, confirmando os princípios ou premissas falsos ou absurdos de seus destinatários.[64]

Não é à toa que se encontra no *Tratado* aquela que é praticamente a única informação autêntica sobre o caráter do método comunicativo de Espinosa. Por razões óbvias, uma explicação completa e direta do tema estava fora de questão. No entanto, era possível afirmar que, na Bíblia, uma ou várias mentes superiores condescenderam em falar na linguagem das pessoas comuns e que nela temos uma série de enunciados que contradizem aquelas declarações bíblicas adaptadas aos preconceitos vulgares. Espinosa, portanto, foi levado a afirmar que ao menos algumas das contradições bíblicas são conscientes ou deliberadas, e a partir disso sugeriu que há um ensinamento esotérico na Bíblia ou que o sentido bíblico literal esconde um sentido mais profundo e misterioso. Ao contradizer essa consequência última,[65] ele não deixa o leitor em dúvida quanto ao caráter irônico ou exotérico da afirmação de que as declarações da Bíblia foram conscientemente adaptadas por seus autores à capacidade do vulgo. Todavia, o recurso temporário satisfez sua função mais importante, que é fornecer ao leitor uma informação que se faz urgentemente necessária. Podemos dizer que Espinosa emprega o esboço de

---

[63] "Ad captum vulgi": VI, p. 84 (§14); XV, p. 180 (§2). "Secundum captum vulgi": XIII, p. 172 (§26); XV, p. 178-79 (§33). "Ad captum plebis": V, p. 77 (§37-38). "Ad captum alicuius": II, p. 37, 43 (§§31-33, 53, 55, 57); III, p. 44-45, 54 (§§3, 6, 46). "Ad hominem sive ad captum alicuius": II, p. 43 (§57). Em III, p. 45 (§6), Espinosa aplica a expressão "ad captum (Hebraeorum) loqui" a uma observação sua. Ver XIV, p. 173 (§§1-2); VII, p. 104, 115 (§§35, 81-82); praef., p. 6 (§§7-8).
[64] *Tr.* VI, p. 88 (§36); XV, p. 180 (§§2-3). Ver II, p. 32-33, 35-43 (§§15, 24, 29, 31-35, 41-45, 47, 50, 52-57); IV, p. 65 (§§33-37); V, p. 76-78 (§§35-40); VII, p. 98-99 (§10); XI, p. 156, 158 (§§15, 23-24); XIV, p. 173 (§§1-3).
[65] *Tr.* praef., p. 9 (§18); II, p. 36-37 (§30); VII, p. 105 (§37); X, p. 149 (§41); XII, p. 163 (§27); XIII, p. 167-68 (§4-5). Quando afirma que Deus, ao falar, tinha em vista a capacidade dos profetas ou do vulgo, o próprio Espinosa está se expressando "ad captum vulgi", adaptando-se à crença, por ele rejeitada, na revelação divina. O fato de se referir, com particular ênfase, ao fato de Paulo falar "à maneira do homem" não demonstra que para ele Paulo se emancipara das opiniões vulgares enquanto tais, o que já se saberá a partir do que afirmamos acima na p. 182.

sua interpretação exotérica da Bíblia para indicar o caráter de seu próprio procedimento exotérico.

Deve haver pesquisadores que acreditam que "falar tendo em vista a capacidade do vulgo" significa apenas expressar-se em linguagem que não seja demasiadamente técnica e que defendem que a interpretação alternativa estaria numa reflexão sobre o caráter de Espinosa. Esses pesquisadores devem considerar que, se corretos, Espinosa imputaria ao autor ou autores da Bíblia uma prática moralmente questionável. Qualquer que venha a ser a regra moral sensata, Espinosa certamente não sentia remorsos ao deixar de "falar a verdade" ou ao revelar suas visões ao mesmo tempo que as escondia atrás de adaptações mais ou menos transparentes às opiniões aceitas. Quando afirma que o sábio, mesmo diante do mais grave perigo, jamais agirá *dolo malo*, ele não quer dizer que o sábio jamais empregará qualquer ardil; afinal, Espinosa admite explicitamente que há ardis bons ou legítimos.[66] Se o estadista se vê obrigado a empregar todos os tipos de ardil em prol do bem-estar dos governados,[67] o mesmo dever cabe a quem a natureza confiou a orientação espiritual da humanidade, isto é, aos filósofos, os quais estão muito mais expostos do que os estadistas à desconfiança da multidão[68] e, portanto, necessitam como ninguém de cautela. "Caute" era a inscrição no selo de Espinosa. Com isso, ele não se referia primordialmente à cautela exigida nas investigações filosóficas, e sim à cautela que o filósofo necessita em seu diálogo com não filósofos. A única razão que ele pode encontrar para demonstrar que a leitura de histórias é assaz útil está em que podemos aprender, mediante seu estudo, "a viver com maior cautela entre os homens e a acomodar com maior êxito nossas ações e nossa vida, dentro dos limites da razão, à sua maneira de pensar".[69] Com efeito, ele considerava a cautela, de modo especial a cautela na fala, extremamente difícil: "nem mesmo os mais eruditos ou experientes, quanto mais as pessoas comuns, sabem ficar em silêncio. Esse é um vício comum entre os homens: confessar suas intenções a outros, muito embora o silêncio se faça necessário". Se é da essência do sábio ser capaz de viver sob toda forma de governo, isto é, de viver mesmo em sociedades em que a liberdade de

---

[66] *Tr.* XVI, p. 192, e adnot., 32 (§§16 n., 18). *Tr. Pol.* III 17. Ver *Ethica* IV 72.
[67] Ver *Tr.* XVI, p. 197 (§46). *Tr. Pol.* I 2, III 14, 17.
[68] *Tr.* praef., p. 12 (§§7-8); II, p. 29-30 (§2); VII, p. 114 (§79); XX, p. 244-45 (§32-35); *Ep.* 30.
[69] *Tr.* IV, p. 61-62 (§19). Ver *Ethica* IV 69, 70 e schol. Quanto à cautela de Espinosa, ver também *Ep.* 7 (7 §§4-5), 13 (9 §§1-4), 82 (71 §2). Compare-se o exame desse tema por Powell, op. cit., p. 51-65.

expressão lhe é estritamente negada, é também de sua essência ser capaz de viver sem jamais exprimir aqueles pensamentos cuja expressão é proibida.[70] O filósofo que conhece a verdade deve estar preparado para deixar de expressá-la, mas isso menos por questões de conveniência do que por questões de dever. Se a verdade exige que não adaptemos as palavras da Bíblia às nossas opiniões, a piedade pede que todos adaptem as palavras bíblicas à própria opinião,[71] isto é, que à própria opinião seja dada uma aparência bíblica. Se a verdadeira religião ou fé, que segundo Espinosa exige menos dogmas verdadeiros do que dogmas piedosos, fosse colocada em risco por sua crítica bíblica, ele teria decidido permanecer em silêncio sobre o tema; e mais: Espinosa teria admitido de bom grado – no intuito de escapar de todas as dificuldades – que os mistérios mais profundos se ocultam na Bíblia.[72] Isso quer dizer que ele teria suprimido as verdades em questão e afirmado seus contrários caso achasse que tais verdades poderiam prejudicar a massa de leitores.

Se descartamos, como nos cabe, as referências de Espinosa a seus supostos modelos bíblicos, o único homem a que o *Tratado* se refere, de maneira quase explícita, como predecessor de sua técnica de apresentação é Abraham ibn Ezra, a quem Espinosa trata com manifesto respeito. Ibn Ezra "não ousou explicar abertamente" o que pensava sobre a autoria do Pentateuco, mas indicou sua visão "em palavras um tanto obscuras". Uma de suas declarações crípticas que veio a ser citada por Espinosa termina com as palavras: "Aquele que compreender, permaneça silente". Uma alusão feita pelo próprio Espinosa tem fim com a afirmação de que ele desejava permanecer silente quanto ao tema em questão por motivos que a superstição dominante ou os tempos difíceis não permitiam esclarecer, bastando-lhe portanto "assinalar o problema aos sábios".[73] Espinosa não indicou o que devia a Maimônides, a quem se refere com mais frequência do que a ibn Ezra, embora em tom bem menos amistoso; no entanto, quando afirma que Moisés "acreditava, ou ao menos desejava ensinar" que Deus era zeloso ou colérico, ele apenas explicita o que Maimônides havia dado a entender quando insinuou que a crença na ira de

---

[70] *Tr.* XX, p. 240 (§§8-9); XVI, adnot. 33 (§34 n.).
[71] Comparar *Tr.* XIV, p. 173, 178-79 (§§3, 32-33) com VII, p. 115, 101 (§§85, 22).
[72] *Tr.* XII, p. 159 (§4).
[73] *Tr.* VIII, p. 118-19 (§§4-5, 9); X, adnot. 21 (§1 n.). Quanto ao uso do "abertamente" (*aperte*), compare-se os paralelos em II, p. 36 (§27); IV, p. 65 (§35); V, p. 80 (§49); XV, p. 180 (§4); *Ep.* 13 (9 §1).

Deus se faz necessária não à perfeição definitiva do homem, mas à boa ordenação da sociedade civil.[74] Com efeito, Moisés, considerado por Maimônides o mais sábio de todos os homens, esteve necessariamente ciente do caráter particular da crença em questão, a qual articulou de maneira assaz veemente. No *Guia dos Perplexos*, Maimônides apresenta seu ensinamento valendo-se, de maneira deliberada e oculta ao vulgo, de contradições entre enunciados não metafóricos; é desse modo que revela a verdade àqueles que são capazes de compreender por si sós, escondendo-a ao mesmo tempo do homem vulgar. Maimônides questiona se o mesmo tipo de contradição também seria utilizado na Bíblia, mas não chega a fornecer uma resposta.[75] Caso desse uma resposta afirmativa – o que em certo sentido acabou necessariamente por fazer –, o *Guia* seria o modelo do esboço spinoziano da interpretação exotérica da Bíblia, uma interpretação segundo a qual a Bíblia é em parte composta de declarações vulgares e, em parte, composta de declarações filosóficas que contradizem de maneira deliberada e secreta as declarações vulgares. De todo modo, não pode haver dúvidas de que, em termos gerais, o método de apresentação de Maimônides deseja ser uma imitação daquilo que ele declarou ser o método da Bíblia. Maimônides, por sua vez, devia seu método aos "filósofos" de seu tempo. O filósofo típico, tal qual apresentado no *Cuzari* de Yehuda Halevi, considerava perfeitamente legítimo ao filósofo aderir em palavras e atos a uma religião a que não aderia em pensamento; além disso, era dado como certo que o ensinamento filosófico propriamente dito devia vir acompanhado de um ensinamento exotérico. Farabi, para Maimônides a maior autoridade filosófica de seu tempo, praticamente negou todo valor cognitivo à religião, mas ainda assim tratava como qualificação necessária ao futuro filósofo a conformidade com as leis e crenças da comunidade religiosa em que ele fora criado.

Todavia, seria um equívoco achar que só devemos procurar os modelos de Espinosa na filosofia islâmica. O próprio Farabi remete a Platão o procedimento a que nos referimos. Praticamente a mesma expressão que Espinosa aplica a Moisés ("ele acreditava, ou ao menos desejava ensinar") é aplicada a Sócrates por Lessing, que estudara Espinosa com grande atenção e que declarou não haver outra filosofia senão a spinoziana. Segundo Lessing, Sócrates "cria no castigo eterno com toda a seriedade, ou ao menos o acreditava a

---

[74] *Tr.* VII, p. 101 (§§21-22). *Guia*, III, 28 (61a Munk).
[75] *Guia*, I, Introdução (11 b, 3 b, 8 b Munk). Ver *Tr.* VII, p. 113 (§75).

ponto de julgar conveniente ensiná-lo em palavras pouco suscetíveis de causar suspeição e assaz explícitas". Lessing declarou que "todos os filósofos antigos" distinguiam seu ensinamento exotérico de seu ensinamento esotérico, atribuindo a mesma distinção a Leibniz.[76] As regras de vida de Espinosa, que se iniciam com "ad captum vulgi loqui", têm como modelo as regras de "morale par provision" de Descartes, as quais têm início com a exigência de um conformismo intransigente em tudo, exceto no exame estritamente privado das próprias opiniões.[77] Só nos é possível remeter à questão da técnica de escrita de Descartes, a qual parece desconcertar todos os seus estudiosos em virtude da extrema cautela com que o filósofo costumava agir. A tradicional distinção entre apresentação exotérica (ou "manifesta") e apresentação esotérica (ou "enigmática") também se fez acessível a Espinosa por meio de Bacon, que insistiu de modo especial no caráter "secreto e retraído" da ciência de governar. O estudioso de Espinosa deve prestar particular atenção aos princípios de Bacon referentes ao emprego dos termos: "parece melhor permanecer no caminho da antiguidade *usque ad aras* e, por conseguinte, conservar os termos antigos, muito embora eu às vezes altere os usos e as definições de acordo com o procedimento moderado do governo civil, onde, não obstante haja alguma alteração, aplica-se ainda o que sabiamente notou Tácito: *Eadem Magistratuum vocabula*."[78] É bem conhecido o quanto Espinosa anuiu, silenciosamente, a essa regra política. Ele parece aludir a ela quando declara que, se um homem deseja alterar o sentido de um termo com que está acostumado, não será capaz de fazê-lo consistentemente, "sem dificuldades", na fala e na escrita.[79] Devemos apenas lembrar o fato de que "todas as coisas excelentes são tão difíceis quanto são raras".

---

[76] Gotthold Ephraim Lessing, "Leibniz von den ewigen Strafen". In: *Werke*. Berlim, Petersen e v. Olshausen, 1925, XXI, p. 147 e 160.

[77] René Descartes, *Discours de la Méthode*. Leiden, 1637, III e VI início.

[78] Francis Bacon, *Advancement of Learning*. London, Everyman's Library, 1915, p. 92, 141-42, 205-06. Ver *De Augmentis* III 4 e VI 2.

[79] *Tr.* VII, p. 106 (§42). Ver Dunin-Borkowski, *Spinoza*. Aschendorff, 1933, II, p. 217-218: "Nur im Notfall brachte (Spinoza) eine selbstersonnene Terminologie auf [...] Die altgewohnte Form sollte gleichsam die gefährliche Beunruhigung beschwichtigen. Die Leser konnten zuerst meinen, dass sie sich in einer ihnen wohl bekannten philosophischen Welt bewegten". [Espinosa inovou com uma terminologia própria apenas quando houve necessidade. Aquelas formas mais antiquadas e conhecidas funcionavam para mitigar as perigosas animosidades. Os leitores podiam sobretudo afirmar que se movimentavam por um mundo filosófico bem conhecido.]

A cautela ou parcimônia de Espinosa em comunicar seus pontos de vista não soam nem um pouco excessivas quando julgamos seus procedimentos de acordo com os parâmetros reconhecidos por uma série de pensadores antigos. De fato, quando julgado por tais parâmetros, Espinosa se mostra extraordinariamente ousado. Hobbes, ele mesmo homem de grande ousadia, admitiu após ter lido o *Tratado* que não se atrevia a escrever tão ousadamente. Espinosa foi bastante ousado na medida em chegou ao ponto mais radical a que poderia chegar enquanto alguém que estava convicto de que a religião – isto é, a religião positiva – era indispensável à sociedade e ao mesmo tempo levava seus deveres sociais a sério. Ele foi cauteloso na medida em que não articulou toda a verdade de maneira clara e inequívoca, conservando suas formulações, até onde lhe era possível, dentro dos limites impostos por aquilo que tomava como as reivindicações legítimas da sociedade. Em todos os seus escritos, portanto, e de modo especial no *Tratado*, Espinosa fala "ad captum vulgi". Isso não está em desacordo com o fato de o *Tratado* se dirigir explicitamente a filósofos, e não ao vulgo. Com efeito, Espinosa não estava em posição de impedir que a parte do vulgo que lia latim lesse o *Tratado* e, assim, se tornasse detestável a seus olhos. Por conseguinte, o livro serve não apenas para iluminar os filósofos em potencial, mas também para neutralizar a opinião que o vulgo tinha de Espinosa, isto é, para apaziguar a própria *plebs*.[80] Além disso, o *Tratado* se destina não tanto a filósofos já certos, mas a filósofos em potencial, isto é, a homens que, ao menos nos primeiros estágios de sua instrução, estão profundamente imbuídos dos preconceitos vulgares: aquilo que Espinosa julga ser o preconceito básico de todos os filósofos em potencial a que ele se dirige no *Tratado* é apenas uma forma especial do preconceito básico da mente vulgar como um todo.[81]

No *Tratado*, Espinosa se dirige a um tipo específico de filósofo em potencial enquanto o vulgo o escuta. Ele fala, portanto, de modo a fazer com que o vulgo não compreenda suas palavras. É por isso que se expressa de maneira contraditória: aqueles que ficam chocados com suas declarações heterodoxas se sentirão apaziguados por fórmulas mais ou menos ortodoxas. Espinosa rejeita com ousadia, num único capítulo, a possibilidade dos milagres propriamente ditos. Contudo, trata de milagres ao longo de toda a

---

[80] *Ep.* 30 e 43 (49 §2).
[81] Ver *Tr.* praef., p. 12 (§34) com I, p. 15 (§2). Ver V, p. 69 (§3). Ver as análises da superstição em *Tr.* praef., p. 5 (§4), e *Ethica* I app.

obra sem deixar claro, nos outros capítulos, que só entende por milagres os fenômenos naturais que pareciam estranhos aos pensadores vulgares que os haviam observado ou registrado. Exagerando para fins de esclarecimento, podemos dizer que cada capítulo do *Tratado* serve para refutar um dogma ortodoxo específico ao mesmo tempo em que deixa intato todos os outros.[82] Apenas uma minoria de leitores admitirá que, se um autor tece comentários contraditórios sobre determinado tema, sua visão pode muito bem ser expressa pelas declarações feitas com menor frequência ou apenas uma vez, enquanto seu ponto de vista é dissimulado pelas afirmações contraditórias realizadas com mais frequência, talvez até em todos os casos menos um. Com efeito, muitos leitores não entendem bem que a verdade ou a seriedade de determinada proposição não aumenta com a frequência com que ela é repetida. Ademais, é preciso também ter em mente "a brandura costumeira da gente comum",[83] uma afabilidade que logo se contrai, ou se deixa chocar, diante da brutalidade e da imprudência inquisitivas que se fazem necessárias para extorquir as visões sérias de um autor talentoso que procura escondê-las de todos, exceto alguns. Não é equivocado, portanto, afirmar que as declarações ortodoxas são mais óbvias no *Tratado* do que as declarações heterodoxas. Não é à toa, por exemplo, que a frase que inicia o primeiro capítulo declara que a profecia ou a revelação é o conhecimento certo de qualquer tema tal qual revelado por Deus aos seres humanos. Podemos chamar as declarações mais ou menos ortodoxas de primeiras declarações e as declarações contraditórias de segundas declarações. Das duas declarações temáticas sobre Jesus, a primeira definitivamente se aproxima mais da visão cristã ortodoxa do que a segunda.[84] Essa regra deve ser encarada *cum grano salis*: a conclusão da parte teológica do *Tratado* dificilmente é menos ortodoxa do que seu início. As "segundas declarações" muito provavelmente ocorrerão – segundo uma regra da retórica forense[85] – no meio, isto é, em partes menos expostas à curiosidade de leitores superficiais. Desse modo, mesmo ao apresentar sua visão séria num conjunto de declarações explícitas e contradizê-la em outro,

---

[82] Basicamente o mesmo procedimento é adotado por Hobbes na Terceira Parte de seu *Leviatã*.
[83] Aristóteles, *Resp. Ath.* 22, 4.
[84] Compare-se também *Tr.* VII, p. 98-99 (§§6-10) com ibidem, p. 109-11 (§§58-66) – note-se o "consulto omisi" na p. 109 (§59) – e XIV, p. 173 (§3: licet) com ibidem, p. 178-79 (§§32-33: tenetur).
[85] Cícero, *Orator*. 15, 50. Ver *De Oratore*. Trad. E. W. Sutton. Cambridge, Harvard University Press, 1942, II 77, 313.

Espinosa podia revelá-la aos leitores mais atentos enquanto a ocultava do vulgo. No entanto, nem todas as contradições de Espinosa são evidentes. Em alguns casos, não são as declarações explícitas, mas as consequências necessárias de tais declarações, que contradizem outras declarações explícitas. Há ainda casos em que encontramos contradição entre duas declarações explícitas sem que nenhuma seja necessariamente heterodoxa ou expresse de maneira direta a visão de Espinosa sobre o assunto; não obstante, a incongruência apresentada pela contradição aponta para um ponto de vista tácito e inequivocamente heterodoxo que soluciona a contradição superficial e que demonstra, assim, ter sido obliquamente apresentado por essa contradição mesma.[86]

A regra segura para a leitura do *Tratado* é aquela que afirma que, no caso de uma contradição, a declaração mais contrária ao que Espinosa considerava vulgar deve ser tida como expressão de seu ponto de vista sério; e mais: mesmo uma implicação necessária de caráter heterodoxo deve ter precedência sobre uma declaração contraditória que jamais é refutada explicitamente pelo autor.[87] Em outras palavras, se as teses finais de cada capítulo do *Tratado* (em contraste com as adaptações repetidas quase de maneira constante) não são consistentes entre si, a observação desse fato e nossa subsequente reflexão nos levam a uma visão consistente que Espinosa já não formula de maneira explícita, mas claramente pressupõe; temos, ademais, de reconhecer essa visão como sua visão séria ou como o segredo por excelência do *Tratado*. Apenas seguindo essa regra de leitura é que seremos capazes de compreender o pensamento de Espinosa tal qual ele o compreendia, evitando o perigo de sermos ou permanecermos ludibriados por suas adaptações.

Uma vez que Espinosa formula a regra "ad captum vulgi loqui" sem fazer qualquer ressalva, é razoável supor que ele também a respeitou quando da redação da Ética. Esse pressuposto não pode ser descartado em virtude do caráter "geométrico" da obra, uma vez que "ad captum vulgi loqui" não equivale a apresentar os próprios pensamentos sob um aspecto popular, e sim a argumentar *ad hominem* ou *ex concessis*, isto é, a partir de uma posição protegida. Espinosa também apresentou o ensinamento dos *Principia* de Descartes em forma "geométrica", muito embora sequer fingisse que tal ensinamento fosse o

---

[86] Temos um exemplo nas declarações "Eu entendo a Bíblia" e "Eu não entendo a Bíblia". Quanto às contradições implícitas, ver *Tr.* XV, p. 184 (§20).
[87] Ver, acima, p. 188-89.

ensinamento verdadeiro.[88] Tampouco o caráter esotérico ou científico da Ética é assegurado pelo fato de Espinosa não destinar explicitamente a obra a um tipo humano diferente dos filósofos reais ou maduros, uma vez que existem muitas outras formas pelas quais um autor pode assinalar que está falando "ad captum alicuius". Para mencionarmos apenas uma, talvez jamais tenha existido leitor sério da Ética que também não tenha lido o *Tratado*; aqueles para os quais as insinuações bastavam compreendiam, a partir do *Tratado*, o que Espinosa de fato pensava sobre as religiões positivas e a Bíblia, assim como reconheciam de imediato, quando diante das piedosas referências da Ética aos ensinamentos bíblicos,[89] que esse livro não está livre de adaptações às visões aceitas. Em outras palavras, é impossível continuar achando que, enquanto o *Tratado* é claramente exotérico, a Ética é apenas a obra esotérica de Espinosa, contendo portanto a solução clara e explícita para todos os enigmas apresentados naquele. Com efeito, Espinosa não podia ignorar a óbvia verdade – a qual lhe fora apresentada, se não por Platão, ao menos por Maimônides[90] – de que todo livro é acessível a quem consegue ler a língua em que foi escrito; por conseguinte, caso haja qualquer necessidade de esconder a verdade do vulgo, nenhuma exposição pode ser esotérica em sentido estrito.

Na falta de declarações de Espinosa que se refiram especificamente à forma de comunicação empregada na Ética, a maioria dos estudiosos terá a impressão de que a questão referente ao caráter esotérico ou exotérico da obra só pode ser resolvida com base em evidências internas. Um dos estudiosos mais eruditos de sua obra hoje fala do "desconcertante caráter alusivo e elíptico do estilo" da Ética, observando que nela "as declarações não se fazem relevantes por aquilo que de fato afirmam, e sim em virtude das negações que lhes são subjacentes". Ele explica o procedimento de Espinosa referindo-se ao fato de Espinosa, um judeu, viver num ambiente não judaico em que "jamais se sentia suficientemente livre para falar o que pensava; desse modo, ele, que entre os seus jamais hesitava em falar com ousadia, tornou-se cauteloso, hesitante e reservado". No espírito dessa justificativa "histórica" (ou seja, de um motivo que não se fundamenta primordialmente nas declarações explícitas de Espinosa, e sim na história de vida do autor), o estudioso enfim afirma que "ele quase

---

[88] *Ep.* 13 (9 §§1-2). Ver o prefácio de L. Meyer a *Renati Des Cartes Principiorum*, etc.
[89] *Ethica* IV 68 schol.; V 36 schol. Ver *Tr. Pol.* II 6, 22; III 10; VII 25.
[90] Maimônides, *Guia*, I, Introdução (4 a Munk). Ver Platão, *Carta VII*, 341d4-e3, e 344c3-d5; *Fedro*, 275c5 ss.

não percebia a verdadeira causa de seu comportamento"; em outras palavras, o especialista admite que está tentando compreender Espinosa melhor do que o próprio Espinosa se compreendia. Fora isso, dificilmente poderíamos dizer que Espinosa "jamais" hesitou em formular suas visões ao se dirigir aos judeus, pois apenas quando novo é que teve oportunidades normais de conversar com eles, e cautela não é bem a qualidade que caracteriza a juventude. De acordo com o princípio expresso pelo próprio Espinosa, ele precisaria ter sido extremamente "cauteloso, hesitante e reservado" "em meio a seu próprio povo" caso vivesse numa época em que separar-se da comunidade judaica era impossível para um homem de origem judia que respeitasse a si mesmo e que não estivesse honestamente convencido da verdade de outra religião. O professor Wolfson também explica o estilo particular da Ética à luz da instrução talmúdica e rabínica recebida por Espinosa, e por essa razão exige que abordemos o estudo da Ética no espírito "em que os antigos eruditos rabínicos abordavam o estudo de seus textos-padrão". Ele, porém, reconhece por implicação o valor assaz limitado dessa abordagem, afirmando que "devemos nos perguntar constantemente, a respeito de cada declaração do autor: qual é seu motivo? O que ele quer que ouçamos? Qual é sua autoridade? Ele reproduz essa autoridade corretamente?"[91] É manifesto, afinal, que Espinosa não reconhecia quaisquer autoridades na investigação filosófica. Há uma inescrutável diferença entre o autor que se considera um mero elo na cadeia de uma tradição venerável, utilizando por isso uma linguagem alusiva e elíptica, isto é, uma linguagem que só é inteligível com base na tradição em questão, e o autor que nega todo valor à tradição e, assim, lança mão de vários meios estilísticos – de modo especial a linguagem alusiva e elíptica – a fim de erradicar as visões tradicionais da mente de seus melhores leitores. Wolfson assinala um motivo muito mais adequado para o estilo da Ética quando declara que o "'Deus'" de Espinosa "não passa de um termo meramente apaziguador para referir-se ao princípio, mais abrangente, do universo", ou então que tratava-se apenas de "pretensão literária o fato de toda a sua filosofia ter evoluído a partir de seu conceito de Deus". Com efeito, é facilmente compreensível que Espinosa só conseguisse neutralizar adaptações dessa magnitude por meio de alusões, elipses ou recursos semelhantes. Em outras palavras, se a doutrina divina de Espinosa é fundamentalmente, como Wolfson a todo momento sugere, uma "crítica interna"

---

[91] H. A. Wolfson, *The Philosophy of Spinoza*. Harvard University Press, 1934, vol. I, p. 22-24.

da teologia tradicional,[92] precisaremos admitir, com base na explícita exigência de Espinosa e na autêntica interpretação de "ad captum vulgi loqui", que a doutrina spinoziana de Deus – a qual parece ser a base ou o ponto de partida de toda a sua doutrina – pertence a um argumento *ad hominem* ou *ex concessis* que mais esconde do que revela seu ponto de partida real. Em termos técnicos, o que Espinosa apresenta em sua Ética é a "síntese", suprimindo a "análise" que necessariamente a precede.[93] Ou seja, ele suprime todo raciocínio, tanto o filosófico quanto o "político", que conduz às definições que desconcertam, e ao mesmo tempo apaziguam, o leitor que abre o livro. Se é verdade que o "'Deus'" de Espinosa "não passa de um termo meramente apaziguador", teríamos de reescrever toda a Ética sem usar esse termo, isto é, partindo dos princípios ateístas ocultos de Espinosa. Se é verdade que o "'Deus'" de Espinosa "não passa de um termo meramente apaziguador", decerto não temos o direito de presumir que, segundo ele, a ideia de Deus, sem falar em Sua existência, é "conhecida imediatamente como intuição"[94] e, portanto, constitui o ponto de partida legítimo da filosofia. Qualquer que seja o caso, seu princípio geral de adaptação às visões aceitas impõe ao intérprete o dever de questionar quais são os limites absolutos da adaptação de Espinosa ou, em termos mais específicos, de questionar quais são as considerações inteiramente não teológicas que fizeram o autor entrar em conflito com o materialismo e em que medida tais considerações confirmam o ensinamento explícito da *Ética*. Em outras palavras, precisamos averiguar se não há, em algum lugar dos escritos de Espinosa, indicações – por mais sutis que sejam – de um começo ou de uma abordagem estritamente ateísta. Esta é, a propósito, uma das razões pelas quais o *Tratado* deveria ser lido não apenas contra o pano de fundo da *Ética*, mas também por si só. É precisamente a obra mais exotérica aquela que pode revelar os traços do pensamento de Espinosa que não poderiam ser convenientemente revelados na *Ética*. Muito embora as velhas gerações acusassem Espinosa em público de ser ateu, hoje é quase uma heresia insinuar, apesar de tudo o que sabemos antes de investigarmos novamente o problema, que ele talvez tenha sido adepto do ateísmo. Ao contrário do que a autocomplacência contemporânea afirma, essa mudança não se deve apenas à substituição do

---

[92] Ibidem, I, p. 20-22, 159, 177; II, 4. Ver *Tr.* II, p. 43 (§§56-57); VI, p. 88 (§36).
[93] Ver o final das "Secundae Responsiones" de Descartes às objeções antepostas a suas *Meditationes*. Ver também *Regulae* IV.
[94] Wolfson, op. cit., I, p. 375.

partidarismo fanático pelo desapego histórico, mas sobretudo ao fato de o fenômeno e as causas do exoterismo terem sido praticamente esquecidos.

Retornando ao *Tratado*, estamos agora em posição de formular as verdadeiras razões por trás de alguns traços da obra que ainda não foram suficientemente esclarecidos. O *Tratado* não se dirige aos cristãos porque Espinosa acreditava na verdade do cristianismo ou na superioridade do cristianismo sobre o judaísmo, e sim porque "ad captum vulgi loqui" significa "ad captum hodierni vulgi loqui" ou acomodar-se às opiniões dominantes da própria época – e era o cristianismo, não o judaísmo, que literalmente dominava. Ou, em outras palavras, Espinosa desejava converter à filosofia "tantos quantos lhe fosse possível",[95] e havia muito mais cristãos no mundo do que judeus. A isso podemos acrescer duas razões "históricas": após sua ruptura aberta e irrevogável com a comunidade judaica, Espinosa não podia mais dirigir-se com propriedade aos judeus do mesmo modo como se dirigiu aos cristãos no *Tratado*, nem com o mesmo objetivo; além disso, havia em sua época um grupo considerável de cristãos, mas não de judeus, que eram "liberais" no sentido de reduzirem o dogma religioso ao máximo, ao mesmo tempo que encaravam as cerimônias ou sacramentos como algo indiferente, talvez até daninho. De todo modo, Espinosa era "cristão com os cristãos" da mesma forma como, segundo ele, Paulo fora "grego com os gregos e judeu com os judeus".[96] É o poder político e social do cristianismo que também explica por que o tema do *Tratado* é judeu, e não cristão. Era muito menos perigoso atacar o judaísmo do que atacar o cristianismo, tal como era claramente menos perigoso atacar o Antigo Testamento do que atacar o Novo. Basta-nos ler o resumo do argumento da primeira parte do *Tratado*, no início do Capítulo 13, para percebermos que, embora o argumento explícito do segmento se baseie ou se volte contra o Antigo Testamento, suas conclusões devem se aplicar "às Escrituras", isto é, a ambos os Testamentos.[97] Quando Espinosa critica, de modo consideravelmente extenso, o princípio teológico aceito pela "maior parte" dos judeus, ele sem dúvida também tem em mente a "maior parte" dos cristãos, do que dão

---

[95] *Tr. de Int. Em.*, p. 8-9 (§14); Ver *Ethica*, V 20. Ver, acima, p. 187 ss. Quanto à condição oprimida dos judeus, ver *Tr.* III, p. 55, 57 (§§47, 55); VII, p. 106 (§45).

[96] Ver *Tr.* III, p. 54 (§46); VI, p. 88 (§36).

[97] A isso podemos acrescentar que a acusação de falsificar a Bíblia ou de fraude piedosa é dirigida por Espinosa não apenas aos judeus com relação ao Antigo Testamento, mas também aos cristãos com relação ao Novo; comparar *Tr.* VI, p. 91 (§51), com *Ep.* 75 (23 §5) e 78 (25 §6).

mostras tanto a referência, na passagem em questão, à doutrina do pecado original quanto outros paralelos encontrados no *Tratado*.[98] Após ter indicado o caráter duvidoso das genealogias de Jeconias e Zerobabel no terceiro capítulo de 1 Crônicas, Espinosa acrescenta que preferia ter permanecido em silêncio quanto ao assunto por razões que a superstição predominante não lhe permitia explicar. Uma vez que ele não hesitara em assinalar o caráter duvidoso de outros registros veterotestamentários de natureza semelhante, sua críptica observação só pode referir-se ao vínculo entre a genealogia em questão e a genealogia de Jesus no primeiro capítulo do Evangelho segundo Mateus.[99] A preponderância do tema judaico no *Tratado* se deve, portanto, à cautela de Espinosa, e não a seu conhecimento insuficiente do cristianismo ou da língua grega.[100] Poder-se-ia esperar que sua relativa reticência com relação a temas especificamente cristãos impediria o vulgo de persegui-lo, ao mesmo tempo que não o desqualificaria aos olhos dos leitores "mais prudentes", aos quais era possível confiar o entendimento das consequências de seu ataque ao judaísmo e, de modo particular, ao Antigo Testamento.

Da autêntica interpretação spinoziana de "ad captum vulgi loqui", segue-se que não pode ter sido intenção de Espinosa que o ensinamento exotérico do *Tratado* fosse um ensinamento "atemporal". Contudo, pela mesma razão, o *Tratado* se vincula a seu tempo não porque o pensamento sério ou privado de Espinosa foi determinado por sua "circunstância histórica" sem que ele tivesse ciência disso, e sim porque ele adaptou, de maneira consciente e deliberada, a expressão pública de seu pensamento – e não seu pensamento mesmo – àquilo que sua época exigia ou permitia. Seu clamor pela "liberdade de filosofar", e portanto pela "separação entre filosofia e teologia", está vinculado à sua época sobretudo porque essa época carecia

---

[98] *Tr.* XV, p. 181-82 (§§4, 10). Ver, em V, p. 80 (§49), a breve referência ao que é fundamentalmente o mesmo princípio teológico – referência que, de modo característico, tem fim com as seguintes palavras: "Sed de his non est opus apertius loqui." Ver praef., p. 8 (§§14-17).

[99] *Tr.* X, adnot. 21 (§1 n.). Quanto ao uso de "superstição" nessa passagem, Ver *Ep.*, 76 (74 §§4, 14).

[100] No final do décimo capítulo do *Tratado*, Espinosa afirma ter deixado de tecer uma crítica literária do Novo Testamento por não conhecer suficientemente a língua grega. Isso, porém, não explica por que ele limita as observações sobre o Novo Testamento feitas no Capítulo XI às epístolas dos apóstolos. O que justifica essa atitude impressionante é seu desejo de permanecer silente quanto aos Evangelhos. Ver também *Tr.* V, p. 76 (§34). Herman Cohen (*Jüdische Schriften*. Berlin, 1924, III, p. 367): "Die Furcht hat (Spinoza) zu zweierlei Mass am Alten und Neuen Testament getrieben". [Espinosa temia interpretar o Velho e o Novo Testamento usando duas medidas diferentes.]

de tal liberdade ao mesmo tempo que oferecia possibilidades razoáveis de consolidá-la. Em outra época, ou mesmo em outro país, Espinosa teria sido forçado, em virtude do princípio de cautela que adotara, a formular propostas inteiramente diferentes para a proteção da filosofia, sem alterar em nada seu pensamento filosófico. O enfraquecimento da autoridade eclesiástica na Europa cristã, a grande variedade de seitas cristãs em determinados países protestantes, a crescente impopularidade da perseguição religiosa, tal como a prática da tolerância, de modo particular em Amsterdã, permitiram que Espinosa sugerisse publicamente "a separação entre filosofia e teologia" em prol não somente da filosofia ou dos filósofos, mas também da sociedade em geral; permitiram, ademais, que ele o sugerisse não somente com base em fundamentos filosóficos, mas também bíblicos.[101] O argumento de Espinosa se vincula a seu tempo especialmente porque seu clamor pela "liberdade de filosofar" se fundamenta em argumentos obtidos a partir do caráter do ensinamento da Bíblia. Com efeito, tal qual suas referências aos autores clássicos demonstram, ele acreditava que a legitimação dessa liberdade com fundamentos meramente sociais também fora possível na Antiguidade clássica, e portanto seria realizável também nas sociedades futuras que se pautassem pelo padrão clássico. Para sermos mais precisos, segundo Espinosa esse tipo particular de legitimação da liberdade investigativa era uma herança clássica, e não bíblica.[102] Fora isso, segue-se de nosso raciocínio anterior que o ensinamento exotérico do *Tratado* não deseja ser "contemporâneo" do cristianismo. O *Tratado* não é "contemporâneo" dos pressupostos específicos que ataca, e sim daqueles a que recorre. Os pressupostos a que Espinosa recorre na parte mais visível do argumento do *Tratado* são: a boa vida nada mais é do que a prática da justiça e da caridade, a qual se faz impossível sem a crença na justiça divina; e a Bíblia insiste em que a prática da justiça e da caridade, combinada com a crença na justiça divina, constitui condição necessária e suficiente para a salvação. No momento em que esses pressupos-

---

[101] *Tr.* XIV, p. 173, 179 (§§2, 34); XX, p. 245-46 (§40). *Ep.* 30.
[102] Comparar o título de *Tr.* XX com Tácito, *Histórias* I 1, tal como *Tr.* XVII, p. 201 (§9), com Cúrcio Rufo VIII 5, 17. Ver também *Tr.* XVII, p. 206 (§32); XVIII, p. 225-26 (§25); XIX, p. 236-37 (§§50-53); XI, p. 157-58 (§§22-24); II, p. 43 (§§55-57). Ver Maquiavel, *Discorsi* I 11: na era dos bons imperadores romanos, todos podiam adotar e defender a opinião que bem entendessem; ver igualmente o Capítulo 46 de Hobbes, *Leviathan*. Dent, Everyman's Library, 1943, p. 374, e o argumento da *Areopagítica* de Milton como um todo.

tos deixam de ser publicamente defensáveis,[103] o ensinamento exotérico do *Tratado* perde sua razão de ser.

Quase tudo o que dissemos neste ensaio era necessário para tornar inteligível a complexidade própria do argumento do *Tratado*. Com efeito, parte considerável desse argumento é um recurso da teologia tradicional à Bíblia, cuja autoridade é questionada pela outra parte do argumento. O princípio hermenêutico que legitima todo o raciocínio e, assim, vela a diferença fundamental entre suas partes heterogêneas é expresso pela afirmação de que, por questão de princípio, o sentido literal da Bíblia é seu único sentido. O retorno a esse sentido literal cumpre funções diferentes no contexto da crítica biblicamente fundamentada da teologia tradicional e no contexto, contrário, do ataque à autoridade bíblica. Partindo da premissa admitida de que a Bíblia é o único documento da revelação, Espinosa exige que a palavra pura de Deus não seja corrompida por qualquer acréscimo, invenção ou inovação humana e que nada seja considerado doutrina revelada que não tenha respaldo em declarações explícitas e claras da Bíblia.[104] É duplo o motivo que se oculta por trás desse procedimento. Espinosa julga que o ensinamento da Bíblia é em parte mais racional e em parte menos racional que o ensinamento da teologia tradicional. Na medida em que é mais racional, Espinosa procura fazer com que a teologia tradicional se recorde de uma herança valiosa que foi por ela esquecida; na medida em que é menos racional, ele assinala aos leitores mais prudentes o caráter precário da base mesma de toda teologia real. Desse modo, Espinosa conduz insensivelmente o leitor à crítica da autoridade da própria Bíblia. Essa crítica exige o retorno ao sentido bíblico literal em virtude do complementar fato de a Bíblia ser um livro popular: um livro destinado à instrução deve apresentar seu ensinamento de modo simples e facilmente acessível.[105] A oposição entre ambas as abordagens encontra aquela que talvez seja sua expressão mais reveladora nas formas opostas com que Espinosa aplica o termo "antiga" à Bíblia: se vista como padrão e corretivo a toda religião e teologia posteriores, a Bíblia é o documento da "religião antiga"; se vista como objeto da crítica filosófica, trata-se de um documento que transmite

---

[103] Por visão publicamente defensável compreendemos, aqui, não tanto uma visão cuja propagação é permitida por lei, mas uma visão respaldada pela afeição de uma parte poderosa da sociedade.
[104] *Tr.* I, p. 16 (§7); VI, p. 95 (§65).
[105] *Tr.* VII, p. 116 (§87); XIII, p. 172 (§§27-28).

"os preconceitos de uma nação antiga".[106] No primeiro caso, "antiga" significa venerável; no segundo, rude e obsoleta. A confusão se torna ainda maior porque, no *Tratado*, Espinosa fornece as linhas gerais de uma interpretação bíblica puramente histórica. De fato, talvez nos pareça que sua exposição mais detalhada das regras hermenêuticas serve exclusivamente para abrir caminho a um estudo histórico e desapegado da Bíblia. Somos constantemente tentados, portanto, a julgar o uso que Espinosa dá à Bíblia enquanto texto dotado de autoridade, tal como o uso que ele dá a ela enquanto alvo da crítica filosófica, a partir daquilo que o autor mesmo diz serem as exigências de um estudo "científico" das Escrituras; assim, com frequência sentimo-nos inclinados a observar a completa inadequação dos argumentos de Espinosa. Não obstante, jamais devemos perder de vista o fato de que o estudo desapegado ou histórico da Bíblia era para Espinosa uma *cura posterior*. O estudo desapegado pressupõe o desapego, e é precisamente a criação de um desapego da Bíblia o principal objetivo de Espinosa no *Tratado*. A crítica filosófica do ensinamento bíblico, e mais ainda o recurso da teologia tradicional à autoridade da Bíblia, não podem ser julgados nos termos das exigências do estudo histórico das Escrituras, uma vez que ambos os usos da Bíblia precedem essencialmente esse mesmo estudo histórico. Se o estudo histórico da Bíblia, tal qual Espinosa o concebe, exige que ela não seja tomada como uma unidade, seus dois objetivos primordiais exigem exatamente o contrário; com efeito, as afirmações que ele adota ou ataca são articuladas em nome da Bíblia enquanto um todo unitário. Os seis capítulos iniciais do *Tratado*, lançando as bases de tudo aquilo que se segue e, de modo especial, da alta crítica da Bíblia, de modo algum pressupõem os resultados dessa mesma crítica; com efeito, eles os contradizem: nesses capítulos fundamentais, a autoria do Pentateuco por Moisés é dada como certa. *Mutatis mutandis*, o mesmo se aplica à tentativa de Espinosa de utilizar a Bíblia para instrução política (Capítulos XVII a XIX).[107] O possível valor da crítica filosófica que Espinosa opõe ao ensinamento bíblico não é prejudicado por essa aparente incongruência; afinal, quaisquer que tenham sido os autores das várias teses teológicas asseveradas na Bíblia ou os origina-

---

[106] Compare-se *Tr.* praef., p. 8 (§16); XVIII, p. 222 (§§7-9), e XIV, p. 180 (§40), de um lado, com XV, p. 180 (§2), e VI, p. 81 (§4), de outro.

[107] Considere-se também a diferença entre a correta sequência de questões a serem levantadas pela interpretação da Bíblia – *Tr.* VII, p. 102-04 (§§26-36) – e a sequência de tópicos examinados no *Tratado*.

dores das instituições que ela registra ou recomenda, a prova da absurdez ou da insensatez dessas teses e instituições é condição necessária e suficiente para a rejeição da autoridade bíblica.

A validade da crítica filosófica da Bíblia feita por Espinosa decerto exige que ele tenha compreendido a intenção bíblica como um todo. É nesse ponto que a distinção entre o uso da Bíblia como autoridade e o uso da Bíblia como alvo da crítica filosófica se torna decisiva para a compreensão do *Tratado*. Com efeito, é possível que aquilo que Espinosa diz sobre a intenção da Bíblia como um todo pertença ao contexto do apelo da teologia tradicional à autoridade bíblica. Certamente não seria incompatível com o princípio "ad captum vulgi loqui" que Espinosa empregasse a Bíblia, nesse contexto exotérico, do mesmo modo como um advogado de defesa às vezes emprega a lei: se desejamos lograr uma alforria – a libertação da filosofia das garras da escravidão teológica –, não nos interessamos necessariamente em averiguar a verdadeira intenção da lei. Não podemos dar como certo, portanto, que Espinosa de fato tenha identificado o ensinamento fundamental da Bíblia com aquilo que ela ensina claramente em toda parte, ou então que ele de fato achava que seu ensinamento moral vem expresso claramente em toda parte, sem ser de modo algum afetado por leituras falhas, etc.[108] O fato de Espinosa ensinar essas coisas e outras semelhantes acerca do caráter geral da Bíblia não prova, ainda, que ele lhes dava crédito; afinal, para não repetirmos todo o nosso raciocínio, Espinosa também afirma que não pode haver qualquer contradição entre a percepção do entendimento e o ensinamento da Bíblia porque "a verdade não contradiz a verdade",[109] e sabemos que ele não acreditava na veracidade do ensinamento bíblico. Ademais, há algumas evidências específicas que respaldam a dúvida que estamos levantando. Em sua lista daqueles ensinamentos bíblicos que supostamente são apresentados com clareza e em toda parte, Espinosa menciona o dogma segundo o qual, como consequência da ordem divina, os piedosos são recompensados e os iníquos, punidos; em outra ocasião, contudo, Espinosa declara que, segundo Salomão, um mesmo destino cabe ao justo e ao injusto, ao puro e ao impuro.[110] Ele enumera, sob o mesmo gênero de ensinamento, o dogma que afirma que Deus cuida de todas as coisas. É difícil perceber como isso pode ser claramente ensinado em todas as partes da Bíblia

---

[108] *Tr.* VII, p. 102-03, 111 (§§27-29, 68-69); IX, p. 135 (§32); XII, p. 165-66 (§§34-38).
[109] *Ep.* 21 (34 §3). Ver *Cogitata Metaphysica* II 8 §5.
[110] Comparar *Tr.* XII, p. 165 (§36), com VI, p. 87 (§33); XIX, p. 229, 231-32 (§§8, 20).

se, tal qual sugere Espinosa, o próprio Moisés acreditava que os anjos ou "os outros deuses", tal como a matéria, não haviam sido criados por Deus.[111] Além disso, Espinosa declara que a caridade é objeto das mais altas recomendações em todas as partes de ambos os Testamentos, mas ao mesmo tempo afirma que o Antigo recomenda, ou mesmo ordena, o ódio às outras nações.[112] De modo particular, Espinosa tece as seguintes observações: a única intenção da Bíblia é ensinar a obediência a Deus, ou a Bíblia nada mais impõe do que a obediência; a obediência a Deus é fundamentalmente diferente do amor a Deus; a Bíblia impõe também o amor a Deus.[113] Justamente por ter abandonado de maneira clara, no *Tratado*, a crença no valor cognitivo da Bíblia, a máxima de dizer "ad captum vulgi" forçou Espinosa a conferir o maior valor possível às exigências práticas ou morais da Bíblia. É por isso que ele declara que o ensinamento prático das Escrituras está de acordo com o verdadeiro ensinamento prático, isto é, com as consequências práticas da filosofia. Por razões óbvias, ele tinha de complementar sua declaração afirmando que o ensinamento prático da Bíblia é seu ensinamento central, que este ensinamento é apresentado com clareza em todas as partes da Bíblia e que não poderia ser corrompido ou mutilado por aqueles que a compilaram e transmitiram.

O *Tratado* se volta, em primeiro lugar, contra a visão de que é preciso submeter a filosofia à Bíblia – contra o "ceticismo"; no entanto, ele se volta também contra a visão de que é preciso submeter ou adaptar a Bíblia à filosofia, isto é, contra o "dogmatismo".[114] Além disso, ao mesmo tempo que a obra se volta sobretudo contra o cristianismo, volta-se também contra o judaísmo. O *Tratado*, portanto, ataca estas quatro posições extremamente diferentes: o ceticismo cristão, o dogmatismo cristão, o ceticismo judaico e o dogmatismo judaico. Ora, os argumentos que poderiam ser decisivos contra uma ou algumas dessas posições talvez fossem irrelevantes se usados contra outras. Por exemplo, os argumentos retirados da autoridade do Novo Testamento poderiam ser conclusivos quando opostos a uma ou a outra forma de teologia cristã, quiçá até a todas as suas formas, mas tornam-se claramente irrelevantes

---

[111] Comparar *Tr.* V, p. 77 (§38); VII, p. 102 (§27); XII, p. 165 (§36), com II, p. 37-39 (§§32-35, 37-40); III, p. 44-45 (§3); VI, p. 81-82 (§§2, 4); XVII, p. 206, 214-15 (§§30, 77-79).
[112] Comparar *Tr.* XII, p. 166 (§37), com XVII, p. 214 (§77); XIX, p. 233 (§29).
[113] Comparar *Tr.* XIII, p. 168 (§§7-8); XIV, p. 174 (§§5-9) com XVI, adnot. 34 (§53 n.). Ver IV, p. 59, 60-61, 65 (§§7-8, 14-15, 34); XII, p. 162 (§19); XIV, p. 177 (§§24-25).
[114] *Tr.* XV, p. 180 (§1).

se utilizados em oposição a qualquer posição judaica. Por conseguinte, seria de esperar que Espinosa criticasse cada uma das quatro posições por si só. Todavia, com pouquíssimas exceções, ele dirige uma mesma crítica àquilo que poderia parecer um híbrido fantástico, construído *ad hoc*, de judaísmo e cristianismo, de dogmatismo e ceticismo. Sua incapacidade de traçar uma distinção completa entre as várias posições que ele ataca e de atentar cautelosamente para o caráter específico de cada uma talvez pareça retirar de sua crítica qualquer pretensão à seriedade. Por exemplo, sua rejeição da possibilidade dos milagres é prefaciada por uma exposição do juízo vulgar sobre o tema que provavelmente ultrapassa, em crueza, tudo o que jamais foi dito ou sugerido pelo mais estúpido ou obscuro de todos aqueles que só conhecem superficialmente a teologia judaica ou cristã. Aqui, Espinosa parece selecionar como alvo de sua crítica uma posição talvez inexistente que lhe era particularmente fácil refutar. Ou, para tomarmos um exemplo de caráter distinto, ele prefacia seu repúdio ao valor cognitivo da revelação afirmando que, "com irreflexão impressionante", "todos" os autores afirmaram que os profetas conheciam tudo quanto se encontrava nos limites da compreensão humana; ou seja, Espinosa atribui a todos os teólogos uma visão que, diz-se, fora rejeitada "por todo teólogo cristão importante da época".[115] O ponto de vista em questão foi sustentado por Maimônides, e Espinosa, "com irreflexão impressionante", parece tomar Maimônides como representante de todos os teólogos. Aqui, ele aparenta selecionar uma posição teológica real como alvo de sua crítica pelo irrelevante motivo de tê-la estudado com atenção durante a juventude.

O *Tratado* permanecerá amplamente ininteligível enquanto as dificuldades típicas representadas por esses dois exemplos não forem removidas. É nosso objetivo demonstrar que tais dificuldades não podem ser atribuídas à cautela de Espinosa e, com isso, expressar que estamos de acordo com a visão, por nós jamais contradita, de que o exoterismo de Espinosa não é o único fato responsável pelas dificuldades do *Tratado*. Partimos da observação de que certa simplificação do problema teológico era inevitável para que Espinosa pudesse solucioná-lo. Ele realiza a simplificação necessária de duas formas diferentes, as quais são ilustradas por nossos dois exemplos. No primeiro, o autor parte da implícita premissa de que todas as teologias judaicas e cristãs

---

[115] Ver Dunin-Borkowski, op. cit., IV, p. 315. Cf. Maimônides, *Guia*, II, 32 e 36. Ver também a crítica de Abravanel em seu comentário sobre esses capítulos e em seu comentário sobre Amós 1,1, e 1 Reis 3,14; ver *Tr.* II, p. 29 (§1).

que podem ser relevantes necessariamente reconhecem a autoridade, isto é, a veracidade, do ensinamento temático do Antigo Testamento; ele presume, ademais, que o verdadeiro sentido de qualquer passagem veterotestamentária é, em regra, idêntica a seu sentido literal; por fim, pressupõe que o ensino mais fundamental do Antigo Testamento é o relato da criação. Ora, Moisés não ensina explicitamente a criação *ex nihilo*; antes, Gênesis 1,2, parece demonstrar que para ele Deus fizera o universo visível a partir do "caos" preexistente; seu silêncio acerca da criação dos anjos ou de "outros deuses" sugere fortemente que a seus olhos o poder de Deus é de fato superior ao dos outros seres, mas também absolutamente diferente. Expressando o pensamento de Moisés na linguagem da filosofia, o poder da natureza (aquilo que chamava de "caos", por ele concebido como uma "força ou impulso" cego) é coetâneo do poder de Deus (um poder inteligente e ordenador), e desse modo não depende do poder divino, sendo-lhe apenas inferior ou submisso. Moisés ensinava que o "caos" incriado precedera no tempo o universo ordenado que Deus fabricou e concebia Deus como rei. É portanto sensato presumir que, para ele, a subordinação do poder da natureza ao poder de Deus era o domínio do poder menor pelo poder maior. Por conseguinte, o poder de Deus só se revelará de maneira clara e distinta nas ações em que o poder da natureza não coopera. Se só é verdade o que pode ser compreendido de maneira clara e distinta, apenas a manifestação clara e distinta do poder de Deus será sua manifestação verdadeira: os fenômenos naturais não revelam o poder de Deus; quando a natureza age, Deus não age – e vice-versa. Desse modo, para a manifestação do poder divino não basta que Deus tenha subjugado e reduzido à ordem o caos primitivo; ele precisa subjugar "os deuses visíveis", as partes mais impressivas do universo que vemos, a fim de tornar seu poder conhecido ao homem: o poder de Deus, e portanto seu ser, só pode ser demonstrado por meio de milagres. Esse é o núcleo da visão rude e vulgar que Espinosa esboça antes de atacar a doutrina teológica dos milagres. O teólogo aparentemente inexistente em quem Espinosa pensa quando expõe tal visão não é ninguém menos do que o próprio Moisés, e é seu objetivo expressar que a visão tratada se encontra implícita no primeiro capítulo do Gênesis, texto de máxima autoridade para todos os judeus e todos os cristãos.[116] Espinosa, portanto, apenas recorda

---

[116] Comparar *Tr.* VI, p. 81-82 (§1-4), com II, p. 38-39 (§§37-40); IV, p. 64 (§30). Ver II, p. 37 (§31); VI, p. 87-89 (§§34, 39); VII, p. 115 (§§83).

a seus oponentes aquilo que ele considera o "original" da posição de cada um. Tal qual demonstra a sequência do *Tratado*, o autor não afirma jamais que esse lembrete é suficiente para refutar a doutrina tradicional dos milagres. Por fim, nosso exemplo nos ensina que Espinosa procura simplificar a discussão passando da variedade de teologias à base comum a todas elas: a doutrina fundamental do Antigo Testamento.

Voltando-nos agora para o segundo exemplo, no qual a visão de todos os teólogos é identificada com a visão de Maimônides, Espinosa parte da implícita premissa de que nem todas as posições teológicas têm igual importância. Ele sem dúvida preferia o "dogmatismo", o qual admite a certeza da razão, ao "ceticismo", que a negava: aquele destrói a Bíblia (isto é, comete apenas um erro histórico), ao passo que o segundo destrói a razão (isto é, converte em brutos os seres humanos).[117] Além disso, tenho para mim que Espinosa rejeitou *a limine* a posição segundo a qual o ensinamento da razão é idêntico ao ensinamento da revelação. Com efeito, ela faz com que os filósofos em primeiro lugar, e indiretamente todos os outros homens, não necessitem da revelação; esta seria supérflua, e um ser que tudo sabe não pratica coisas supérfluas.[118] Sua atenção crítica, portanto, se limitava à visão de que o ensinamento da revelação encontra-se parcial ou completamente acima da razão – e jamais contra ela – ou à visão de que a razão natural é necessária, mas não suficiente, para a salvação ou a perfeição do homem. Nesse ponto, ele se viu diante de duas alternativas: ou o processo da revelação está acima da compreensão humana, ou não está. Certos relatos bíblicos o convenceram de que o fenômeno da revelação ou da profecia é em princípio inteligível, isto é, de que a revelação não se dá diretamente pela vontade divina, e sim pela intermediação de causas secundárias. Por conseguinte, ele teve de buscar uma explicação natural para o fato de certos seres humanos, os profetas, proclamarem um ensinamento que estava parcial ou completamente acima da razão, mas jamais contra ela. A única explicação natural possível era a de que os profetas eram filósofos perfeitos e mais do que perfeitos. Parte dessa concepção de profecia foi formulada explicitamente por Maimônides e parte foi por ele sugerida.[119] Quando Espinosa declara que, segundo "todos" os teólogos, os profetas haviam conhecido tudo

---

[117] Comparar *Tr.* XV, p. 180 (§§1-3), com praef., p. 8 (§§16-17), e XIII, p. 170 (§17).
[118] Comparar *Tr.* XV, p. 180 (§§1-3), com praef., p. 8 (§§16-17); XIII, p. 170 (§17). XV, p. 188 (§44).
[119] Comparar *Tr.* V, p. 79-80 (§§47-49), com VII, p. 115 (§83); II, p. 29 (§2). Ver XVI, p. 191 (§11); IV, p. 58 (§4).

quanto estivesse ao alcance do entendimento humano, ele está simplificando a questão controversa limitando-se não à posição teológica, mais fácil de ser refutada e por ele mais bem conhecida, e sim à posição que ele via como a mais razoável e, portanto, mais forte.

Todas as dificuldades examinadas nas páginas anteriores dizem respeito às razões com as quais Espinosa justifica as propostas práticas formuladas no *Tratado*. Por si sós, essas propostas são bem simples. Não o fossem, não poderiam alcançar muitos leitores e, assim, não seriam práticas. Elas encontram respaldo tanto no raciocínio manifesto quanto no raciocínio oculto. Junto com o raciocínio manifesto, formam aquela parte do ensinamento do *Tratado* que se destina a todos os seus leitores. Essa parte deve ser compreendida completamente e por si só antes de o ensinamento oculto ser esclarecido.

Índice

A
Abravanel, Isaac, 18, 57, 89, 201
Agostinho, 45
Agricultura Nabateia, A, 129-30
Albo, Josef, 137
Alexandre de Afrodísias, 57
Altmann, A., 52, 62, 77
Anawati, M.-M., 19, 21, 27
Anaxágoras, 43
Apelt, O., 129
Aquino, Tomás de, 18, 23, 28-29, 58, 103-04, 138
Aristóteles, 19, 21-23, 25, 27, 30, 38, 43, 49, 51, 53, 57, 70, 83-84, 88, 103-05, 112-13, 117, 119, 122, 127, 136, 140, 143, 159, 167, 189
Averróis, 18-21, 23, 29, 38, 43, 83, 105
Averroísmo, 24
Avicena, 19-20, 43, 106, 117, 129, 131

B
Bacon, Francis, 66, 187
Bahya ibn Pakuda, 121, 134
Bar Hiyya, Abraham, 92-93
Baron, S. W., 13, 59-60, 68, 74, 111, 116-18
Bayle, 43
Bergsträsser, 53
Bertolini, 39
Blackstone, William, 33
Blau, L., 90, 92
Bodin, 38
Boyle, 159
Burke, 38

C
Carlyle, A. J., 38
Catlin, G. E. G., 39
Cícero, 19, 21, 44, 159, 176, 189
Cohen, H., 195
Condorcet, 38
Costa, Uriel da, 170
Cúrcio Rufo, 196

D
d'Alembert, 39
Demócrito, 159, 167
Descartes, 26, 33, 43, 159, 187, 190, 193
Diesendruck, Z., 59
Dunin-Borkowski, Stanislaus von, 187, 201

E
Edelstein, L., 38
Efodi, 67
Efros, I., 89, 122
Elia del Medigo, 116
Epicuro, 159, 167
Escolástica, 18-19, 165
Espinosa, 5, 13-14, 29, 43-44, 119, 121, 149-62, 164-88, 190-204
Eusébio, 38

F
Falakera, 51, 57, 85, 98, 141
Farabi, 13, 19, 21-27, 30, 51, 57, 73, 85, 106-07, 117-18, 120, 122-23, 125, 141, 186
Fürstenthal, 59

G
Gardet, L., 19, 21, 27
Gassendi, 159
Gauthier, L., 23, 38, 117
Gebhardt, C., 29, 149, 156, 159
Gersônides, 141
Ghazali, 117
Gibbon, 38-39
Ginzberg, L., 13, 89
Goethe, 114
Goldziher, I., 66
Grant, Alexander, 38
Grócio, Hugo, 43, 104-05
Guttmann, J., 56, 120, 137

H
Halevi, Yehuda, 13, 21, 28, 103, 106-18, 120, 122, 128, 135, 137, 141-42, 145, 186
Halkin, A. S., 21
Hegel, 119
Heinemann, I., 53, 118
Helvétius, 39
Hobbes, 38-39, 43-44, 104, 188-89, 196

Hönigswald, 39
Husik, I., 104

I
Ibn Aknin, Yosef, 21
Ibn Ar-Rawandi, 130
Ibn Bagga, 123
Ibn Daud, Abraham, 105
Ibn Kaspi, Josef, 66, 79
Ibn Sina. *Ver* Avicena
Ibn Tibbon, 57, 89, 105, 107, 123-24, 132, 136-37, 143
Ibn Tufail, 23, 117
Ibn Wahshiyya, 129

J
Jaeger, W., 38

K
Kant, 43
Kraus, P., 106, 118, 123, 130

L
Laboulaye, 39
Leibniz, 38, 84, 187
Leon, Messer Yehuda, 51
Lessing, 38, 43, 186-87
Locke, 43
Lubienski, Z., 39
Lucrécio, 159

M
MacLeish, A., 43
Maimônides, 13, 18-21, 28-29, 43, 49-62, 64-100, 104-05, 107-09, 118, 120, 126-27, 129-31, 137-38, 144, 161, 171, 185-86, 191, 201, 203
Maquiavel, 25, 33, 156, 196
Marsílio de Pádua, 25, 104, 141
Marx, A., 21, 122, 142
Meinecke, F., 39
Mendelssohn, Moses, 29

Meyer, Ludovicus, 174, 191
Milton, 34, 196
Montesquieu, 39, 43
More, Thomas, 45
Moscato, 109
Munk, 28-30, 49, 59, 75, 79, 84, 86, 105, 161, 171, 186, 191

N
Narboni, Moses, 97, 123
Neokantismo, 39
Neoplatonismo, 27

P
Parmênides, 34, 111
Pascal, 45
Peritz, 97
Peyrère, Isaac de la, 155
Pines, S., 107
Platão, 19-27, 30, 33-34, 43-44, 46, 51, 57, 73, 97, 108-09, 111, 113, 117, 122-23, 125, 127-29, 141-42, 144, 159, 167, 186, 191
Powell, E. E., 182, 184
Protágoras, 43

R
Razi, Muhammad b. Zakariyya, 106, 123
Reimarus, H. S., 43
Renan, 38
Rousseau, 43

S
Saadya, 105-06, 132, 137
Sabine, G. H., 39
Schechter, S., 112
Schleiermacher, F., 38
Scholem, G., 61, 87
Schwab, M., 105
Sêneca, 159
Shem Tov (autor de um comentário sobre o Guia de Maimônides), 59, 67, 91, 99

Sheshet ha-Nasi, 142
Shotwell, J. T., 39
Sociologia do conhecimento, 17-18
Sócrates, 25-26, 33, 43, 46, 73, 111-14, 123, 142, 159, 186
Steinschneider, M., 23, 51, 105, 113, 122, 128
Strauss, B., 129
Strauss, L., 13, 39
Suarez, 104

T
Tácito, 187, 196
Taylor, Jeremy, 45
Teologia de Aristóteles, 27
Tönnies, F., 39, 44
Trasímaco, 26

V
Vajda, G., 29
Vaughan, C. E., 43
Ventura, M., 107, 117
Voltaire, 43

W
Wolff, Christian, 43, 104
Wolfson, H. A., 54, 58, 80, 106, 109, 115, 120, 192-93

X
Xenofonte, 39, 43

Z
Zeitlin, S., 92
Zeller, E., 38

Outras obras relacionadas:

Em março de 2008, o filósofo português Mendo Castro Henriques deu este curso sobre a Filosofia Política em Eric Voegelin no espaço cultural É Realizações. Este volume traz a transcrição de todo o conteúdo do curso, acompanhada de três DVDs com o vídeo das aulas ministradas.

A abrangência, a erudição e a profundidade desta História das Ideias Políticas já são mostras suficientes de um esforço intelectual notável. Todavia, além para além dessas características, o que há de mais importante na série é a ousadia das análises teoréticas e dos juízos críticos expressos pelo filósofo teuto-americano Eric Voegelin. Mais que mero compêndio enciclopédico, trata-se de uma verdadeira obra de filosofia política e filosofia da história.

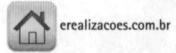

facebook.com/erealizacoeseditora   twitter.com/erealizacoes   instagram.com/erealizacoes   youtube.com/editorae

issuu.com/editora_e   erealizacoes.com.br   atendimento@erealizacoes.com.br